Michael L. Brown

GEH UND SÜNDIGE NICHT MEHR

Michael L. Brown

Geh und sündige nicht mehr

Verlag R. Hassmann, Fürth

Im Original erschienen bei Regal Books, einem Teil der
Gospel Light Ventura, Californien, USA
mit dem Titel: „Go and Sin No More“.

Verlag R. Hassmann, Otto-Seeling-Promenade 14, 90762 Fürth

Übersetzung: Beate Meinel
Covergestaltung: Image Grafik-Design GmbH, Landsberg am Lech
Druck: Schönbach-Druck GmbH, Erzhausen

Die Bibelzitate sind, soweit nicht anders vermerkt, der Einheitsübersetzung entnommen.

ISBN 3-932491-23-8

INHALT

VORWORT

Persönliche Heiligkeit ist der Schlüssel zu den höchsten Plänen, die Gott für uns hat. „Seid heilig, denn ich bin heilig“ (1. Petr. 1,16) ist ein Befehl, kein Vorschlag. Römer 8,29 betont diese große Wahrheit deutlich: „Denn die er vorher erkannt hat, die hat er auch vorherbestimmt, dem Bilde seines Sohnes gleichförmig zu sein, damit er der Erstgeborene sei unter vielen Brüdern.“ Ihm gleichförmig sein! Das ist es, was Gott meint, wenn er uns dazu beruft, ein heiliges Leben zu führen. Es ist das zentrale Element in Gottes wundervollem Plan für unser Leben.

Wie können wir heilig sein? Aus uns selbst heraus können wir es nicht. Wir können es nur durch den Dienst des Heiligen Geistes in uns. Deshalb legt Campus Crusade for Christ, das nun in 172 Ländern mit 19 000 festen Mitarbeitern und 181 000 Freiwilligen tätig ist, eine starke Betonung auf den Dienst des Heiligen Geistes. „Denn Gott ist es, der in euch wirkt sowohl das Wollen als auch das Wirken zu seinem Wohlgefallen“ (Phil. 2,13). Wir können nichts bewirken, nicht einmal wirkungsvoll für Christus Zeugnis geben, ohne die Befähigung und Kraft des Heiligen Geistes.

Natürlich hat Gott uns einen freien Willen gegeben, und deshalb müssen wir auch den Willen haben, mit ihm zusammenzuarbeiten. Wir müssen uns dafür *entscheiden*, mit dem Geist erfüllt zu werden. Wir müssen uns *entscheiden*, dem Heiligen Geist die Erlaubnis zu geben, die Kontrolle über unser Leben zu haben.

Nach meiner Erfahrung ist es am wichtigsten, wenn man jemandem hilft, die richtigen Entscheidungen zu treffen, die Merkmale Gottes zu kennen und zu wissen, wer er wirklich ist. Wir müssen die Ehrfurcht gebietende Kraft und Allmacht begreifen, mit der er mindestens 100 Milliarden Galaxien aus dem Nichts geschaffen hat und sie in die äußersten Weiten des Alls geschleudert hat – nur durch sein Wort. Wir müssen seine große Allwissenheit begreifen; wir sollten wissen, dass er *alles* weiß. Wir müssen seine große Liebe und Gnade besser verstehen. Wir müssen das Wesen seiner Wahrhaftigkeit begreifen, seine göttliche Gerechtigkeit und seine eigene vollkommene Heiligkeit. Wir müssen erkennen, dass er nicht eine „Gewalt" ist, sondern eine Person – nämlich jemand, der uns kennt, uns liebt und für uns gestorben ist.

Je mehr wir das Wesen Gottes erkennen, desto mehr werden wir uns wünschen, ihm zu gefallen, ihn zu lieben, zu vertrauen und zu gehorchen. Wie könnten wir es uns *nicht* wünschen, so jemandem an jedem einzelnen Moment unseres Tages zu gefallen und zu gehorchen?

Ich *schaudere* bei dem Gedanken, ihm zu missfallen. Ich möchte lieber sterben, als ihm untreu zu werden. Wenn ich aber meine, dass ich versagt habe und ihm Kummer bereitet habe, bekenne ich es schnell gemäß 1. Joh 1,9 und gehe weiter im Licht.

Ich bezeichne gerne das Leben in Christus als „geistliches Atmen". Ich *atme aus*, indem ich alle mir bekannten Sünden bekenne. Dann *atme ich ein*, indem ich die Kontrolle über mein Leben an Christus abgebe und die Fülle des Heiligen Geistes im Glauben annehme.

Geh und sündige nicht mehr ist ein ausgezeichnetes, umfassendes Buch über das wichtige, jedoch oft vernachlässigte Thema der Heiligkeit. Dr. Michael Browns wunderbare Einsichten machen es zu einem der seltenen lebensverändernden Bücher. Jeder Christ, der es liest, wird gesegnet werden und nie mehr derselbe sein. Ich glaube, es ist Gottes Botschaft für diese Zeit.

Dr. Bill Bright
Gründer und Präsident
Campus Crusade for Christ International
(Campus für Christus)

EINLEITUNG – WACHE AUF AUS DEINEM SCHLAF!

In den letzten zehn Jahren lag es mir immer wieder am Herzen, ein Buch zu schreiben, das dem Thema der Heiligkeit gewidmet sein sollte, und ich war zuversichtlich, dass der Punkt kommen würde, an dem der Herr mich befähigt, eine umfassende Studie über dieses lebenswichtige Thema zu schreiben. Dennoch war ich sehr überrascht, als mich der Heilige Geist im Mai 1998 dazu bewegte, dieses Buch zu schreiben.

Obwohl ich seit 1971 meinen Glauben ernsthaft und mit Hingabe lebe und die meiste Zeit der letzten 27 Jahre damit zubringe, dem Herrn wahrhaftig nachzufolgen, und obwohl mein Maß an Glauben von vielen Kollegen, Freunden und Studenten für „hoch" eingeschätzt wird, fühle ich mich im Moment nicht im Stande, über das Thema „Heiligkeit" zu schreiben. Ich hatte mir immer vorgestellt, dass, wenn der Zeitpunkt zu schreiben gekommen wäre, ich viel mehr zur Hingabe an Gott gekommen wäre, mehr als zu jedem anderen Zeitpunkt meines Lebens. Als jedoch der intensive Drang, dieses Buch zu schreiben, im Mai begann, wusste ich ohne jeglichen Zweifel, dass es *jetzt* an der Zeit ist, über Heiligkeit zu schreiben.

Wie kann ich das erklären? In Wirklichkeit ist es ganz einfach. Während ich weiter nach Heiligkeit strebe und mich danach ausstrecke, Christus in meinen Gedanken, Worten und Taten immer ähnlicher zu werden, werde ich in diesem Leben nie die „Endstufe" der Heiligung erreichen. Und deshalb ist jetzt ein genauso guter Zeitpunkt als irgendwann sonst, die Last meines Herzens auszudrücken und die Einsichten mitzuteilen, die ich nach einem Vierteljahrhundert auf der Suche dem Wort Gottes gehorsam zu sein, gewonnen habe.

Man kann auch ohne Zögern oder Zweifel sagen, dass *jetzt* eine bedeutende Zeit ist, um das Thema der Heiligkeit unter Gottes Volk anzusprechen. Es ist eine traurige Tatsache, die jedoch nicht geleugnet werden kann, dass die entsetzlichen Maßstäbe unserer Gesellschaft nur die entsetzlichen Maßstäbe eines Großteils der Kirche widerspiegeln. Unser Land ist infiziert vom moralischen Verfall, weil die Kirche es versäumt hat, Licht zu sein, als Licht zu leuchten und im Licht zu wandeln. Deshalb ruft uns der Geist deutlich, nachdrücklich, sogar eindringlich zur Heiligkeit auf.

Natürlich gibt es keine schnellen Antworten, wie man Heiligkeit erreicht; darüber habe ich täglich nachgedacht, wenn ich auf meinen Computermonitor schaute und das Piktogramm „Abkürzung zur Heiligkeit" sah (d. h. das Symbol, das mich direkt mit den Kapiteln dieses Buches verband). Wie William Wilberforce einmal gesagt hat: „Es gibt keine Abkürzung zur Heiligkeit, sie muss uns unser ganzes Leben beschäftigen." Und dies ist für uns umso mehr Grund, jede Mühe auf uns zu nehmen, um unserem Meister zu gefallen, indem wir uns ganz der Heiligkeit verschreiben. Sicher ist dies ein Schlüssel zu wirkungsvollem Dienst und Fruchtbarkeit.

Kein Zweifel, die Schlacht tobt weiter, besonders in diesem schrecklich hedonistischen Zeitalter. Aber Gottes Gnade reicht auch weiterhin aus, und ich bin auch weiterhin davon überzeugt, dass gewohnheitsmäßige, absichtliche Sünde keinen Platz im Leben eines Gläubigen hat. Unter der Herrschaft Jesu zu sein und im Geist zu wandeln, bedeutet mit der Sünde zu brechen, indem man von der Herrschaft der Sünde freigesetzt wird und ein Leben lebt, das durch Gehorsam und nicht durch Ungehorsam gekennzeichnet ist. Ich glaube, dass das der Maßstab der Bibel ist, anstelle von Versuchungen, Kämpfen und Frustrationen, mit denen wir alle zu tun haben. Lass dich nicht von deiner persönlichen Geschichte des moralischen und geistlichen Versagens vom Weiterlesen abhalten. Es gibt Hoffnung für dich! Wenn Gott uns dazu beruft heilig zu sein, dann *können* wir heilig sein.

Es ist das Ziel dieses Buches: (1) dich zu ermutigen, zu ermahnen, herauszufordern und zu radikaler biblischer Heiligkeit aufzurufen; (2) dir Gottes Maßstab für Heiligkeit, wie er klar in der Schrift beschrieben wird, vor Augen zu halten; (3) übliche Fallstricke und Missverständnisse bei unserem Streben nach Heiligkeit herauszustellen; (4) den Weg zur Heiligkeit nach dem Wort und dem Geist Gottes aufzuzeigen.

Die Maßstäbe einiger Leser werden herausgefordert oder gehoben werden; andere werden in ihren Maßstäben bestätigt werden. Einige Leser werden in ihrer Entschlossenheit, für Gott zu leben, bekräftigt werden. Einige werden ein paar Lieblingslehren neu überdenken müssen; andere finden ihren Glauben bestärkt. (Zu diesem Satz möchte ich eine Anmerkung zur Vorsicht machen: Achte darauf, dass du nicht das Gesamtziel dieses Buches aus den Augen verlierst, nur wegen Lehrdifferenzen über die Aussage „einmal gerettet, immer gerettet". Stattdessen kannst du, wenn du auch der Meinung bist, dass echte Gläubige *berufen* sind, ein heiliges Leben zu führen, die Anreize der Bibel für Heiligkeit, die du in diesem Buch findest, nutzen, und die Streitpunkte betreffend der Lehre zu einem späteren Zeitpunkt abwägen, nachdem du sie sorgfältig und im Gebet bewegt hast.)

Der Stil dieses Buches ist einfach, klar und direkt. Du wirst sehen, dass ich kein Blatt vor den Mund nehme. Das Buch ist auch persönlich und ehrlich. Ich schreibe genauso an mich wie an dich. Anmerkungen wurden auf ein Minimum beschränkt, ich habe nur welche benutzt, wenn ich es für notwendig hielt, den interessierten Leser auf weitere relevante Quellen hinzuweisen, oder wenn ein entfernterer Punkt erwähnt werden musste, der nicht in den Haupttext gehörte. Ich bin auch nicht zu stolz, einige gute Bücher für Zitate anzugeben, aus denen ich über die Jahre Auszüge entnommen habe, was aus den Anmerkungen hervorgeht.

Vor einigen Jahren, nachdem ich eine Nacht in Kuopio, Finnland, gepredigt hatte, verbrachte ich die frühen Morgenstunden mit dem Herrn. In enger Gemeinschaft mit ihm schrieb ich dieses einfache Gebet: „Herr, hilf mir, Sünde in meinem Leben so gnadenlos zu hassen, wie ich sie im Leben anderer verurteile." Würden nur alle von uns dies leben! Es würde das Leben vieler von uns dramatisch verändern. Und wenn wir erkennen, dass *Gott Sünde hasst* – schmerzlich, leidenschaftlich, total –, haben wir Grund genug, von allem Verunreinigenden zu fliehen und dem anzuhängen, was gut, rein und gesund ist – in anderen Worten, dem, was heilig ist, und ihm, der heilig ist. Lass uns seiner Berufung folgen! Bist du bereit, damit anzufangen?

Besonderer Dank gilt meiner geschätzten Frau Nancy für ihre ungeheuer wertvolle Arbeit, während ich an diesem Buch den Sommer hindurch arbeitete, und noch wichtiger, dafür, dass sie mich immer ermutigt und herausgefordert hat, meine Hingabe an den Herrn zu vertiefen. Ich möchte auch Bill Greig III und Kyle Duncan von Gospel Light and Regal Books meinen Dank aussprechen, für ihre besonders tiefe und echte Last, die Botschaft der Heiligung in der Kirche zu verbreiten. Ebenso Dank an meine Mitarbeiter bei der Brownsville Revival und der Brownsville Revival School of Ministry (eingeschlossen unserer wundervollen Studentenschaft, bereits mehr als tausend Mitglieder stark, obwohl sie noch nicht einmal zwei Jahre existiert), ich bete, dass die folgenden Seiten dazu beitragen, unsere Leidenschaft zum Ausdruck zu bringen: dass wir Gottes Volk sehen, angesteckt von dem heiligen Feuer der Erweckung, ausgewählt von ihm durch Leben oder Tod. Es ist Zeit für eine heilige Braut!

Ich schreibe die Schlussworte dieser Einleitung am 21. September 1998, dem Rosh Hashanah, dem traditionellen Jüdischen Neujahr, das in der Schrift als Yom HaT'ruah bekannt ist, dem Tag, an dem das Shofar erklingt (das Horn des Widders). In der jüdischen Tradition ist dies der erste der „Tage der Ehrfurcht", den zehn Tagen der Buße, die im Tag des Sühneopfers (Yom Kippur) ihren Höhepunkt finden, zehn Tage, die der tiefen Selbsterkenntnis und Veränderung gewidmet sind. Laut Moses Maimonides hat das durchdringende Blasen des Widderhorns an diesem Tag eine klare und genaue Bedeutung. Es sagt:

> Wacht auf aus eurem Schlaf, ihr Schläfer! Erhebt euch von eurem Schlummer, ihr Schlummernden! Untersucht eure Taten! Kehrt um zu Gott! Gedenkt an euren Schöpfer! Diejenigen unter euch, die die Wahrheit in den Nichtigkeiten der Zeit vergessen und alle Jahre in Eitelkeit und Leere verbringen, schaut in eure Seele, bessert eure Wege und eure Taten. Verlasst jeder von euch eure bösen Wege und eure unmoralischen Gedanken [Wiederholung des Gesetzes (Mischne Thora) 3.4, nach einer lebendigen Übersetzung von Avraham Yaakov Finke].

Und wie schade – und möglicherweise schmerzlich – ist es, dass heute, am Rosh Hashanah, die unverhüllten Videogespräche der geheimen Sünden des Präsidenten unseres Landes ausgestrahlt wurden, so dass sie die ganze Welt sehen und hören konnte. Dies ist gewiss der perfekte Zeitpunkt für einige ernsthafte Überlegungen.

1. Zwanzig Gründe nicht zu sündigen, Teil 1

O, du armer Mensch,
zu welch einem entarteten Monster hat dich die Sünde gemacht!
Gott machte dich „wenig niedriger als die Engel",
und die Sünde machte dich nur wenig besser als die Teufel.

Joseph Alleine

Erst begehen wir die Sünde,
dann verteidigen wir sie, dann prahlen wir mit ihr.

Thomas Manton

Sünde ist die Herausforderung
von Gottes Gerechtigkeit, die Vergewaltigung seiner Gnade,
die Verhöhnung seiner Geduld,
die Beleidigung seiner Macht und die Verachtung seiner Liebe.

John Bunyan

Ich verließ gerade ein Gemeindetreffen in Houston, als mich ein junger Mann ansprach und mir eine Gebetskarte überreichte. „Ich habe gerade mit Teen Challenge angefangen“, erklärte er mir, „und bin ein Alkohol- und Drogenabhängiger im Heilungsprozess. Würden Sie bitte für meine Frau beten?“ Auf die Karte hatte er den Namen seiner Frau geschrieben, mit der Bitte, dass der Herr sie beschützen möge, solange er am Rehabilitationsprogramm teilnahm. Ich versicherte ihm, ich würde für sie beten, und ermutigte ihn, nicht die Sprache der Welt zu sprechen, indem er sich selbst als „Alkohol- und Drogenabhängiger im Heilungsprozess“ bezeichnete, sondern zu erkennen, dass er in Jesus bereits eine neue Kreatur ist.

Später an diesem Nachmittag nahm ich seine Karte in meine Hände, als ich im Gebet kniete, und bat um Gottes Segen für seine Frau Maria. Und dann kam mir der Gedanke: Sünde zahlt sich einfach nicht aus! Drogen versprachen diesem jungen Mann Freude, Alkohohl versprach ihm Frieden; beide brachten Zerstörung. Jetzt standen zwei wertvolle Leben auf dem Spiel. Würde die Sünde ein weiteres Opfer fordern, eine weitere Ehe, eine weitere Familie? Würde die Sünde schon wieder zerstören?

Und dann dachte ich weiter über unsere armselige, sündige menschliche Natur nach: Warum tappen wir immer wieder in die gleichen Fallen? Warum glauben wir die gleichen Lügen, lange noch nachdem sie entlarvt wurden? Warum machen wir es uns zur Gewohnheit, das Falsche zu tun – sogar wenn wir uns das Richtige wünschen? Warum? Könnte es sein, dass wir niemals zurückgehen und die andauernden Folgen der Sünde betrachten? Könnte es sein, dass Sünde so gut schmeckt – auch wenn das nur für einen Moment anhält –, dass wir vergessen, wie kaputt wir uns fühlen, wenn wir sie verdauen? Könnte es sein, dass Satan die Verpackung des Gifts so exzellent ausgeführt hat, dass wir es wegen des leuchtenden, glänzenden Etiketts trinken? Könnte es sein, dass der Anfang der Geschichte so verführerisch, so reizvoll, so sinnlich, so verlockend ist, dass wir gegenüber dem schrecklichen, tragischen Ende blind sind? Könnte es sein?

Höre auf die Warnung der Sprüche:

> Mein Sohn, horche auf meine Weisheit, zu meiner Einsicht neige dein Ohr, dass du Besonnenheit behältst und deine Lippen Erkenntnis bewahren! Denn Honig träufeln die Lippen der

> Fremden, und glatter als Öl ist ihr Gaumen, aber zuletzt ist sie bitter wie Wermut, scharf wie ein zweischneidiges Schwert. Ihre Füße steigen hinab zum Tod, auf den Scheol halten ihre Schritte zu (Sprüche 5,1-5).

Aber sie sah doch so gut aus! Solche verführerischen Lippen, das einladende Lächeln, diese wundervollen Kurven, dieser bezaubernde Blick. Sie war genau das, was du wolltest, was du brauchtest, genau das, was dich zufrieden machen, was dich erfüllen würde. Aber das Äußere, mein Freund, kann täuschen. Am Ende beißt die Schönheit. Am Ende tötet sie. Am Ende ist sie nicht eine tolle Frau, sie ist ein Dolch, scharf wie ein zweischneidiges Schwert.

Ja, die Verführerin ist die personifizierte Sünde: Sie hält nie, was sie verspricht, und betrügt immer sowohl den Benutzer als auch den, der benutzt wird. Das scharfe Schwert ersticht also auch die Verführerin: Manipuliert und gebraucht, erniedrigt und manchmal krank, spuckt die Sünde sie aus, wenn sie mit ihr fertig ist. Keiner gewinnt dieses Spiel! Wann werden wir das jemals lernen?

Höre noch einmal auf die Weisheit der Sprüche:

> Wer hat Ach, wer hat Weh, wer Zänkereien, wer Klage, wer Wunden ohne Ursache, wer trübe Augen? Die spät beim Wein noch sitzen, die einkehren, um den Mischkrug zu erforschen. Sieh den Wein nicht an, wenn er so rötlich schimmert, wenn er im Becher funkelt und leicht hinuntergleitet. Zuletzt beißt er wie eine Schlange und speit Gift wie eine Viper (Sprüche 23,29-32).

Was malt Salomo da für ein Bild! Schau nur auf den Wein, wie er im Becher funkelt, das exakte Bild für Freude und Feiern. Er funkelt! Alter Weißwein, ausgewählter Rotwein, aufgehoben für diesen besonderen Anlass. Wie er die Nacht verschönt! Wie er die ganze Feier verzaubert. Aber schau nochmal hin: Erwachsene Männer liegen in ihrem eigenen Erbrochenen. Würdige Frauen haben mit rauhen Fremden geschlafen. Die Teppiche haben Blutflecken von einem Faustkampf, bei dem es um nichts ging. Der funkelnde Wein hat Tücken! Das schimmernde Getränk zerstört.

Und das ist nur eine Momentaufnahme. Schau dir das Ganze noch einmal sechs Monate später, fünf Jahre später an, wenn das berauschende Getränk ein enger Begleiter geworden ist: Der Arbeitsplatz ging verloren, die Ehe zerbrach, Kinder wurden vom Vater im betrunkenen Zustand geschlagen. Ja, so ist es, Schnaps ist ein Mörder, ein Bandit, ein Dieb, auch wenn er glitzert und glänzt. Frag die Eltern eines Kindes, das durch einen betrunkenen Fahrer zu Tode gekommen ist. Frag den Ehemann, der die Frau seiner Träume an ein außer Kontrolle geratenes Fahrzeug verloren hat – nur weil der Fahrer noch ein Glas mehr trinken musste, bevor er sich auf den Heimweg machte. Es gibt nichts, was wir mehr verachten könnten, als die Sünde und ihre Früchte.[1]

Und darum wird die Schrift nie müde, Warnungen auszusprechen, die uns zeigen, wie wir den Klauen der Versuchung entkommen:

> Bewahre, mein Sohn, das Gebot deines Vaters, verwirf nicht die Weisung deiner Mutter! Binde sie stets auf dein Herz, winde sie um deinen Hals! Bei deinem Gehen leite sie dich, bei deinem Liegen behüte sie dich, und wachst du auf, so rede sie dich an![2] Denn eine Leuchte ist das Gebot und die Weisung ein Licht, und ein Weg zum Leben sind Ermahnungen der Zucht, dich zu bewahren vor der Frau des Nächsten, vor der glatten Zunge der Fremden (Sprüche 6,20-23).

Ja, die „Ermahnungen der Zucht sind ein Weg zum Leben" und Ungehorsam bringt den Tod. Immer. Wenn wir uns das immer vor Augen halten – es für immer auf unser Herz binden und um unseren Hals winden –, wird es uns helfen, der Verführung der Lust und der Verlockung der Sünde zu widerstehen, egal, wie wunderbar die Versuchung auftritt: „Begehre nicht in deinem Herzen ihre Schönheit, lass sie dich nicht mit ihren Wimpern fangen! Denn der Preis für eine Hure geht bis zu einem Brot, doch die Frau eines Mannes macht Jagd auf dein kostbares Leben" (Sprüche 6,25.26). Das ist kein Spaß oder Scherz!

Und deshalb fragt die Schrift: „Kann man Feuer wohl tragen in seinem Gewandbausch, ohne dass einem die Kleider verbrennen? Oder kann jemand wohl schreiten auf glühenden Kohlen, ohne dass er sich die Füße versengt?" (Sprüche 6,27.28). Ganz sicher nicht! Wenn du mit dem Feuer spielst, *wirst* du verbrannt. Wenn du mit der Sünde spielst, *wirst* du zerstört. Es macht sich am Ende niemals bezahlt. Niemals!

Erinnere dich an diesen jungen Mann im Teen Challenge – einer von unzähligen Zehntausenden, die im Moment in ähnlichen Schwierigkeiten sind –, der so hart darum kämpft, sein Leben wieder in den Griff zu bekommen, niedergedrückt in Sorge um seine Frau, in der Hoffnung, irgendwie mit der Vergangenheit zu brechen und ein neues Leben zu beginnen. Was kann diesen Kreislauf der Verzweiflung unterbrechen?

Das Wort Gottes hat uns das Gegengift gezeigt. Die Schrift hat uns mit dem Heilmittel ausgestattet. Es gibt biblische Wahrheiten, die ein Leben aus der Zerstörung retten können. Es gibt Prinzipien, die Seelen aus dem Griff der Hölle befreien können. Aber diese Wahrheiten müssen angewendet werden. Du kannst ertrinken, auch wenn eine Schwimmweste in Reichweite ist. Du kannst verbrennen, auch wenn eine Feuerleiter gleich außen an deinem Fenster hängt. Du kannst an einem Schlangenbiss sterben und das Gegengift steht in einer Flasche bei dir im Regal. Die Lösung muss auch umgesetzt werden. Der Ausweg muss auch benutzt werden. In die helfende Hand muss eingeschlagen werden. Deshalb dränge ich dich, mein Freund, zuzuhören und daraus zu lernen. Tu es jetzt, bevor es zu spät ist. Diese Wahrheiten könnten dein Leben retten. Sie haben sicher dazu beigetragen, mein Leben zu retten!

Ich biete dir zwanzig Gründe, nicht zu sündigen, von denen jeder Grund genug ist, dass du heilig bleibst. Zwanzig sollten dich stark bleiben lassen, bis Jesus wiederkommt! Und auch wenn ein paar der verwendeten Beispiele dir vielleicht extrem vorkommen oder sogar irrelevant – die meisten Christen haben nun mal nichts mit Drogenabhängigkeit, Mord oder sexuellen Perversionen zu tun –, Tatsache ist, dass Sünde extrem ist, ihre Auswirkungen auf unser Leben sind extrem und ihre letztendlichen Folgen sind extrem. Wenn wir die Sünde so sehen wie sie wirklich ist – in ihren ausgeprägtesten und extremsten Formen –, wird uns das helfen, auch von der „kleinsten" Sünde zu fliehen.

1. Sünde befriedigt nicht

Als Gläubige vergessen wir manchmal, dass die Sünde echt Spaß machen kann. Oft ist es ein tolles Gefühl, zu sündigen. Deshalb hat die

Sünde so viel Macht und führt zu Abhängigkeiten. Sie kann aufregend, überwältigend, anregend sein und ungeheuer Spaß machen. Es gibt gottlose Komiker, die wahnsinnig komisch sind. Es gibt Drogen, mit denen du dir wie ein König vorkommst, als ob du die ganze Welt besitzt. Es gibt eine Menge Leute, die ihre sexuelle Sittenlosigkeit und ihr Leben auf den Partys ganz und gar genießen. Ja, nach den Worten von Hebräer 11,25 gibt es Freuden der Sünde, die man für kurze Zeit genießen kann. Aber es gibt keine dauerhafte Befriedigung durch die Sünde!

Wenn die Drogen zur Gewohnheit werden, wenn das „High"-Gefühl nachlässt, wenn die sexuelle Ekstase erreicht ist, bleibt ein leeres Gefühl, ein Gefühl der Unreinheit, der fehlenden Genugtuung und der Unzufriedenheit. Es ist hohl! Das ist der Grund dafür, dass so viele „Stars" ganz oben ankommen und dann feststellen, dass sie dort vollkommen allein sind. Es ist nicht so toll, wie man es sich vorstellt!

Und das ist auch der Grund, warum Sünder, die Jesus begegnen, ihre sündigen Angewohnheiten mit Freuden von einem Moment zum anderen aufgeben. Wenn sie das Brot des Lebens treffen, ist ihr Hunger und Durst nach allem anderen gestillt (vgl. Joh. 6,35). Das Problem ist, dass wir – nicht das Brot – manchmal „altbacken" werden, weil wir es versäumen, effektive Zeit mit Gebet, dem Wort, Anbetung und aktivem Zeugnis und Dienst zu verbringen. Wir verlassen die Quelle des Lebens und heben „rissige Zisternen aus, die das Wasser nicht halten" (Jer. 2,13). Und dann spricht uns die Sünde – die verlockende, verführende Sünde – erneut an, indem sie uns an diese vertrauten Momente erinnert, die wir einst in ihrer Umarmung genossen haben, aber sie erinnert uns nicht an die Hölle, die wir durchschritten haben, als wir aus unserem Traum erwacht sind.

Entlarve jetzt deine Fantasie! Sag es laut, bevor es untergeht: Sünde wird niemals befriedigen! Am Ende wird aus dem Glück Traurigkeit, der Reiz wird zum Albtraum, aus der Freude wird Abhängigkeit. Sünde hält nie, was sie verspricht.

2. Sünde zieht noch mehr Sünde nach sich

Sprüche 5,22 sagt aus: „Seine eigenen Sünden fangen ihn, den Gottlosen, und in den Stricken seiner Sünde wird er festgehalten." Wenn du sündigst, fesselst du dich selbst, und anstatt dass der Sünder frei ist, „seinen eigenen Dingen nachzugehen“, während der Gläubige durch eine Liste toter Regeln und Vorschriften gebunden ist, ist es in Wirklichkeit genau umgekehrt. Der Sünder ist ein Sklave der Sünde, während der Gläubige die Freiheit besitzt, den Willen Gottes zu tun (vgl. Joh. 8,34-36). Wie Oswald Chambers sagt:

> Weltliche Menschen stellen sich vor, dass es für die Heiligen schwierig sein muss, mit so vielen Einschränkungen zu leben, aber die Gebundenen sind die in der Welt, und nicht die Heiligen. Und es gibt keinen Frieden in der Welt, und je mehr wir im gesellschaftlichen Leben aufsteigen, desto mehr sind wir gebunden.[3]

Aber glaube ja nicht, dass die Sünde dich über dieses Geheimnis aufklären wird. Stattdessen sagt die Stimme der Verführung: „Du kämpfst wirklich mit deiner Lust. Wenn du einfach diesen Pornostreifen anschauen würdest, dann wirst du frei davon und das brauchst du doch so notwendig. Du würdest frei von diesem Druck! Komm schon. Es wird dich erleichtern.“

Was für eine Lüge! Das Einzige, was dieser Schmutz schafft, ist ein Wunsch – und ein *Bedürfnis* –, wieder einen von diesen unsauberen Filmen anzuschauen. Sünde führt zu neuer Sünde. Darauf kannst du dich verlassen.

Wie der Prediger Salomo in weisen Worten sagt: „Wer Geld liebt, wird des Geldes nicht satt, und wer den Reichtum liebt, nicht des Ertrages“ (Prediger 5,9). Du wirst immer mehr wollen! Gier kann nicht durch Besitz befriedigt werden, Drogenabhängigkeit wird nicht durch ein tolles „High“-Erlebnis befriedigt; Lust wird nicht durch einen One-Night-Stand befriedigt; Stolz wird nicht durch Aufstieg und Ruhm befriedigt. Die Sprüche sagen uns, dass die Augen eines Mannes nie zufrieden sind (vgl. Sprüche 27,20), und jeder ehrliche Mann, der dies liest, wird bestätigen, dass es wahr ist. Sonst würde doch, mein Herr, ein Blick auf die Frau im Bikini genügen, oder nicht? Warum denn nochmals hinschauen … und nochmal?

So funktioniert die Sünde – in kleinen wie in großen Dingen, bei der Lüge wie bei der Lust, ob man einen Schokoriegel klaut oder eine Bank ausraubt. Die versprochene Erfüllung ist vergänglich. Bevor wir die sündige Tat begingen, haben wir uns fest vorgenommen: „Ich mache diese eine Sache nur dieses eine Mal, und dann nie mehr.“ Und was passiert? Um den alten Werbeslogan zu gebrauchen, du kannst nicht nur einen essen!

Am Anfang kommt die Versuchung vielleicht nur einmal im Monat, aber wenn du ihr nachgibst, ist es wie wenn du ein Feuer schürst. Bald muss es wieder nachgeschürt werden. Das nächste Mal kommt die Versuchung vielleicht schon nach zwei Wochen wieder. Wenn du wieder sündigst, kommt sie schon nach einer Woche, dann nach einem Tag, und dann – bist du abhängig! Frag' doch den Heroinabhängigen, wie das geht. Er ist ein Experte auf dem Gebiet der Abhängigkeit. Nur schlimm für ihn, dass es seine eigene Abhängigkeit ist und er nicht weiß, wie er davon loskommt.

Sünde zieht den menschlichen Charakter –
und den menschlichen Willen – immer nach unten.
Sünde baut niemals auf.

Wenn du dich Gott unterwirfst und dem Teufel widerstehst (vgl. Jak. 4,7), wird die Macht der Versuchung und der Sünde gebrochen. Wenn du ihr nachgibst, windet sie nur einen weiteren Strick um dich, damit es für dich schwieriger wird, beim nächsten Mal zurückzuschlagen. Und jedes Mal, wenn du sündigst, wird es schwieriger für dich zu widerstehen und leichter nachzugeben. Du wirst schwächer und verlierst deine Entschlossenheit zu kämpfen. Deshalb ist es jetzt an der Zeit, „nein“ zu sagen – bevor dich der Strick fest umschlingt. Wenn du aber eine Sünde einlädst, dass sie dich für nur eine Nacht besucht, wirst du sehr bald entsetzt sein über Hunderte von weiteren Sünden – die „erweiterte Familie“ dieser Überschreitung –, die jetzt dauerhaft mit dir leben wollen. Also schmeiß' den Eindringling raus!

3. Sünde zieht schlimmere Sünden nach sich

Dieses Prinzip ist wirklich beängstigend. Es ist schlimm genug, dass Sünde zu weiteren Sünden führt, dass ein Drink zum Nächsten führt, dass eine unsittliche Tat die Nächste nach sich zieht. Aber es ist noch ernüchternder, wenn man feststellt, dass *Sünde immer den menschlichen Charakter und Willen nach unten zieht; Sünde baut uns niemals auf.* Der Kinderschänder wurde nicht so geboren! Der Serienmörder hat irgendwo angefangen – vielleicht mit entsprechendem Ungehorsam als Kind, vielleicht indem er seine Hauskatze gequält hat, vielleicht mit einem sexuellen Fetisch – bevor er zu dem Monster wurde, das dazu fähig ist, unschuldige Menschenleben auszulöschen. Sünde zieht dich in den Dreck.

Ich kann darüber aus erster Hand Zeugnis ablegen. Als ich in den späten Sechzigerjahren im Alter von vierzehn mein erstes „High"-Erlebnis hatte, probierte ich es zuerst mit Marihuana- und Haschischrauchen, aber das zeigte bei mir keine Wirkung. Deshalb beschloss ich, etwas Stärkeres zu versuchen – Aufputsch- und Beruhigungsmittel, eventuell LSD –, aber ich war sicher, dass ich mich nie auf Speed einlassen würde, gar nicht zu denken an eine echte assoziale Droge wie Heroin. Niemals!

Aber die Sünde zog mich schnell nach unten, und es dauerte nicht lange, da schnupfte ich Speed, obwohl ich immer noch sicher war, dass ich es mir nie in meine Blutbahnen spritzen würde. Ich war ein netter jüdischer Junge! Mir Nadeln in den Arm zu stechen, war undenkbar. Und doch verging nicht viel Zeit, da begann ich damit, mir Speed direkter zuzuführen, indem ich es in meine Venen spritzte. Aber immer noch *wusste* ich, das kann ich dir vor Gott versichern, dass ich mir niemals Heroin spritzen würde. Ich?! Heroin war für die Kriminellen im Stadtzentrum. Ich war der Sohn eines Rechtsanwalts aus Long Island. Ziemlich bald spritzte ich mir Heroin – *im reifen fortgeschrittenen Alter von fünfzehn Jahren.* Sünde führt zu noch schlimmerer Sünde.

Ich kann mich daran erinnern, dass ich das Zeugnis eines jungen Mannes in einem Baptistengottesdienst hörte, wie er von Gottes freisetzender Macht sprach. Im Alter von sechs bis vierzehn hatte er mit sexueller Sünde zu tun – ja, vom Alter von sechs Jahren an. Der Sünde wurde zu Beginn die Tür aufgetan, als er sich für die Wäsche und Badebekleidungsteile eines Bekleidungskatalogs seiner Mutter zu interessieren begann. Als er älter wurde, befriedigte ihn das nicht mehr, und er begann, nach gewagteren und anzüglicheren Fotos zu suchen. Bald führte dies zu unverhüllter Pornografie und sexuellen Fantasien. Ein Abstieg unter Garantie.

Tatsächlich bietet die sexuelle Unsittlichkeit die anschaulichste Illustration des schlüpfrigen Untergrunds der Sünde. Eine Zeit lang kann ein Mann den *Playboy* sehr verführerisch finden. Aber nach einer gewissen Zeit ist er ihm zu „soft", sodass er nach härteren, unverhüllteren Magazinen greift. Klar, sie sind ziemlich offenherzig. „Aber," so sagt das betrogene Gewissen, „sie sind *kaum* pervers. So Zeug wie Kinderporno, Sodomie, Sadomasochismus – das ist schlimm."

Aber nicht lange! Bald genügt die „normale" Pornografie einfach nicht mehr, und das Fleich schreit nach dem nächsten Schritt in die Tiefe, und dann noch weiter runter und noch weiter. Jetzt ist das Gewissen ausgedörrt und alle Arten von unaussprechlichen Perversionen wurden ein notwendiger Lebensbestandteil. Wie trügerisch ist doch die Sünde!

Natürlich sagen vielleicht jetzt einige: „Was hat denn das mit mir zu tun? Ich bin auf keinen Fall nur annähernd so ein schlechter Mensch! Ich gebe ja zu, dass ich hin und da einen Film mit ein bisschen nackter Haut und etwas Gotteslästerung sehe, aber ich habe keinerlei Interesse an Pornografie, und ich habe jetzt jahrelang an diesem Niveau festgehalten. Tut mir Leid, mein Freund, aber deine Beispiele von Pornografieabhängigen und Serienmördern haben mit mir *nichts* zu tun."

Bist du sicher? Satan ist viel schlauer als du glaubst. Er hat dich bereits in seinen Fängen. In der Tat hast du dich selbst betrogen. Du hast Gottes Maßstäbe aufgegeben und dir dafür deine eigenen gemacht.

Ist dir schon einmal Sprüche 14,12 aufgefallen? „Da ist ein Weg, der einem Menschen gerade erscheint, aber zuletzt sind es Wege des Todes." Derselbe Vers wird in Sprüche 16,25 wiederholt. Der Herr versucht hier etwas zu sagen! Nur weil du dich selbst rechtfertigst, heißt das nicht, dass er dich rechtfertigt. Nur weil du in deinen Augen „gar nicht so schlecht" bist – oder in den Augen der Gesellschaft als Ganzes – heißt das nicht, dass du in Gottes Augen nicht ein verstockter Sünder bist.

Du siehst, *jeder* hat einen Haltepunkt, einen Punkt über den hinaus er nicht gehen will, auch wenn er ihn von Zeit zu Zeit anpasst. Es gibt Terroristen, die Soldaten umbringen, aber keine Zivilisten. Es gibt Diebe, die ihre eigene Mutter bestehlen, aber nicht ihre Großmutter. (Ob du es glaubst oder nicht, als ich mir Heroin spritzte, traf ich solche Leute!) Es gibt Prostituierte, die ihren Körper an Männer, aber nicht an Frauen verkaufen. Und es gibt Leute, die sehen sich als bedenklich eingestufte Filme an, aber keine, die für Jugendliche als bedenklich eingestuft wurden. Oder sie sehen sich Filme an, die für Jugendliche als bedenklich eingestuft wurden, aber keine, die nicht jugendfrei sind, oder nicht jugendfreie, aber keine die noch schlechter beurteilt wurden. „Alle Wege eines Manne sind lauter in seinen Augen, aber der die Geister prüft, ist der Herr“ (Sprüche 16,2).

Aber an dieser „Ich-bin-doch-ganz-in-Ordnung“-Mentalität ist noch ein Punkt, der mir Angst macht. Denk mal über die Dinge nach, von denen du sagst, dass sie „gar nicht so schlimm“ sind. Es gab eine Zeit in deinem Leben, als du dachtest, dass diese Dinge *sehr* schlimm sind. Du hast sie einmal als unsauber und erniedrigend verurteilt. Jetzt gibst du dich selbst, als ganz ordentliche Person aus, weil *das alles ist*, was du tust. Wie lange wird es dauern, bis du noch weiter nach unten sinkst. Wenn du einmal von der klaren Norm des Wortes abrückst, was soll dich dann noch halten? Tut mir Leid, mein Freund, aber du wirst verlieren.

So ist der Kreislauf: Sünde befriedigt nicht, sie führt zu mehr Sünde, was wiederum die Tür für schlimmere Sünde öffnet. Und die ganze Zeit über verstockt das Herz:

> Dies nun sage und bezeuge ich im Herrn, dass ihr nicht mehr wandeln sollt, wie auch die Nationen wandeln, in Nichtigkeit ihres Sinnes, sie sind verfinstert am Verstand, fremd dem Leben Gottes wegen der Unwissenheit, die in ihnen ist, wegen der Verstockung ihres Herzens; sie, die abgestumpft sind, haben sich selbst der Ausschweifung hingegeben, zum Ausüben jeder Unreinheit mit Gier (Eph. 4,17-19).

Ist es nicht traurig, wenn man von einem hoch angesehenen Wirtschaftsmanager einer großen Firma, einem verheirateten Mann mit Familie, liest, dass er in einem Kinderpornoring gefasst wurde und zu den entferntesten Punkten der Erde reiste, nur um frische kleine Jungen in seine Hände zu bekommen. Wie durch und durch pervers! Und doch wird die Sünde, wenn sie bis zu ihren natürlichen Extremen ausgeführt wird, immer hässlicher und hässlicher. So etwas wie „reine“ Sünde gibt es nicht. Wach doch heute auf, lieber Leser, bevor dich das dumpfe Geräusch, wenn du auf dem Boden aufschlägst, zurück in die Realität bringt. Wach doch heute auf, bevor die Stimme deines Gewissens verstummt, bevor du an den Punkt kommst, an dem du unaussprechliche und abstoßende Taten tun kannst, ohne dass sich dein Gewissen regt.

Irgendwo in einer Gefängniszelle in Amerika – vermutlich in vielen Gefängniszellen – sitzt ein hübsches junges Mädchen, die niemals vorhatte zu töten, aber ihre Drogenabhängigkeit führte zu Prostitution, und dann machte ihr ihr Zuhälter ihr Leben zur Hölle und ihr einziger Weg dort heraus war ein Schuss in seinen Kopf … und alles hatte mit einem einzigen Drink im Haus ihrer besten Freundin begonnen. „Nur ein Drink und dann ist Schluss, ok? Ich habe wirklich Angst, mich mit diesem Zeug herumzuschlagen.“ Nicht genügend Angst! Jetzt ist sie eine Mörderin, ein Opfer, eine Kriminelle, das Leben verbaut, wenn Gott nicht eingreift. Höre ich da nicht, wie die Sünde im Hintergrund kichert, wenn sie in ihrer Zelle weint?

Ich sage es dir noch einmal: Sünde führt zu schlimmerer Sünde – hässlicher, härter, zerstörender, widerwärtiger, abscheulicher, tödlicher. Mach *auf der Stelle* eine Kehrtwendung und schlag’ die Tür zu ins Angesicht der Sünde. Wachse in der Reinheit und nicht in der Perversion. Geh’ *heute* in die Richtung, in die du für immer gehen willst.

4. Sünde versklavt

Niemand möchte ein Sklave sein. Sklaven haben keine Freiheit, keine Rechte. Sklaven leben, um den Willen anderer Menschen zu tun. Sie haben keine Zukunft, keine Möglichkeit, ihr Lebensschicksal zu bestimmen, keine Hoffnung – wenn sie nicht jemand befreien kann. Sklaverei bedeutet Not, besonders wenn der Herr der Sklaven hart, egoistisch, unsensibel, grausam und mächtig ist. Denk nur an Versklavung unter Satan! Was könnte es Schlimmeres geben?

Dies ist einer der Hauptgründe, mit Sünde *nicht* herumzuspielen. Sünde bindet! Sie tanzt (jedoch wie ein Spinnennetz) und glänzt (jedoch wie silberne Fesseln). Und wenn du sie berührst, hält sie dich fest wie Klebstoff und verschlingt dich wie Treibsand. Es ist leicht, hineinzugeraten, aber so schwer wieder herauszukommen! In einem Augenblick ist deine Freiheit vorbei. Das Prinzip fuktioniert so: Bevor du dich auf eine bestimmte Sünde oder Gewohnheit eingelassen hast, warst du frei. Jetzt bist du unter der Macht eines anderen oder einer anderen Sache. Aber deine Versklavung wäre nicht nötig gewesen!

Ich möchte dir ein relativ harmloses Beispiel aus dem täglichen Leben nennen. Alle deine Freunde laufen gerne Ski, aber du interessierst dich nicht dafür, du bist noch nie in deinem Leben Ski gelaufen. Du kannst nicht verstehen, wie viel Zeit deine Freunde für diesen dummen Zeitvertreib aufwenden, wie viel Geld sie ausgeben, wie viel Mühe sie sich machen. Und wofür? Du hast Besseres zu tun.

Aber in einem Winter verbringst du deine Ferien in den Bergen und es scheint Spaß zu machen, Ski laufen einmal auszuprobieren. Deiner Familie würde das wirklich gefallen und der Schnee ist so schön und unberührt – also warum nicht einmal Ski laufen probieren? Es wird sowieso niemals von dir Besitz ergreifen. Und doch, nach diesem ersten Ausflug gefällt es dir, und du könntest dir wirklich vorstellen, in diesem Sport ganz gut zu werden, und dann mit dem Wind im Gesicht und diesem Hochgefühl … Also, warum nicht?

Was du brauchst, sind einige gute Skistunden und eine moderne Skiausrüstung und einige Abonnements von Skizeitschriften und etwas mehr Urlaub … und plötzlich bist du gefangen! Jetzt lebst du für diese monatlichen Kurzurlaube, wenn du raus kannst und die Hügel hinunterfliegen, und nicht einmal ein paar gebrochene Knochen können dich abhalten. Hast du dieses Bild verstanden? Natürlich ist an Ski laufen nichts auszusetzen und ich kann mir vorstellen, dass es großen Spaß macht und ein tolles Erlebnis ist. (Ich sage „kann mir vorstellen“, weil ich einer dieser Menschen bin, die noch nie Ski gelaufen sind, obwohl es ein wirklich schöner Sport zu sein scheint, und ich habe viele christliche Freunde, die großen Spaß daran haben.) Ich benutze dieses Bild nur, um einen Punkt zu verdeutlichen: Einmal warst du mit dem Verlauf deines Lebens vollauf zufrieden und kein bisschen an Ski laufen interessiert. Jetzt hat es dich gepackt. Auf diese Weise arbeitet die Sünde.

Hat sie sich auch in dein Leben vorgearbeitet? Schau dir deinen täglichen Alltag an und denk einmal genau darüber nach. Was bestimmt dein Leben? Unter wessen Herrschaft befindest du dich? Lebst du, um Gottes Willen zu tun, oder wirst du getrieben, den Willen eines anderen oder von etwas anderem zu tun? Von jemand anderem oder etwas anderem als dem Herrn gebunden zu sein, ist vollkommen unannehmbar. Wie Oswald Chambers einmal sagte, „Mach es dir zur Gewohnheit, keine Gewohnheiten zu haben." Das ist ein hohes – aber erreichbares – Ziel.

Als ich in der High School war, sah sich meine Klasse den klassischen deutschen Film *Der blaue Engel* aus dem Jahre 1930 an. Er handelte von einem steifen, förmlichen Universitätsprofessor, dessen Studenten eine örtliche Varieteevorstellung mit einer verführerischen blonden Tänzerin besuchten. (Ich glaube, der Film war für die damalige Zeit etwas gewagt, aber heute würde er als ziemlich brav angesehen. Außerdem meine ich, ich war bereits gerettet, als ich ihn sah). Im Film ist der Professor außer sich, als die Studenten wegen ihrer langen Nächte in der Vorstellung den Unterricht versäumen, und er beschließt selbst hinzugehen, ziemlich angewidert von der ganzen Angelegenheit. Aber bald wird er auch hineingezogen! Die Tänzerin flirtet mit ihm, spielt mit seinen Gefühlen, zieht ihn hinunter in ihre Welt und macht aus ihm eine gedemütigte Witzfigur.

Zu Beginn des Films war der Universitätsprofessor das Abbild für herausragende akademische Eigenschaften und Disziplin, ein hoch angesehener Mann. Am Ende ist er ein Alkoholiker, eine tragische Figur, der Sklave einer Frau auf niedrigem Niveau, ein erniedrigtes Wrack. Ja, einmal war er frei; jetzt ist er unter der Herrschaft von jemand oder etwas anderem. Er hätte da niemals hineinrutschen dürfen! Aber die schaukelnde, verführerische Bewegung der Sünde hat ihn vereinnahmt.

Frag den zwanghaften Spieler, wie mächtig der Griff der Sünde sein kann. Er hatte nie geglaubt, dass aus den Wetten um ein paar Pfennige eine solche riesige Abhängigkeit entstehen würde, die ihm seine Ehe kosten würde! Frag den Mann, der der Kinderschändung verfallen ist, wie eine Versklavung unter die Sünde aussieht. Er kann kein Kind mehr anschauen, das auf der Straße spielt – ja nicht mal mehr seinen eigenen Enkel, der auf seinem Schoß sitzt – ohne erregt zu werden. Wie pervers! Und doch war er einmal normal und frei!

Sünde versklavt, und zwar auf mindestens drei Arten. Zuerst macht die Sünde zum Sklaven ihrer selbst, ein Punkt, den wir immer wieder betont haben. Sünde führt zu mehr Sünde und zu schlimmeren

Sünden, von denen jede einzelne mehr gefangen hält und mehr bindet als die vorherige.

Zweitens macht Sünde zum Sklaven des Fleisches. Wenn wir gewohnheitsmäßig sündigen, entstehen Abhängigkeiten und körperliches Verlangen wird mit großer Macht lebendig. Schädliche geistige Gewohnheiten entstehen und zerstörerische Lebensmuster kommen auf. Der Drogenabhängige *braucht* jetzt einen neuen Schuss (wo doch nur der Gedanke an Drogen einmal abstoßend gewesen ist). Der Kleptomane weiß nicht, wie er ohne Diebstahl leben soll (auch wenn Diebstahl einmal undenkbar war). Der Fresssüchtige bekommt Kopfschmerzen, wenn er nicht einem neuen Fressgelage nachgibt (und dennoch schämt er sich seines Gewichts und seiner fehlenden Disziplin). Einmal waren sie frei. Jetzt ist jeder ein Sklave. Also warum diesen Prozess in Gang setzen, wenn er am Ende nur zu Bindungen führt?

Drittens, und am schlimmsten von allem, macht die Sünde zu Sklaven unter Dämonen. Welch ein schrecklicher Gedanke! Dämonische Geister halfen, Nazi-Offiziere dazu zu bringen, jüdische Babys in lodernde Feuer zu werfen – um so die Kosten für eine Kugel zu sparen – und trieben Nazi-Ärzte dazu, jüdische Zwillinge zu operieren und sie ohne Narkose zu verstümmeln. Dämonische Geister regten einen bösartigen Vergewaltiger dazu an, eine achtzigjährige Großmutter zu vergewaltigen, zu strangulieren, zu verprügeln und durch einen Elektroschock zu töten – und dann ihren alten Ehemann zu Tode zu quälen. Dämonische Geister trieben einen Kinderschänder dazu, immer wieder einen neue Tat der Sodomie zu begehen, und drängten den Rassisten, einen weiteren hasserfüllten Mord auszuführen.

Dämonen sind der Inbegriff von allem hässlichen und zerstörerischen, denn wenn du dich selbst der Sünde hingibst, gibst du dich ihnen hin. Plötzlich überfallen sie dich, schüchtern dich ein, winken dir, treiben dich, beherrschen dich. Sie sind sonst von dir geflohen! Jetzt quälen sie dich und hetzen dich auf. Jetzt hörst du auf ihre Stimme!

Tatsächlich befinden sich einige von euch in größten Nöten. Du hast deinem wundervollen Retter immer ohne Angst und Verdammnis ins Gesicht gesehen; jetzt siehst du auf lästernde Dämonen, wenn du schläfst – wenn du überhaupt schläfst. Du bist ein Gefangener, du bist ein Sklave, du bist ein Häftling. Gott scheint nur aus einiger Entfernung dein Herr zu sein; aber wo du wirklich lebst, regieren dich Dämonen. Ja, Sünde versklavt!

Was kann es denn eigentlich wert sein, eine Sünde zu begehen, wenn der Preis, den du dafür zahlst (oder der Lohn, den du erhältst), Versklavung ist – Versklavung unter die Sünde, unter das Fleisch, unter Dämonen, unter den Teufel selbst? Ich ermahne dich mit den Worten eines alttestamentlichen Propheten, bedenke deine Wege!

Vielleicht hast du nie eine Zigarette geraucht, aber so viele deiner Freunde rauchen, und eine Zigarette scheint ihre Nerven tatsächlich zu beruhigen. „Warum nicht auch einen Zug nehmen?“ Tu es nicht! Jetzt bist du frei. Warum sich verstricken? Bald wird Nikotin deine Lungen verschmutzen und es wird so schwer werden, diese kleinen Tabak-Teufel niederzukämpfen. Bleibe sauber, mein Freund, bleibe frei.

Oder bist du vielleicht heute an diesem Punkt: Du hast niemals in deinem Leben Pornografie angeschaut, und du würdest niemals daran denken, einen für Jugendliche verbotenen oder gar schlimmer eingestuften Film auszuleihen. Aber jetzt sind harte Pornos nur einen Mouse-Klick auf deinem Computer entfernt. Das Internet ruft dich beim Namen. Wie schaut das Zeug eigentlich aus? Wie ist es, Leute zu sehen, die deine geheimen Fantasien ausleben? Dein Herz klopft. Die Versuchung ist real. Stop! Jetzt bist du frei. Lass dich nicht einfangen! Geh weg, bevor dich die Scham überkommt. Geh weg und bitte Gott, deinen Geist zu reinigen. Fülle dich selbst mit heiligen Gedanken. Fülle dich selbst mit Anbetung und dem Wort. Und atme einen Seufzer der Erleichterung und der Dankbarkeit. Du bist einer sehr tiefen Fallgrube entkommen.

Oder ist es etwas noch Ernsteres. Du bist eine verheiratete Frau mit einigen Problemen zu Hause. Dein Ehemann ist nicht der Mann, der er einmal war, und es scheint, er ist auch nicht mehr dein Seelenfreund. Und dieser hübsche Kollege an deinem Arbeitsplatz – so freundlich, so zuvorkommend, so besorgt – es macht so viel Freude, mit ihm zu arbeiten. Und er ist auch noch so lustig, gar nicht zu reden von seinem flachen Bauch und diesem wundervollen Bizeps, der fast durch seine Hemdsärmel springt. Seine Frau hat ihn vor drei Jahren verlassen (was war sie für ein Flittchen!) und er ist ein bisschen einsam. Jetzt ziehst du dich am Morgen an und fragst dich, wie er wohl dein Outfit finden wird. Die Kaffeepausen sind der Höhepunkt deines Tages. Morgen werdet ihr miteinander zu Mittag essen … Nein! Fliehe um dein Leben.

Deine Ehe ist noch intakt und du hast noch nicht Verrat am Herrn begangen. Dein Zuhause kann heilig und gesegnet sein. Verliere nicht deine Freiheit! Überschreite nicht die Grenze! Renn in die andere Richtung davon! Scheidung ist keine Möglichkeit. Brich den Kreislauf, solange du die Macht dazu hast, und hör nicht auf die Lügen des Teufels. *Der Teufel denkt nur an deine Zerstörung.* Er plant, wie er dich nach unten zieht. Jetzt ist die Zeit, deine Wege zu bedenken!

Tatsächlich jetzt, *auf der Stelle*, bevor du die nächste Seite umblätterst, solltest du dir einige ernsthafte Fragen stellen. *Welchen Weg gehst du?* Sind deine Maßstäbe heute höher, als sie in der Vergangenheit waren, oder wurden sie ganz langsam niedriger? Ist deine Fähigkeit, Versuchungen zu widerstehen, heute stärker, als sie früher war, oder siehst du, dass du schneller ausgleitest, ungehemmter sündigst, leichter nachgibst? Und tust du heute Dinge – aus Gewohnheit, oder mit einer gewissen Regelmäßigkeit, oder mit nur geringem Gefühl von Überzeugung oder Schuld – denen du in der Vergangenheit *niemals* nahe gekommen wärst?

Wenn deine Antworten ein beunruhigendes negatives Muster hervorgebracht haben, gibt dies Anlass zu ernster Sorge. Du weißt, da lauert ein Mörder darauf, dich zu kriegen, und du spielst genau in seine satanischen Hände. Also renn um dein Leben, solange du noch die Möglichkeit dazu hast. Morgen kann es zu spät sein.

2. Zwanzig Gründe nicht zu sündigen, Teil II

O, gebt Acht, gebt Acht, ihr,
die ihr euch dazu bekennt, durch das Blut des Bundes geheiligt
zu sein, dass ihr nicht den Bund als etwas Unheiliges betrachtet.
Seht zu, dass ihr nicht eure Leiber,
von denen ihr kund tut, dass sie für den Dienst an Gott geheiligt
wurden, unter die Sünde versklavt (vgl. Römer 6,6),
oder „eure Glieder der Gesetzlosigkeit zur Gesetzlosigkeit zur
Verfügung stellt“ (Römer 6,19) – sonst wirst du in jener Stunde die
Stimme des Verkündigungsengels hören, wie er ruft:
„Diese wurden in die Waagschale geworfen
und wurden für zu leicht befunden.“

Charles Spurgeon

Sünde hat den Teufel zum Vater,
Schande als Begleiter und Tod zum Lohn.

Thomas Watson

Womit kann ein Sünder verglichen werden?
Einem Menschen, der offene Handschellen anbehält
und seine Hände hineinlegt.

Ein Spruch aus dem jerusalemitischem Talmud

Wenn du wirklich innehältst und einmal darüber nachdenkst, ist Sünde einfach geisteskrank. Und als ein wieder geborenes Gotteskind müssen wir irgendwie geisteskrank sein, wenn wir weiter sündigen. Wir lieben Jesus. Wir wollen ihm gefallen. Wir glauben, was das Wort sagt – und doch sündigen wir! Warum? Es macht überhaupt keinen Sinn.

Hier sind einige weitere Gedanken, die helfen sollen, den Wahnsinn zu vertreiben und uns zurück zur Vernunft zu bringen. Lass uns jetzt und hier den Wahnsinn der Sünde herausstellen.

5. Sünde erniedrigt und demütigt

Denk an irgendeine öffentliche Person – der Präsident, ein Spitzensportler, ein prominenter Pädagoge, ein Nobelpreisgewinner –, die jahrelang dafür gearbeitet hat, die Achtung der Leute zu gewinnen und sich einen guten Ruf zu machen. Und dann schau dir an, was mit diesem Ruf passiert, wenn diese Person eine schwere Sünde begeht und seine Sünde aufgedeckt wird. Alles ändert sich! Der Ruf wird besudelt und du siehst diese Person mit anderen Augen. Er oder sie wurde beschmutzt, beeinflusst, befleckt. (Du kannst das als ein Lebensprinzip niederschreiben: Sünde befleckt den Sünder.) Die gesamte sauer erarbeitete Popularität, alle Errungenschaften dieser Person werden in einem Moment kompromittiert.

Wie siehst du den großen, massigen Football-Spieler, wenn du erfährst, dass er ein Süchtiger ist, der homosexuellen Praktiken nachgeht? Oder den begabten Autor, wenn du erfährst, dass er seine Frau schlägt? Und was denkst du über die herausragende Lehrerin des Jahres, wenn du herausfindest, dass sie fünf Abtreibungen hatte? Und wie „gesalbt" erscheint jetzt der machtvolle Prediger, wenn du hörst, dass er süchtig ist nach Pornografie? Wie sinken doch diese Menschen in unseren Augen. Ihr ganzes Leben wird beschmutzt, ihre größten Errungenschaften verdorben. Der schändliche Vorwurf ist niemals die sündige Befriedigung wert. Sündigen ist solch eine Dummheit!

In den Worten des Predigers: „Tote Fliegen lassen das Öl des Salbenmischers stinken und gären. Ein wenig Torheit hat mehr Gewicht als Weisheit und Ehre" (Prediger 10,1). Diese leblosen kleinen Fliegen ändern die gesamte chemische Zusammensetzung der Salbe, und dieses süß duftende Aroma wird zu einem faulen, stinkenden

Geruch. Denk' nur an das Beispiel aus dem wirklichen Leben von dem Nobelpreisgewinner – einem einflussreichen Wissenschaftler, der dabei ertappt wurde, wie er Jungen auf den Philippinen zum Sex aufforderte. In welchem Licht siehst du ihn jetzt?

Es war Salomo, der warnte: „Wer aber Ehebruch treibt, ist ohne Verstand. Nur wer sich selbst vernichten will, der mag dies tun. Plage und Schande nur findet er, und seine Schmach wird nicht mehr gelöscht" (Sprüche 6,32.33). Also warum die Tat begehen, mein Freund, wenn du dich den Rest deiner Tage dafür schämen wirst? Es macht doch nur Sinn, Dinge zu tun, bei denen du dich hinterher gut fühlen wirst? Verbringe nicht die nächsten fünf Jahre (oder länger), indem du dich selbst quälst und sagst: „Was war ich doch für ein Trottel!" Sei jetzt weise – bevor du zu Fall kommst.

Frag doch Simson, ob seine sexuellen Abenteuer die Sache wert waren. Frag den in Unehre gefallenen Pastor, ob er noch einmal Geld aus dem Kirchenopfer stehlen würde. Frag' den schwangeren Teenager, ob ihr schon lange verschwundener „Mr. Wundervoll" wirklich so wundervoll war. Und dann frag alle drei, wie sie sich nach ihren Sünden fühlen. „Erbärmlich!", würden sie einstimmig ausrufen. Ja, Sünde erniedrigt und demütigt durch das, was sie dir antut, und durch das Gefühl, das sie dir gibt.

Satan gefällt es, die Menschen lächerlich zu machen. Ihm gefällt es, zu sehen, wie Männer und Frauen, der Inbegriff der Schöpfung Gottes, sich in ihre Arme Nadeln setzen, Sodomie begehen, sich gegenseitig erschießen und erstechen, um Geld für das nächste Glas betteln, sich als Transvestiten kleiden, an sexuell übertragenen Krankheiten sterben, sich in ihrer Schuld hin und her wälzen, sich in ihrer Schande suhlen, in ihrer Scham untergehen. Dem Teufel gefällt es, uns zu demütigen.

Denk' noch einmal an Simson – den mächtigen Befreier, einer der Männer in der Welt mit der größten übernatürlichen Salbung – gefangen in Bronzefesseln, seine Augen ausgestochen, er mahlt in der Gefängnismühle, eine Witzfigur für die Feinde Gottes – Feinde, die er nach seiner Berufung besiegen sollte, Feinde, die einst in Panik vor ihm davongelaufen sind. Und die Lust war es, die ihn besiegt hat! (Es wird oft herausgestellt, dass die ersten Worte, die von Simson in der Bibel belegt sind, die folgenden waren: „Ich habe eine … Frau gesehen" (Richter 14,2), und zwar eine Philisterfrau). Der Teufel hat

Gefallen daran, unser Leben auf der Erde zu einer lebenden Hölle zu machen.

Aber Jesus gefällt es, uns mit Ruhm und Ehre zu überschütten. Er rettet nicht nur unser Leben aus der Grube, sondern er krönt uns mit Gnade und Erbarmen (siehe Ps. 103,4). Er wäscht uns mit seinem Blut, befreit uns von unseren Sünden und macht uns zu einem Königtum von Priestern, seinem Gott und Vater für immer zu dienen (siehe Offb. 1,5.6). Er nimmt uns in seiner Familie auf, und er schämt sich nicht, uns Brüder und Schwestern zu nennen (siehe Hebr. 2,11). So ist unser Erlöser! Er wertet unser Leben auf und erniedrigt es nicht.

Wenn du also beim nächsten Mal versucht bist zu sündigen, denke stattdessen an den Erlöser. Wenn du dem Feind deiner Seele widerstehst, wird dein Freund da sein, um dich zu bestärken und dir zu helfen, standhaft zu bleiben.

6. Sünde stiehlt Freude

Unterschätze nicht, wie wichtig Freude ist! Die Bibel sagt uns, dass die Freude am Herrn unsere Stärke ist (siehe Neh. 8,10), und dass in seiner Gegenwart die Fülle der Freude ist (Ps. 16,11).[1] Das Buch der Sprüche sagt:

> Ein fröhliches Herz bringt gute Besserung, aber ein niedergeschlagener Geist dörrt das Gebein aus (Spr. 17,22).
>
> Eines Mannes Geist erträgt seine Krankheit, aber einem niedergeschlagenen Geist, wer richtet den auf? (Spr. 18,14).

Wir können fast alles ertragen, wenn unser Geist obenauf ist. Aber wenn wir verwundet, gedrückt, niedergeschlagen und am Boden sind, sieht sogar ein strahlender sonniger Tag trostlos aus.

Sünde lässt die Freude platzen und unterbricht die Gemeinschaft mit der Quelle des wahren Glücks.[2] (Teilhard de Chardin bemerkte, dass „Freude das untrüglichste Zeichen für die Gegenwart Gottes ist." Sünde vertreibt diese Gegenwart!) Sünde stiehlt etwas, das alles Geld der Welt nicht kaufen kann. Das Hoch in deinem Herzen ist verschwunden, das Gefühl, dass „alles gut ist", hat sich verabschiedet.

Wo vorher die Fülle war, ist nun ein klaffendes Loch; wo Frieden war, ist nun Aufruhr.

Sag mir ehrlich, welche fleischliche Freude ist solch einen Verlust wert?

7. Sünde stiehlt unser Selbstvertrauen vor Gott

Bevor ich gerettet wurde, reiste ich oft mit Drogen in meinen Taschen herum, fuhr mit dem Bus oder per Anhalter durch die Stadt mit Heroin oder Speed oder Meskalin bei mir am Körper. (Ziemlich clever, oder?). Und dort, wo ich aufgewachsen bin, ist per Anhalter fahren illegal, und das heißt, dass jedes Mal ein Polizist mich hätte anhalten können und ein Gespräch mit mir hätte führen können, sogar meinen Namen festhalten und mir mit Arrest hätte drohen können. Und ich fuhr per Anhalter mit Narkotika in meinen Hosen- und Manteltaschen! Jedes Mal, wenn ich ein Polizeiauto von weitem sah, rannte ich schnell von der Straße auf den Gehweg und mein Herz klopfte. (Ich weiß, was du denkst, und du hast Recht damit. Ich war ein kompletter Trottel.) Sogar wenn ich ganz ordentlich legal mit dem Bus fuhr, wenn ich die Polizei sah, wurde ich nervös. Schließlich war ich ein Gesetzesbrecher, schuldig des Drogenbesitzes.

Als ich gerettet wurde, gab ich die Drogen innerhalb ein paar Tage auf, und wenn ich in der Stadt unterwegs war und sah die Polizei vorbeifahren, klopfte mein Herz nicht mehr. Ich wünschte beinahe ihre Überprüfung, seit ich „normal" war und das illegale Zeug vorbei war. Ich konnte mit dem Bus fahren und in den Straßen laufen, ohne nur einen Moment lang Angst zu haben. Ich hatte Selbstvertrauen vor Gott und den Menschen. Mein Gewissen war rein.

Aber die Sünde stiehlt alle Reinheit und Unschuld und macht, dass wir uns gegenüber Menschen und Gott unwohl fühlen. Denk' an den Mann, der soeben seinen besten Freund betrogen hat, nur wegen eines großen Geschäftsabschlusses. Oder schau dir den Mann an, der – jung im Glauben – letzte Nacht versagt hat, indem er sich betrunken hat. Er schaut im Gottesdienst heute lethargisch aus. Sein Kopf ist gesenkt, seine Schultern hängen, er schweigt während der Gebetszeit. Die Kühnheit ist verschwunden, die Begeisterung ist verflogen. Der gewisse Funke fehlt. Und wie ist es mit dieser älteren Schwester, die von einer ernsthaften Not angegriffen wird, von der sie weiß, das sie dämonisch ist, aber sie hat nicht die Kraft, sie zurückzuweisen, weil ihre Autorität durch die Monate, in denen sie Seifenopern und perverse Talkshows sah, vertrocknet ist? Warum sollte der Teufel von ihr fliehen? Sie unterwirft sich Gott nicht und sie weiß es. Satan weiß es auch (siehe Apostelgeschichte 19,13-17).

Die gute Nachricht ist, dass wir so leben *können*, dass wir vor dem Herrn mit Zuversicht stehen:

> Und nun, Kinder, bleibt in ihm, damit wir, wenn er geoffenbart werden wird, Freimütigkeit haben und nicht vor ihm beschämt werden bei seiner Ankunft.
>
> Geliebte, wenn das Herz uns nicht verurteilt, haben wir Freimütigkeit zu Gott, und was immer wir bitten, empfangen wir von ihm, weil wir seine Gebote halten und das vor ihm Wohlgefällige tun.
>
> Hierin ist die Liebe bei uns vollendet worden, dass wir Freimütigkeit haben am Tag des Gerichts, denn wie er ist, sind auch wir in dieser Welt.
>
> Und dies ist die Zuversicht, die wir zu ihm haben, dass er uns hört, wenn wir etwas nach seinem Willen bitten. Und wenn wir wissen, dass er uns hört, was wir auch bitten, so wissen wir, dass wir das Erbetene haben, das wir von ihm erbeten haben. (1. Joh. 2,28; 3,21-22; 4,17; 5,14-15.)

Jesus ist der Schlüssel zu unserem Vertrauen, weil er schon für uns den Weg gemacht hat und entschlossen ist, diesen Weg weit offen zu halten:

> Da wir nun einen großen Hohenpriester haben, der durch die Himmel gegangen ist, Jesus, den Sohn Gottes, so lasst uns das Bekenntnis festhalten! Denn wir haben nicht einen Hohenpriester, der nicht Mitleid haben könnte mit unseren Schwachheiten, sondern der in allem in gleicher Weise wie wir versucht worden ist, doch ohne Sünde. Lasst uns nun mit Freimütigkeit hinzutreten zum Thron der Gnade, damit wir Barmherzigkeit empfangen und Gnade finden zur rechtzeitigen Hilfe (Hebr. 4,14-16).

> Da wir nun, Brüder, durch das Blut Jesu Freimütigkeit haben zum Eintritt in das Heiligtum, den er uns bereitet hat als einen neuen und lebendigen Weg durch den Vorhang – das ist durch sein Fleisch –, und einen großen Priester über das Haus Gottes, so lasst uns hinzutreten mit wahrhaftigem Herzen in voller Gewissheit des Glaubens, die Herzen besprengt und damit gereinigt vom bösen Gewissen und den Leib gewaschen mit reinem Wasser (Hebr. 10,19-22).

Ich weiß nicht, wie es mit dir ist, aber ich bin lieber freimütig, als dass ich mich ducke, gehe lieber nach vorn, als dass ich zurückschrecke, lebe lieber sauber, als verdammt dazustehen. Ich atme lieber frische Luft, statt Smog einzuatmen, und würde viel lieber vom Großen Arzt einen guten Bericht bekommen, als schlechte Nachrichten hören zu müssen. Ich entscheide mich lieber für Reinheit an Stelle von Schmutz. Wie ist es mit dir? Lass dir nicht von der Sünde dein Vertrauen stehlen.

8. Der Sünde Sold ist der Tod

Es gibt nur eine Sache, in der die Sünde zuverlässig ist: Ihre Belohnung ist immer der Tod. Leider behält die Sünde dieses Geheimnis immer für sich und verspricht dir stattdessen Reichtümer, Ruhm, Freude, Erfüllung und Macht. Und, während du einiges davon auf dem Weg vielleicht erlebst, ist es doch nur vergänglich und hält bestenfalls einige kurze Jahrzehnte an. Und dann kommt der tatsächliche Zahltag und das Ergebnis ist immer gleich: Tod, sowohl natürlich als auch geistlich.

Es ist wahr, dass Sünde schon von Anfang an den Tod bringt, denn sie tötet immer etwas in uns, wenn wir die Gebote verletzen. Sie greift unsere Sensibilität an, verschüttet unser Gewissen, beschädigt unsere Willenskraft und schändet unsere Seele. Man könnte fast sagen, dass, immer wenn wir sündigen, etwas in uns stirbt. (Deshalb kann es im Himmel keine Sünde geben, weil der Himmel ein Ort des vollkommenen Lebens ist.) Dann, am Ende des Weges, ist der Tod der Lohn der Sünde – und das bedeutet Trennung von Gott, jetzt und die Ewigkeit hindurch.

Aus diesem Grund warnt Paulus die Galater deutlich: „Irrt euch nicht, Gott lässt sich nicht verspotten! Denn was ein Mensch sät, das wird er auch ernten. Denn wer auf sein Fleisch sät, wird vom Fleisch Verderben ernten; wer aber auf den Geist sät, wird vom Geist ewiges Leben ernten“ (Gal. 6,7.8).

Es kann eine Zeit lang den Anschein haben, als bringe die Sünde Glück, Befriedigung und Aufstieg, und als ob die Ehre Gottes lächerlich gemacht würde. Wenn schließlich die Sünde so schlecht ist und wenn Gott so stark dagegen ist, warum scheint es keine Konsequenzen für sie zu geben? Warum kommen die Leute scheinbar mit solchen schlimmen, fleischlichen Taten davon? Aber du brauchst dich nicht zu beunruhigen oder dir darüber Sorgen zu machen, denn der Herr lässt sich nicht spotten. (Denk' an Psalm 37!) Er hat ewige, unfehlbare Prinzipien aufgestellt, und was wir säen, werden wir ernten. Für die, die mit Gott gehen, bedeutet dies, dass wir, wenn es so weit ist, eine Ernte des Lebens ernten werden, wenn wir nicht schwach werden und kapitulieren (siehe Gal. 6,9; Jak. 3,18; Luk. 18,1-8). Aber der Gottlose wird ziemlich sicher den Tod ernten.

9. Gott wird die Sünder bestrafen – in dieser und in der zukünftigen Welt

Es genügt, dass Gott unabänderliche Gesetze des Säens und Erntens aufgerichtet hat, sodass alles, was wir tun, Folgen zum Besseren oder zum Schlechteren hin hat. Das Rauchen von Zigaretten führt zu Lungenkrebs. Alkoholismus führt zu Leberzirrhose. Häufiger Partnerwechsel führt zu Geschlechtskrankheiten. Fettsucht führt zu Herzkrankheiten. Allein die Folgen sollten uns davon abhalten, zu sündigen.

Aber der schlimme Lohn der Sünde ist noch mehr als das Funktionieren der „passiven“ Prinzipien Gottes. (Mit „passiv“ bezeichne ich Prinzipien, die aus sich selbst heraus arbeiten, ohne einen Eingriff von außen.) Gott selbst richtet aktiv die Sünder. Der Herr rafft sie dahin! Schau dir nur einige seiner Verheißungen an. (Ich bezweifle, dass du in letzter Zeit eine davon beansprucht hast.)

Betrachte zuerst Gottes Warnung gegenüber Israel. Es ist ein langer Abschnitt, aber er ist es wert, sorgfältig gelesen zu werden:

Wenn ihr mir aber nicht gehorcht und nicht all diese Gebote tut und wenn ihr meine Ordnungen verwerft und eure Seele meine Rechtsbestimmungen verabscheut, sodass ihr nicht alle meine Gebote tut und dass ihr meinen Bund brecht, dann werde ich meinerseits euch dieses tun: Ich werde Entsetzen über euch verhängen, Schwindsucht und Fieberglut, die die Augen erlöschen und die Seele verschmachten lassen. Und ihr werdet vergeblich euren Samen säen, denn eure Feinde werden ihn verzehren. Und ich werde mein Angesicht gegen euch richten, dass ihr vor euren Feinden geschlagen werdet. Und eure Hasser werden über euch herrschen, und ihr werdet fliehen, obwohl niemand euch nachjagt.

Und wenn ihr mir daraufhin nicht gehorcht, dann werde ich fortfahren, euch zu züchtigen, und zwar sieben Mal wegen eurer Sünden. Und ich werde euren starken Hochmut brechen und werde euren Himmel wie Eisen machen und eure Erde wie Bronze. Und eure Kraft wird sich umsonst verbrauchen, und euer Land wird seinen Ertrag nicht geben, und die Bäume des Landes werden ihre Frucht nicht geben.

Wenn ihr euch aber mir entgegenstellt und mir nicht gehorchen wollt, dann werde ich euch weiter schlagen, und zwar siebenfach nach euren Sünden. Und ich werde die Tiere des Feldes unter euch senden, dass sie euch kinderlos machen und euer Vieh ausrotten und euch an Zahl verringern, und eure Wege sollen öde werden.

Und wenn ihr euch dadurch nicht von mir zurechtweisen lasst und euch mir entgegenstellt, dann werde ich meinerseits mich euch entgegenstellen, und ich meinerseits werde euch schlagen, und zwar siebenfach wegen eurer Sünden. Und ich werde das Schwert über euch bringen, das die Rache des Bundes vollzieht. Und zieht ihr euch in eure Städte zurück, dann werde ich die Pest in eure Mitte senden, und ihr werdet in die Hand des Feindes gegeben werden. Wenn ich euch den Stab des Brotes zerbreche, werden zehn Frauen euer Brot in einem Ofen backen, und sie werden euch das Brot zurückgeben nach dem Gewicht, und ihr werdet essen und nicht satt werden.

Und wenn ihr bei alldem mir nicht gehorcht und euch mir entgegenstellt, dann werde ich mich euch im Grimm entgegen-

> stellen und ich meinerseits werde euch züchtigen wegen eurer Sünden, und zwar siebenfach. Und ihr werdet das Fleisch eurer Söhne essen, und das Fleisch eurer Töchter werdet ihr essen. Und ich werde eure Höhen austilgen und eure Räucheraltäre ausrotten, und ich werde eure Leichen auf die Leichen eurer Götzen werfen, und meine Seele wird euch verabscheuen. Und ich werde eure Städte zur Trümmerstätte machen und eure Heiligtümer öde machen, und ich werde euren wohlgefälligen Geruch nicht riechen. Und ich werde das Land öde machen, dass eure Feinde, die darin wohnen, sich darüber entsetzen sollen. Euch aber werde ich unter die Nationen zerstreuen, und ich werde das Schwert hinter euch herziehen. Euer Land wird eine Öde und eure Städte werden eine Trümmerstätte sein.
> (3. Mose 26,14-33.)

Jetzt schau dir die Warnungen Jesus an die Kirche an (auch diese Worte solltest du nicht einfach überfliegen):

> Wenn aber nicht, so komme ich dir und werde deinen Leuchter von seiner Stelle wegrücken, wenn du nicht Buße tust.
>
> Tu nun Buße! Wenn aber nicht, so komme ich dir bald und werde Krieg mit ihnen führen mit dem Schwert meines Mundes.
>
> Und ich gab ihr Zeit, damit sie Buße tue, und sie will nicht Buße tun von ihrer Unzucht. Siehe, ich werfe sie aufs Bett und die, welche Ehebruch mit ihr treiben, in große Drangsal, wenn sie nicht Buße tun von ihren Werken. Und ihre Kinder werde ich mit dem Pesttod töten, und alle Gemeinden werden erkennen, dass ich es bin, der Nieren und Herzen erforscht, und ich werde euch einem jeden nach euren Werken geben.
>
> Denke nun daran, wie du empfangen und gehört hast, und bewahre es und tue Buße! Wenn du nun nicht wachst, werde ich kommen wie ein Dieb, und du wirst nicht wissen, zu welcher Stunde ich über dich kommen werde.
>
> Ich kenne deine Werke, dass du weder kalt noch heiß bist. Ach, dass du kalt oder heiß wärest! Also, weil du lau bist und weder heiß noch kalt, werde ich dich ausspeien aus meinem Munde. (Offb. 2,5.16.21-23; 3,3.15.16.)

Ich möchte niemals diese Worte an mich gerichtet hören! Ich möchte niemals das Ziel des Zornes Gottes sein. (Allein schon das Niederschreiben dieser Worte macht mir Angst.) Wenn die ganze Welt gegen mich wäre und nur Gott für mich, hätte ich nichts zu befürchten. Aber wenn die ganze Welt für mich wäre und Gott selbst gegen mich, wäre ich in Todespanik. Der schrecklichste Satz, den ein Geschöpf hören kann, ist, wenn der Schöpfer sagt: „Ich bin gegen dich!" Das ist der ultimative Albtraum. Der Allmächtige, der Höchste Herr gegen *mich.* (Lieber Leser, setze hier deinen eigenen Namen ein und sage es dir laut vor.) Möge das niemals eintreten!

Ich möchte mit meinem Vater in Harmonie leben, indem ihn mein gehorsamer Wandel in Abhängigkeit von ihm zur Güte ermuntert und ich nicht durch meine respektlosen, gelegentlichen oder sogar offenkundigen Sünden seinen Zorn hervorrufe. Es gibt viele Konsequenzen für unsere Untaten, wie Gefängnisstrafen, zerbrochene Familien und kranke Körper. Aber all dies verblasst im Vergleich zu Gottes heiligem Richterspruch.[3] Wer kann standhalten, wenn sein Hammer fällt?[4] Der Psalmist hat das gut geschrieben: „Wer erkennt die Stärke deines Zorns und deines Grimms, wie es der Furcht vor dir entspricht? So lehre uns denn zählen unsere Tage, damit wir ein weises Herz erlangen!" (Ps. 90,11.12). Gewähre uns solch ein Herz, Herr Gott, damit wir alle unsere Tage weise seien.

10. Sünde verletzt den Herrn

Vielleicht sagt dir das Bild eines zornigen, rachsüchtigen Gottes nicht viel. Schließlich bist du gerettet! Es ist dein Vater, von dem ich hier spreche, den du „Abba" nennst. Du verehrst ihn, aber nicht mit unterwürfiger Furcht; du ehrst ihn, aber nicht, indem du vor Schrecken kriechst. Er ist dein bester Freund, dein vertrautester Kumpel, deine Hoffnung, deine Freude, dein Leben. Die Flammen der Hölle sind keine Bedrohung für dich. Ein feuriges Urteil macht dir keine Angst. Du bist ein hingegebener Gläubiger und du hasst ganz sicher den Gedanken an Sünde. Dennoch kämpfst du manchmal.

Dann wird dies vielleicht helfen. Wenn du sündigst, verwundest du deinen Retter und spuckst ihm in sein Gesicht, machst seine Liebe zum Gespött und verleugnest deine eigenen Worte von Hingabe und

Anbetung. Deine Sünde schmerzt Jesus! Ist er wirklich „alles, was du brauchst", der einzige „Grund deines Lebens", wie du so gerne singst und in Anbetung proklamierst? Ist er wirklich der, an dem sich deine Seele erfreut? Warum verletzt du ihn dann mit deiner hartnäckigen Sünde?

Wenn du einmal Zeit hast zum ruhigen Nachdenken, solltest du Hesekiel 16 komplett durchlesen, wo der Herr das Baby Israel in der Wüste verlassen findet, strampelnd in seinem Blut, und wie er es aufnimmt, es umsorgt, bis er es zu einer schönen Frau aufgezogen hat, die für die Hochzeit bereit ist. Entsetzlicherweise kehrt sie sich von ihrem Mann ab und prostituiert sich anderen Liebhabern, Leuten, die niemals irgendetwas für sie getan haben. Schau, wie persönlich Gott dies nimmt:

> Und ich wusch dich mit Wasser und spülte dein Blut von dir ab und salbte dich mit Öl. Und ich bekleidete dich mit Buntwirkerei und beschuhte dich mit Delfinhäuten, ich umwand dich mit Byssus und bedeckte dich mit Seide. Und ich schmückte dich mit Schmuck: ich legte Spangen um deine Handgelenke und eine Kette um deinen Hals, und ich legte einen Reif an deine Nase und Ringe an deine Ohren und setzte eine prachtvolle Krone auf deinen Kopf. So legtest du goldenen und silbernen Schmuck an, und deine Kleidung bestand aus Byssus, Seide und Buntwirkerei. Du aßest Weizengrieß und Honig und Öl. Und du warst sehr, sehr schön und warst des Königtums würdig. Und dein Ruf ging aus unter die Nationen wegen deiner Schönheit, denn sie war vollkommen durch meinen Glanz, den ich auf dich gelegt hatte, spricht der Herr Herr (Hes. 16,9-14).

Und wie hat die Jungfer Israel geantwortet? War sie dankbar für die Liebe, die ihr entgegengebracht wurde? Nein.

> Aber du vertrautest auf deine Schönheit, und du hurtest auf deinem Ruf hin und gossest deine Hurereien aus über jeden, der vorbeikam: Ihm wurde sie zuteil. Und du nahmst von deinen Kleidern und machtest dir bunte Höhen, und du hurtest auf ihnen, Dinge, die nie vorgekommen sind und was nie wieder geschehen wird. Und du nahmst deine prächtigen Geschmeide

> von meinem Gold und von meinem Silber, das ich dir gegeben hatte, und machtest dir Abbilder von Männern und hurtest mit ihnen. Und du nahmst deine buntgewirkten Kleider und bedecktest sie damit; und mein Öl und mein Räucherwerk setztest du ihnen vor; und mein Brot, das ich dir gegeben habe, mit Weizengrieß und Öl und Honig habe ich dich gespeist –, das setztest du ihnen vor zum wohlgefälligen Geruch; ja, so war es, spricht der Herr, Herr. Und du nahmst deine Söhne und deine Töchter, die du mir geboren, und opfertest sie ihnen zum Fraß. War es zu wenig mit deiner Hurerei, dass du meine Söhne schlachtetest und sie hingabst, indem du sie für sie durch das Feuer gehen ließest? Und bei allen deinen Gräueln und deinen Hurereien dachtest du nicht an die Tage deiner Jugend, als du nackt und bloß warst, zappelnd in deinem Blut lagst. Und es geschah, nach all deiner Bosheit - wehe, wehe dir! Spricht der Herr, Herr (Hes. 16,15-23).

Sollte uns das nicht von der Sünde abhalten! Selbst wenn ich diesen bekannten Abschnitt lese, muss ich innehalten und weinen. Fühlst du nicht Gottes Schmerz? Sünde verletzt deinen Vater! Übertretung schlägt den Erlöser! Dein Ungehorsam bereitet ihm Kummer (siehe 1. Mose 6,6; Lukas 19,41-44). Er nimmt deine Sünde ganz persönlich: „Die ehebrecherische Frau nimmt statt ihres Mannes fremde Männer." (Hes. 16,32). (Schau dir auch die plastische, vertraute Sprache an, die in Hesekiel 23 verwendet wird.) Lasst uns nicht Ehebruch gegenüber unseren himmlischen Bräutigam begehen!

Lukas war es, der uns eine einzigartige Beschreibung über den Verrat des Petrus an Jesus gab, wie sie in den anderen Evangelien nicht vorkommt. Petrus war Jesus aus einiger Entfernung gefolgt, als der Herr in das Haus des Hohenpriesters geführt wurde, und er saß draußen und wärmte sich am Feuer. Nachdem Petrus Jesus zum dritten Mal verraten hatte, erzählt uns Lukas: „Und der Herr wandte sich um und blickte Petrus an, und Petrus gedachte an das Wort des Herrn, wie er zu ihm sagte: Ehe der Hahn kräht, wirst du mich drei Mal verleugnen. Und Petrus ging hinaus und weinte bitterlich" (Lukas 22,61.62). Könnte es sein, dass, wenn wir sündigen, Jesus nicht seinen Blick von uns wendet, sondern sich zu uns dreht und uns anblickt? Nur der Gedanke daran ist quälend.

11. Sünde verletzt den Sünder

Die Tatsache, dass Sünde den Herrn verletzt, hilft dir vielleicht, der Versuchung zu widerstehen, wenn du geistlich fühlst. Aber das ist wahrscheinlich für dich die leichtere Zeit. Aber was, wenn du „natürlich" fühlst? Was, wenn du dir kaum wie ein Überwinder oder wie ein Soldat in der Armee des Herrn vorkommst? Was ist mit den Zeiten, in denen dich hochfliegende, geistliche Gedanken am allerwenigsten zu motivieren scheinen? Dann musst du dich an etwas ganz Einfaches und Sicheres erinnern: Sünde verletzt auch *dich!*

Sie ruiniert alles. Sie ruiniert dir den Tag, ruiniert dir deine Familie, ruiniert dir deine Gesundheit, ruiniert dir deine Finanzen, ruiniert dir deinen Job, ruiniert dir deinen Geist … sie ruiniert dir alles. Warum sollte dir die Sünde alles verderben dürfen?

Hier ist ein anschauliches Beispiel, zu dem du bestimmt einen Bezug hast: Du machst den Ausguss im Bad sauber und hast eine Menge Papiertücher in der Hand, aber du bist zu beschäftigt (oder zu faul), in ein anderes Zimmer zu gehen und sie ordentlich wegzuwerfen, also versuchst du, sie in der Toilette hinunterzuspülen. Und was passiert – die Toilette ist übergelaufen. Aber du hast es nicht mehr rechtzeitig erwischt, und der Schlafzimmerteppich hat Flecken abbekommen, und du bist im nassen Badezimmer ausgerutscht, als du zurückgerast bist, hast dein neues Hemd dabei zerrissen und deinen gebrochenen Oberschenkel erneut verletzt … und obendrein sind zwei Stunden vergangen, bis du mit dem Aufwischen des ganzen Drecks fertig bist. Und das ist alles nur passiert, weil du zu beschäftigt (oder zu faul) warst, um dreißig Minuten aufzubringen, um den Müll in den richtigen Eimer zu werfen. So ist es mit der Sünde. Sie verdirbt alles – vor allem dich.

Die Sünde wird dich verfolgen und jagen,
bis sie dich verletzt.

Das wirklich Unheimliche daran ist, dass du niemals weißt, wo die Katastrophe vielleicht auftreten könnte. Ein Auto mit einem platten Reifen kann schließlich vielleicht in einen mit Gas beladenen Laster prallen, und die feurige Explosion kann dann vielleicht einen Fußgänger töten, der gerade vorbeikommt. So ist es mit der Sünde. Die kaltschnäuzige Lüge gegenüber deinem Chef von heute kann dir vielleicht morgen die Verlobung mit deiner Braut kosten. Wie das? Es kann ganz einfach damit zusammenhängen, dass Gottes Segen dich verlässt. Es könnte sein, dass du deinen Job verlierst und du dir so deine Heiratspläne verbaust. Es könnte sein, dass deine Süße Lügen mehr hasst als alles andere auf der Welt. Es könnte sein, dass du anfängst, dich komisch zu benehmen, weil du mit deiner Schuld nicht leben kannst. Es könnte sein, dass du eifersüchtig und unsensibel wirst, was dich in schlimmere, hässlichere Sünden stürzt, die deine Beziehung zerstören. Es muss keinen logischen Zusammenhang für die negativen Auswirkungen von Sünde geben. Tatsache ist, dass, wenn du mit der Sünde immer weiter machst, sie dich verfolgen und jagen wird, bis sie dich verletzt.

12. Sünde verletzt die Familie und die Freunde des Sünders

Sünde macht natürlich nie beim Sünder allein Halt. Es gibt immer weitreichendere Folgen. Traurig habe ich die Familiengeschichten von Pastoren verfolgt, die Ehebruch begingen und sich weigerten, echte Buße zu tun und sich der biblischen Wiederherstellung auszusetzen. Ich habe beobachtet, wie ihre Frauen, ihre Kinder, ihre Gemeindeglieder und ihre Kollegen litten. Wie tragisch ist es, dass komplette Familien und ganze Gemeinden von der Sünde eines einzigen Mannes zutiefst verletzt werden. Auch Thomas Brooks hat ausgerufen: „Ach, wie infiziert die Sünde des Vaters sein Kind, die des Ehemanns die Ehefrau, die des Meisters den Diener! Die Sünde, die in eines Mannes Herz ist, ist in der Lage, die ganze Welt zu infizieren, so ein sich ausbreitendes und infektiöses Wesen hat sie.“[5]

Deshalb halte ich mir oft Folgendes vor Augen: Wenn ich hemmungslos sündige, verletze ich meine wertvolle Frau – vielleicht füge ich ihr Wunden zu, von denen sie Narben für ihr ganzes Leben davonträgt – und ich werde meine unbezahlbaren Töchter verletzen (und dann auch bald deren Ehepartner und Kinder). Welch ernüchternder Gedanke!

Väter und Mütter, eure Kinder stehen oder fallen praktisch mit eurem Lebensstil und eurem Verhalten. Ihr könnt sie durch Verzweiflung und Kummer schicken und ihnen Jahre von Sinnlosigkeit und Schmerz zumuten. Oder ihr könnt ihre Füße auf einen festen Grund stellen, indem ihr sie auf ein überfließendes Leben in Ihm hinweist. Welchen Einfluss werdet ihr haben?

Teenager, die ihr Jesus liebt, ihr könnt euren Kameraden zeigen, dass es einen lebendigen Gott gibt und dass man keine Drogen nehmen oder sich durch alle Betten schlafen muss. Oder ihr könnt das eine predigen und das andere leben, und zeigt ihnen damit, dass ihre Sünde realer ist als euer Gott. Wofür entscheidet ihr euch?

Niemand lebt auf einer Insel, wenn es um die Sünde geht, insbesondere wenn du in einer Leiterposition bist. Deine Sünde kann eine ganze Gemeinde, Konfession oder Bewegung beeinträchtigen. Schafft dieser Gedanke nicht eine heilige Selbstbeherrschung für deine Seele? Manchmal habe ich mich zu einem tieferen Leben mit Gott angespornt, indem ich mich fragte, was passiert, wenn ich es verderbe? Welchen Einfluss hätte das auf Leute, die durch meine Bücher herausgefordert oder durch mein Beispiel ermutigt wurden? Wie sehr würde es die Menschen entmutigen und wie viele Rückschritte würde es nach sich ziehen? (Ihr anderen Leiter, ob ihr auf zehn oder zehn Millionen Leben Einfluss nehmt, stellt euch die gleichen Fragen. Sie treffen auf jeden von uns zu). Wird man sich letztlich für die Menschen, denen ich geholfen habe, oder für die Menschen, die ich verletzt habe, an mich erinnern? Wie ist es mit dir?

13. Sünde bringt in Verruf – den Sünder, die Kirche, den Namen des Herrn

Es ist offensichtlich, dass unsere Sünden unser eigenes Leben in Verruf bringen. Frag doch Salomo danach, oder sieh' zu, ob du ein Interview mit einer berühmten Persönlichkeit bekommst, die jetzt wegen Steuerhinterziehung hinter Gittern sitzt. Aber der schlechte Ruf geht über den Sünder selbst hinaus: „Gerechtigkeit erhöht eine Nation, aber Sünde ist die Schande der Völker“ (Spr. 14,34). Die Schande fällt auch auf andere.

Stell' dir nur mal vor, wie es gewesen sein muss, nach dem Zweiten Weltkrieg in Deutschland zu leben und mit Nachnamen Hitler zu heißen. Obwohl unschuldig, waren doch gewiss auch entfernte Verwandte durch Adolf Hitler's Grausamkeiten belastet. Genauso geht es der Kirche Jesu. Im Guten wie im Schlechten sind wir total miteinander verwoben, wie Paulus den Korinthern erklärt:

> Und wenn ein Glied leidet, so leiden alle Glieder mit. Ihr aber seid Christi Leib, und einzeln genommen, Glieder (1. Kor. 12,26.27).

Deshalb hat Paulus sie auch gewarnt: „Euer Rühmen ist nicht gut. Wisst ihr nicht, dass ein wenig Sauerteig den ganzen Teig durchsäuert? Fegt den alten Sauerteig aus, damit ihr ein neuer Teig seid, wie ihr ja bereits ungesäuert seid" (1. Kor. 5,6.7). Unsere Sünde ist hoch infektiös.

Wenn ein Christ öffentlich sündigt, schaut die Kirche als Ganzes schlecht aus, ebenso wie wenn ein fanatischer Moslem sich selbst in die Luft jagt und dabei Säuglinge und Kinder tötet und verstümmelt, verleiht er dem Islam als Ganzes das Image eines Monsters.[6] Welchen Einfluss hat dein Verhalten auf das Ansehen der Gemeinde der Erlösten? (Insbesondere Leiter sollten hierüber nachdenken, besonders unter Berücksichtigung von Versen wie 1. Timotheus 3,7 und Titus 2,3-5. Sogar Sklaven können zum Guten oder zum Schlechten Einfluss nehmen, wie die Schrift ganz klar in Titus 2,9-10 sagt: „Die Sklaven ermahne, ihren eigenen Herren sich in allem unterzuordnen, sich wohlgefällig zu machen, nicht zu widersprechen, nichts zu unterschlagen, sondern alle gute Treue zu erweisen, damit sie die Lehre, die unseres Heiland-Gottes ist, in allem zieren.")

Unsere Dummheit, unsere Kompromisse, unsere Heuchelei, unsere Weltlichkeit und unsere Sünde lassen die Kirche schlecht dastehen. Unsere verdorrten Äste, die faule Früchte hervorbringen, bringen den ganzen „Christlichen Baum" in Verruf. Tatsächlich mag es so aussehen, als ob du nur einige Leute durch dein ruhiges, gottgefälliges Leben erreichst, aber ich kann dir versichern, wenn du der Sünde nachgibst, wirst du eine Menge Leute erreichen und sie von der Kirche abbringen.

Und noch schlimmer, du wirst die Leute von Jesus selbst abbringen. Unsere Sünde lässt auch *ihn* schlecht dastehen. Schließlich sind wir seine Nachfolger, der Beweis seiner Macht und die Frucht seines

Leidens. Und jetzt wird er, wegen einiger von uns, mit einem Sexskandal oder einer blutigen Scheidung oder einem selbstgefälligen, eigennützigen „Glauben" in Verbindung gebracht. Ihm wird die Schuld für unsere Dummheiten gegeben!

So geschah es auch, als Gott die Israeliten wegen ihrer Sünden zerstreute. Sein Name wurde gelästert und lächerlich gemacht:

> So kamen sie zu den Nationen, aber wohin sie auch kamen, da entweihten sie meinen heiligen Namen, indem man von ihnen sagte: „Das Volk des Herrn sind diese, und aus seinem Land haben sie hinausziehen müssen" (Hes. 36,20).
>
> Aber nun, was habe ich hier zu schaffen? spricht der Herr. Denn mein Volk ist umsonst weggenommen worden. Seine Beherrscher höhnen, spricht der Herr, und ständig, den ganzen Tag wird mein Name gelästert (Jes. 52,5).

Diese Wahrheit geht unter die Haut!

Jesus vergoss sein Blut für diese Welt, aber wir können es den Sündern schwerer machen zu ihm zu kommen, wenn wir seinen heiligen Namen diskreditieren. Das Leben Jesu auf dieser Erde war frei von Sünde, aber wir können seinen perfekten Ruf durch unsere Fehltritte beschmutzen. Eine dumme, kleine Sünde, die sich nicht lohnt, kann das ganze Ansehen Jesu belasten. Unsere Gottlosigkeit bringt Gott in Verruf.

Also, mein Freund, lege die Sünde ab, und hebe stattdessen Jesus hoch. Und statt ihn mit unserem Ungehorsam zu belasten, erfreuen wir ihn mit einem hingegebenem Herzen. Ganz bestimmt verdient er nichts Geringeres als das.

3. Zwanzig Gründe nicht zu sündigen, Teil III

Wenn Christen so viel Angst
vor der Weltlichkeit hätten wie vor der Heiligkeit, würden sie
die Welt für Christus in Brand stecken.

Anonym

In erster Linie muss der Christ mit der Welt,
dem Fleisch und dem Teufel kämpfen. Dies sind seine niemals
sterbenden Feinde. Dies sind die drei Hauptfeinde,
gegen die er Krieg führen muss.
Wenn er nicht den Sieg über diese drei erringt,
sind alle anderen Siege nutzlos und umsonst. Wenn er das Wesen
eines Engels hätte, und nicht eine gefallene Kreatur wäre,
wäre der Krieg nicht so wichtig …
Aber lass dich von diesen Dingen nicht erschüttern.
Der, der für dich ist, ist größer als alle, die gegen dich sein mögen.
Immer währende Freiheit und immer währende Gefangenschaft
liegen als Alternativen vor dir.
Wähle die Freiheit und kämpfe bis zum Letzten.

Bischoff J. C. Ryle

Wenn ein Mensch eine Sünde
einmal begangen hat, und danach noch ein zweites Mal,
kommt es ihm so vor, als sei sie erlaubt..

Ein Spruch aus dem babylonischem Talmud

Sprichst du manchmal mit dir selbst über das Leben? Ermahnst du dich manchmal selbst, weist dich zurecht, ermutigst dich oder machst dir wieder Mut? Wenn du Sport machst, feuerst du dich selbst an? „Komm schon, noch eine Runde! Das ist es wert! Sein kein Jammerlappen!“ Oder führst du ein ernsthaftes Gespräch mit dir selbst, wenn du eine Diät machst und der ach so köstliche Happen lockt dich zwischen den Mahlzeiten? „Gib nicht nach! Morgen wirst du dich super fühlen, wenn du dich auf die Waage stellst. Und denk' einfach dran: Fast passen dir schon deine Klamotten wieder. Tu das Richtige! Du kannst stolz auf dich sein! Dein Bauch ist nicht dein Gott.“

Das Gleiche solltest du auch tun, wenn es um die Sünde geht. Sprich direkt und ohne Umschweife zu deiner Seele, wenn die Versuchung an deine Tür klopft. Sag' dir selbst: „Das ist es nicht wert! Denk' nur an die Schuld, die dich hinterher belastet. Komm schon! Du bist ein Kind Gottes, ein Diener des Herrn, ein freigekaufter Überwinder, mit dem Blut Jesu gewaschen. Denk' daran, was Jesus für dich tat, und verdirb es jetzt nicht. Reiß' dich zusammen. Sündige nicht.“

Wenn du so mit dir selbst redest, entspricht das sogar der Schrift (lies Psalm 103,1.2, zum Beispiel) – und es funktioniert. Zitiere die Schrift. Weise den Feind zurecht. Bekenne mit deinem Mund, wer du durch das Kreuz wirklich bist. Der Heilige Geist lebt in dir! Du bist nicht ein Sklave, vom Fleisch getrieben, ein Gefangener der Lust und der Unreinheit. Auf keinen Fall! Du bist den Wegen der Welt gestorben. Jetzt lebst du für Gott. Gib dir selbst einen guten Grund, nicht zu sündigen.

Du kannst auch eine der Wahrheiten anwenden, die du in den letzten Kapiteln gelernt hast. Erfrische deinen Geist durch sie. Erinnere dich daran, dass Sünde einfach nicht befriedigt. Stattdessen wird sie dich zu neuer Sünde und zu schlimmerer Sünde verleiten. Wie schon Thomas Brooks sagt: „Wenn man einer kleinen Sünde nachgibt, wird Platz für das Begehen einer größeren gemacht.“[1]

Sünde wird die versklaven und erniedrigen, sie wird dich demütigen und dir die Freude und das Vertrauen vor Gott nehmen. Sie wird dir nur den Tod bringen – und vielleicht sogar das göttliche Urteil. Und sie wird Jesus, deinen Herrn, verletzen, die Kirche und das Ansehen deines Erlösers in Verruf bringen. Wie Pastor Carey Robertson sagt: „Es gibt drei Dinge, die die Sünde immer tun wird. Sie wird dich länger da behalten, als du bleiben wolltest, wird mit dir weiter gehen, als du gehen wolltest, und wird dir mehr kosten, als du ausgeben wolltest.!"[2] Sünde ist trügerisch!

Und da wir wissen, dass wir in einem täglichen Kampf stehen, müssen wir uns mit so viel Munition bewaffnen wie wir können, damit sie uns hilft, uns Gott hinzugeben und dem Fleisch, dem Teufel und der Welt abzusagen. Hier sind einige weitere Gründe, nicht zu sündigen, weitere Anreize für ein heiliges Leben.

14. Sünde achtet das Blut Jesu gering

Wenn du der Sünde nachgibst, beteiligst du dich willentlich an genau den Dingen, die Jesus sein Leben kosteten. Um noch einmal den Puritaner Thomas Brooks zu zitieren: „Selbst genau diese Sünden, die Satan schönfärbt, denen er neue Namen und Farben gibt, kosten das beste Blut, das edelste Blut, das Lebensblut, das Herzblut des Herrn Jesus."[3] Im Angesicht dieses kostbaren Blutes ruft uns Petrus zur Heiligkeit auf:

> Und wenn ihr den als Vater anruft, der ohne Ansehen der Person nach eines jeden Werk richtet, so wandelt die Zeit eurer Fremdlingschaft in Furcht, denn ihr wisst, dass ihr nicht mit vergänglichen Dingen, mit Silber oder Gold, erlöst worden seid von eurem eitlen, von den Vätern überlieferten Wandel, sondern mit dem kostbaren Blut Christi als eines Lammes ohne Fehler und ohne Flecken (1. Petr. 1,17-19).

Fühlst du den Einfluss der Worte Petrus? Was wäre, wenn du der Erpressung schuldig wärst und der Richter fällte folgendes Urteil: Zwanzig Jahre Gefängnis oder fünf Jahre Bewährung und eine Geldstrafe von einer Million Dollar an die, die du erpresst hast. Du besitzt keinen Pfennig, hast das ganze Geld ausgegeben, das du durch deine Machenschaften gestohlen hast. Aber deine alten Eltern haben ihr Leben lang mühsam Geld zurückgelegt und besitzen einen wunderschönen Wohnsitz, verkaufen ihr Haus und ihr Eigentun, machen ihre gesamten Rentenabsicherungen zu Geld und bezahlen die Geldstrafe von einer Million Dollar, sodass du frei bist. Das wäre ein unglaublicher Liebesbeweis, und es wäre der Gipfel an Undankbarkeit – es wäre sogar absolut schockierend –, wenn du ihnen den Rücken kehren und deine sündige Lebensweise fortführen würdest, dein Wort brächest und wieder das Gesetz verletztest. Welch ein Betrug an deinen Eltern!

Aber Petrus sagt uns, dass Silber und Gold - einfach alles Geld der Welt – sich nicht vergleichen kann mit einem Tropfen des Blutes Jesu. Und das ist der Preis, den der Vater für unsere Seelen gezahlt hat. Wie könnten wir das Blut mit unserer Dummheit betrügen?

Es gab in den Augen Gottes kein kostbareres Opfer, kein wertvolleres, kein teureres, kein unbezahlbareres als das Opfer seines Sohnes Jesus für uns. Das ist eine Tatsache, die man fast nicht glauben kann.

Es wäre schon erstaunlich genug gewesen, wenn Gott uns einfach weiter geliebt hätte, nachdem wir gegen ihn rebelliert haben, und uns einfach unsere eigenen Wege hätte gehen lassen. Es wäre ein außerordentliches Beispiel für eine lange Leidenszeit, wenn er uns einfach erlauben würde zu leben, indem er uns mit Gesundheit und Atemluft ausrüstet. Aber der Gedanke, dass er tatsächlich *seinen Sohn* in diese Welt gesandt hat, und dass sein Sohn tatsächlich *für uns gestorben* ist, ist nahezu unbegreiflich. Und doch ist es wahr!

Während wir noch Sünder waren, ist der Erlöser für uns gestorben (siehe Römer 5,6-10). Während wir gottlose Rebellen waren, hat der makellose Retter sein Lebensblut für uns vergossen. Welch eine Liebe! Er hat uns aus der Grube freigekauft, uns gereinigt und gewaschen, uns zu seinem Eigentum gemacht und in die Familie seines Vaters gebracht. Ja, das Blut, das er vergossen hat, war unbeschreiblich wertvoll. Nichts anderes hätte unsere Sünden wegnehmen oder unsere Sündenschuld vor Gott bezahlen können. Oh, das Blut Jesu! Lies einfach das Wort und gib ihm Dank dafür:

> Vielmehr nun, da wir jetzt *durch sein Blut* gerechtfertigt sind, werden wir durch ihn vom Zorn gerettet werden (Röm. 5,9).
>
> In ihm haben wir die Erlösung *durch sein Blut*, die Vergebung der Vergehungen, nach dem Reichtum seiner Gnade, die er auf uns hat überströmen lassen in aller Weisheit und Einsicht (Eph. 1,7.8).
>
> Jetzt aber, in Christus Jesus, seid ihr, die ihr einst fern wart, *durch das Blut* des Christus nahe geworden (Eph. 2,13).

Wie wundervoll dieses Blut ist! Aber wenn wir weiterhin sündigen, spucken wir auf genau dieses Blut, verachten und erniedrigen es. Was für eine unaussprechliche Beleidigung! Wie ein Schlag in das Angesicht Gottes! Wie hässlich wird doch unsere Sünde, wenn wir sie in diesem Licht betrachten. Deshalb sind Pastoren und Leiter dazu aufgerufen, besonders sorgfältig mit der Gemeinde umzugehen, weil sie mit dem Blut des Sohnes Gottes erkauft wurde (siehe Apg. 20,28). Ihr Hirten, behandelt eure teure Herde mit Sorgfalt! Es hat den Herrn eine Menge gekostet, sie in seine Arme zu bringen. Und der Hebräerbrief sagt uns, dass Jesu Blut das getan hat, was kein anderes Opferblut hätte tun können. Es brachte uns in eine korrekte Beziehung zu Gott, indem es unser Gewissen ein für alle Mal reinigte (siehe Hebr. 9,13.14). Deshalb warnt uns der Hebräerbrief 10,28.29 eindringlich:

> Hat jemand das Gesetz Moses verworfen, stirbt er ohne Barmherzigkeit auf zwei oder drei Zeugen hin. Wie viel ärgere Strafe, meint ihr, wird der verdienen, der den Sohn Gottes mit Füßen getreten und das Blut des Bundes, durch das er geheiligt wurde, für gemein geachtet und den Geist der Gnade geschmäht hat?

Das sind harte Worte – den Sohn Gottes mit Füßen treten,[4] genau das Blut, das uns geheiligt hat, für gemein achten, den Geist der Gnade schmähen.[5] Hier kann ich wieder aus erster Hand über diese Warnung sprechen.

Am 17. Dezember 1971 wurden mir auf dramatische Weise die Augen geöffnet. Im Monat vorher begann ich zum ersten Mal in meinem Leben daran zu glauben, dass Jesus für meine Sünden gestorben und von den Toten auferstanden ist. Für einen jüdischen Teenager, der nie an Jesus geglaubt und auch kein Interesse an Gott hatte, war das ein gewaltiger Schritt. Und doch war ich noch nicht bereit umzukehren, und so führte ich fünf Wochen lang einen Kampf zwischen Heroinspritzen oder LSD-Trips an einem Tag und Kirchenbesuchen am nächsten Tag. Dann wurde ich während eines einfachen Gottesdienstes am Freitag Abend, während ich altmodische Hymnen und Kirchenlieder sang, von der Liebe und Freude Gottes erfasst. (Wenn man schon darüber nachdenkt, war auch das ein Wunder. Für jemanden, der sonst täglich Jimi Hendrix und Led Zeppelin gehört hat, war es ein riesiger Schritt, mit Freude Lieder wie „In my Heart There

Rings a Melody," „Softly and Tenderly," und „Make Me a Blessing" zu singen!)

Aber diese unbeschreibliche, unverdiente, total reine Freude brachte mich an den Punkt der Entscheidung. An diesem Abend fühlte ich mich, als ob Gott mich gerade rein gewaschen und mir schöne weiße Kleider angezogen hätte; doch anstatt dankbar zu sein, ging ich zurück in meinen Schmutz und spielte weiter im Dreck. Wie konnte ich so etwas tun? Ich konnte es eben nicht! Deshalb sagte ich in genau diesem Moment, in dem ich von der Liebe Gottes gebrochen war, zum Herrn: „Ich werde mir nie mehr eine Nadel in den Arm setzen"– und von dieser Stunde an war es geschafft. Das Blut, das mich von meiner Sünde gereinigt hat, gab mir auch die Kraft, ein Leben über meiner Sünde zu führen. Und so wird es auch bei dir sein. Geh auch du nicht hin und spiele im Dreck, nachdem das Blut Jesu dich reingewaschen hat. Tritt nicht seinen gekreuzigten Körper mit Füßen, sondern bringe ihm stattdessen deinen eigenen Körper als ein lebendiges Opfer dar.

15. Die Sünde stellte den Sünder auf die Seite des Teufels, der Dämonen und der Welt

Jede Stunde am Tag tobt ein schrecklicher Kampf. Die Mächte der Finsternis greifen alles an, was in diesem Universum gut ist, und wollen stehlen, töten und zerstören. Wenn sie Leid verursachen können, sind der Teufel und seine Dämonen froh. Sie freuen sich, wenn sie die Schreie eines verängstigten Kindes hören, das missbraucht wird, und es gefällt ihnen, wenn sie die Tränen und gebrochenen Herzen bei der Beerdigung eines kleinen Jungen sehen, der zufällig bei einer Straßenschießerei getötet wurde. Gerade in diesem Moment treiben die dämonischen Geister einen Gefängniswärter an, der gnadenlos einen unserer Brüder oder eine unserer Schwestern in Jesus quält. Gerade in diesem Moment schafft der Teufel eine weitere falsche Religion, die er sich ausgedacht hat, um noch mehr menschliche Seelen in die Hölle zu führen. Gerade in diesem Moment versuchen satanische Helfer eine Mutter von vier Kindern mit einer unheilbaren Krankheit zu belasten. *Und wenn wir sündigen, schließen wir uns der Armee der Hölle an und werden Komplizen des Teufels.* Ist das nicht ein grausamer Gedanke!

Das System dieser Welt ist feindlich gegenüber Gott (siehe Joh. 15,19; 2. Kor. 4,4), und doch ergreifen wir Partei für die Welt, wenn wir sündigen. Es ist fast so, als ob wir zu der Menge gehörten, die rief: „Kreuziget Ihn!" Jeden Tag dröhnt diese Welt vor verführerischer Macht und nützt jedes mögliche Mittel, um die Aufmerksamkeit der Menschen vom Herrn abzuwenden. Und doch werden wir, wenn wir sündigen, ein Teil der Mannschaft dieser Welt, indem wir das gottlose Feuer, das sie entzündet hat, schüren.

Wir geben der Anziehungskraft eines lustvollen Bildes nach, wir beugen uns dem Idol des fleischlichen Erfolgs, wir beten den Gott der Unterhaltung an und wir ergreifen – zumindest in der Zeit, in der wir sündigen – für die Dämonen Partei. Sie riefen uns und wir folgten ihrem Ruf. Sie luden uns auf ihr Fest ein und wir nahmen die Einladung an. Und wenn wir mit dem Teufel feiern, (Entschuldigung, aber darauf läuft Sünde doch hinaus) und mit der Welt Freundschaft schließen, werden wir Feinde Gottes (siehe Jak. 4,4).

16. Die Sünde stellt den Sünder gegen Gott, die Kirche, Heiligkeit, Leben, Segen und Sieg

Bei geistlichen Sachen gibt es keine neutrale Haltung. Jesus sagt geradeheraus: „Wer nicht mit mir ist, ist gegen mich, und wer nicht mit mir sammelt, zerstreut" (Matth. 12,30). Jedes Mal, wenn ich ungehorsam bin, sündige ich nicht nur gegen Gott (siehe Ps. 51,4), sondern eigentlich stelle ich mich selbst gegen ihn. Und wenn ich mich gegen ihn stelle, stelle ich mich gegen alles, wofür er steht – und damit auch sein Volk (die Gemeinde, meine eigene geistliche Familie!) und seine Prinzipien (Güte, Reinheit, Segen, Leben, Friede, Freude). Ich arbeite gegen den Heiligen Geist, stelle mich gegen die dienenden Engel und mache den anderen Gläubigen das Leben schwerer. Sünde ist eine aktive, aggressive Kraft!

Paulus schreibt, dass ein wenig Sauerteig den ganzen Teig durchsäuert (siehe 1. Kor. 5,6; Gal. 5,9), und die Schrift sagt uns, dass die Sünde eines Mannes – Achan in Josua 7 – daran Schuld war, dass sechsunddreißig Israeliten starben, weil seine Übertretungen bewirkten, dass der Herr nicht mehr länger mit seinem Volk in den Kampf zog. Es gab einen Feind in Gottes eigenem Lager! Und doch sündigte er heimlich, und keiner der Leiter wusste davon – was heißt, dass auch unsere heimlichen Sünden öffentliche Folgen haben können. Das ist eine tiefe geistliche Angelegenheit, mein Freund.

Beim nächsten Mal, wenn du versucht bist herumzutratschen, zu gelüsten, zu kritisieren oder zu lügen oder den Herrn zu verleugnen, dann denke doch in diesem Moment daran, es könnte jemanden geben, der für dich betet, der deinen Namen vor dem Thron Gottes hochhält, der den Vater bittet, dich zu segnen und zu stärken, und ihn nötigt, seine Gnade über dir auszuschütten. Möchtest du diesem Heiligen entgegenstehen, der für deine Seele eintritt und mit deinem Herrn den Kampf aufnehmen, der bereit dazu ist, dich zu segnen und zu stärken? Bestimmt nicht!

Wir sind ein Leib.
Wenn du sündigst, arbeitest du gegen deine Brüder und Schwestern in Christus.

Gerade in diesem Moment geben Gottes Kinder auf der ganzen Welt sich selbst als Opfer für die Verlorenen hin, sie legen ihr Leben ab, damit andere gerettet werden, widerstehen allen Arten von Druck und Versuchung. Aber weil wir ein Leib sind, arbeitest du gegen sie, wenn du sündigst! Ganz sicher können du und ich es besser machen. Ganz sicher können wir „hingehen und nicht mehr sündigen“ (Joh. 8,11).

17. Sünde nimmt der Salbung ihre Kraft

Die Salbung Gottes ist ein wertvolles Gut. Durch sie werden Kranke gesund und Gefangene frei (siehe Lukas 4,14-21; Apg.10,38). Durch sie werden wir mit Vollmacht für Taten und Dienst ausgerüstet. Durch sie wird Gottes Reich vorangetrieben. Und doch kann die Sünde der Salbung ihre Wirkung nehmen. Sie ist praktisch Gift für unser gesamtes geistliches System.

Es gibt tragische Geschichten, Geschichten, die wir nur zu gut kennen, von Männern und Frauen, die von Gott in mächtiger Weise benutzt wurden, bis die Sünde sie austrocknete.[6] Und es gibt keine tragischere Figur als Simson, der doch einmal mit übernatürlichen

Kräften ausgestattet war, um ganz Israel zu führen, dann aber von dem hartnäckigen Flehen einer treulosen Frau weich geklopft wurde. Mit geschnittenem Haar, unwissend darüber, dass *der Herr ihn verlassen hatte* (siehe Richter 16,20), wurde er ohne Kraft ein Gefangener seiner Feinde. Keine Freude der Sünde, so außergewöhnlich sie auch sein mag, kann es wert sein, die Salbung zu verlieren.

Denke nur an die gottgefällige Frau, die in mächtiger Weise dazu gebraucht wurde, die Kranken zu heilen. Wie viel Leid wird durch ihren Dienst gelindert, wie viel Qual abgenommen, wie viel Hoffnung in hoffnungslose Situationen hineingesandt. Aber die Gier packt sie und sie veruntreut die Gemeindefinanzen und sie belügt ihre Gemeindeglieder. Und bevor du es merkst, ist die Salbung verschwunden! Eine Zeit lang schien es, als ob sie solche Machenschaften treiben und gleichzeitig dienen könnte. Aber nein, diese Verunreinigung vertrieb nach und nach den Heiligen Geist. Sünde nimmt der Salbung die Kraft, sei es die Salbung zu predigen oder zu lehren, die Salbung zu heilen oder zu befreien, die Salbung zu beraten oder zu leiten – die Sünde wird sie stehlen und dafür keinen Ersatz zurücklassen. Und das Schlimmste ist, dass durch die Zerstörung der Salbung im Leben einer einzigen Person Hunderte, Tausende sogar Millionen anderer Menschen, die durch dieses Gefäß hätten gesegnet werden können, sich woanders hin wenden müssen.

Dies ist besonders für Pfarrer ernüchternd: Wenn Gott es für richtig hielt, seinen Geist über dir auszugießen und dich reich mit Gaben auszustatten – als Ergebnis seiner souveränen Wahl oder als Antwort auf deine Gebete und dein Fasten – hast du eine heilige Pflicht, seine göttliche Ausrüstung nicht zu vergeuden. Von deiner Treue hängen *viele Leben* ab. Also lass es nicht zu, dass die Sünde die Glut, die in deinem Herzen brennt, auslöscht, sondern setze sie in Flammen (siehe 2. Tim. 1,6).

18. Sünde stiehlt Zeit

Es gibt nur sehr wenig Dinge, die mich mehr frustrieren als Zeitverschwendung. Ich kann die Zeit nie mehr wieder bekommen! Gestohlene Dinge können erstattet oder durch neue ersetzt werden. Kaputte Beziehungen können erneuert werden, selbst noch nach Jahrzehnten.

Aber verlorene Zeit kann niemals zurückgewonnen werden, nicht einmal in der Ewigkeit. Deshalb ermahnt uns die Schrift, weise zu leben und „die gelegene Zeit auszukaufen“, und das bedeutet, uns von der Sünde fern zu halten. Denk’ nur an die vielen verschiedenen Wege, wie die Sünde unsere Zeit stiehlt.

Als Erstes ist da die Zeit, die man zum Sündigen braucht. Wie viel Zeit hast du damit verschwendet, unpassende Sitcoms oder Filme anzuschauen oder Schund im Internet zu finden und herunterzuladen? Waren es dreißig Minuten? Eine Stunde? Mehr? Du hättest diese Zeit mit Gebet oder mit dem Wort verbringen können, oder etwas Konstruktives oder Lustiges mit deiner Familie tun, oder an einem der Projekte arbeiten, für die anscheinend nie die Zeit reicht, um sie endlich fertig zu stellen. Stattdessen warst du damit beschäftigt zu sündigen! (Um die Sache beim richtigen Namen zu nennen.) Wie viel Zeit wurde verschwendet, als du es nicht geschafft hast, dein Temperament zu zügeln, und stattdessen einen Fahrer beschimpft hast, der dich von der Straße abdrängte, worauf ein größerer Streit an der nächsten Ampel folgte, worauf beinahe ein Faustkampf folgte, worauf ein Gespräch mit einem Polizisten folgte, worauf lange Erklärungen und ein wirklich rotes Gesicht folgten (insbesondere angesichts deiner deutlich sichtbaren christlichen Aufkleber am Stoßdämpfer)? Und in der Zwischenzeit hatten deine Freunde eine tolle Chorprobe und wunderten sich, wo du bleibst? Sünde ist ganz unpraktisch! Es ist eine Sache, Stunden mit den Verlorenen, den Kranken, den Bedürftigen, deiner geistlichen und natürlichen Familie, deiner Berufung zu verbringen. Diese Zeit kann produktiv und sinnvoll genutzt sein. Aber Zeit, die mit Sündigen verbracht wird, ist totale Verschwendung. Jede andere Verwendung unserer Zeit wäre besser gewesen! Und manchmal summiert sich der Verlust zu mehr als nur Minuten oder Stunden. Gläubige, die falschen Beziehungen – besonders mit nicht geretteten Menschen – nachgegangen sind, haben manchmal Monate und sogar Jahre verloren. Für sie gibt es keinen Lohn für ihre dummen Handlungen, nur Bedauern. So viel Zeit ging verloren, so viele Gefühle wurden investiert, und alles für nichts!

Aber das ist nur ein Weg, wie die Sünde unsere Zeit stiehlt. Oft, wenn man es richtig verdorben hat, braucht man einige Zeit, damit das Herz mit Gott ins Reine kommt – und das bedeutet mehr als ein kurzes Fünf-Sekunden-Gebet, das man zwischen zwei Bissen Schokoriegel ausstößt. Manchmal ist man wirklich von seinem Gewissen geplagt und muss mit Gott allein sein und Buße tun und trauern und das ganze Schlamassel durchbeten, und so versuchen, herauszufinden, wie in aller Welt man so tief fallen konnte. Noch mehr Zeit geht verloren, auch wenn diese Zeit mit dem Herrn verbracht wird, denn alles, was du tust, ist, verlorenen Boden zurückgewinnen und auf festen Boden zurückkommen. (Das ist wie die Zeit, die man verliert, wenn man merkt, dass man auf der Autobahn falsch abgebogen ist und fünfzig Kilometer in die falsche Richtung gefahren ist. Auch wenn man umgedreht hat und in die richtige Richtung zurückfährt, vergeht immer noch unnötige Zeit.)

Dann ist da noch die Zeit, die man damit verliert, diese Sünde in Zukunft zu bekämpfen, da Sünde in höchstem Maße abhängig macht und auf gefährliche Weise zur Gewohnheit wird. Statt siegreich durchs Leben zu gehen, hast du dich nun mit Versuchungen verzettelt, die du sonst abgeschüttelt hast, wie eine Ente, die sich das Wasser vom Rücken schüttelt. Jetzt wirst du hin und her geworfen und getrieben, und anstatt hoch zu fliegen, bist du plötzlich ausgetrocknet, fast wie wenn du in Zeitlupe funktionierst. Und statt dich auf die Dinge des Herrn zu konzentrieren, schlägst du dich mit sündhaften Stimmen herum. Noch schlimmer, dass dein Geist in einen Zustand fallen kann, in dem er glaubt „Ich bin unrein! Gott wird mich nie akzeptieren", und du verlierst Stunde um Stunde damit, in deiner Schuld zu baden. Die Vision ist verblasst, die Motivation ging verloren, die Last ist verschwunden, die Inspiration hat nachgelassen – und wertvolle, unwiederbringliche Zeit ging auch verloren. War es das wert?

19. Sünde hat Konsequenzen für die Ewigkeit

Ich möchte hierbei auch nicht übergeistlich werden, noch möchte ich den Eindruck erwecken, dass, wenn ein Christ für den Bruchteil einer Sekunde einen schlechten Gedanken hat, deshalb hundert Seelen zur Hölle fahren. Es gibt keine Notwendigkeit, zu übertreiben oder melodramatisch zu werden. Die Folgen der Sünde sind schlimm genug, ohne dass wir die Sache übertreiben müssen.

Wir sollten aber ein durchaus realistisches Bild betrachten. Die sehr beliebte Trainerin der Damen-Basketballmannschaft an einer christlichen Universität wird in einer lesbischen Beziehung mit einer ihrer Spielerstars erwischt. Welche Auswirkung wird das auf die anderen Studenten haben, die sie bewunderten und sie als Vorbild betrachteten? Wie wird das ihre Beziehung zu Jesus beeinflussen? Es ist gut möglich, dass einige einen Schaden über Jahre hinweg erleben, während einer oder zwei vielleicht ihr Vertrauen in christliche Leiter insgesamt verlieren, sogar vom Glauben abfallen. Und so könnte die Sünde dieser Frau dazu beitragen, jemands Leben zu zerstören oder daran Schuld sein, dass sie für Jahre aus der Bahn geworfen werden, was also Konsequenzen für die Ewigkeit mit sich bringt.

Paulus sagt uns, dass wir schwächere Gläubige durch eine so geringe Sache wie eine unsensible Verhaltensweise gegenüber ihrem Gewissen zerstören können.

> Verdirb nicht mit deiner Speise den, für den Christus gestorben ist. Zerstöre nicht einer Speise wegen das Werk Gottes (Röm. 14,15.20).
>
> Und durch deine Erkenntnis kommt der Schwache um, der Bruder, um dessentwillen Christus gestorben ist (1. Kor. 8,11).

Wie viel mehr können wir Leben zerstören, wenn unser achtloses Beispiel andere zur Sünde führt oder ihr Vertrauen in Jesus und seine Gemeinde zerstört. Die Auswirkungen daraus können für immer Bestand haben!

Jakobus warnte seine Leser: „Werdet nicht viele Lehrer, meine Brüder, da ihr wisst, dass wir ein schwereres Urteil empfangen werden“ (Jak. 3,1). Dies liegt an dem Einfluss, den sie haben, und weil sie berufen sind, das heilige Wort auszulegen und zu erläutern. Lehrer der Schrift können Leute aufbauen oder sie nach unten ziehen, das Vertrauen zum Herrn nähren oder es wegnehmen. Wenn ich gegen meine Zuhörer sündige, indem ich Gott schlecht vertrete, was für einen verheerenden Schaden kann ich in ihrem Leben anrichten!

Ein besorgter Pastor hat mir einmal eine Geschichte erzählt, die mir immer noch in den Ohren klingt. Als in seiner Kirche eine Erweckung ausbrach, wurde ein junger Mann auf fantastische Weise gerettet und von einem sündigen, schlimmen Leben befreit. Da er in Kürze ein College besuchen wollte, sandte ihn der Pastor auf eine Schule seiner eigenen Konfession, doch nach ein paar Monaten brach der Junge die Schule ab und fiel gänzlich vom Herrn ab. Als der Pastor sich um ihn kümmerte und fragte, was passiert war, bekam er einen tragischen Bericht zu hören. Einer seiner Professoren hatte ihn davon überzeugt, dass die Auferstehung nicht wahr sei und die Kirche eine Art komischen Mystizismus, ähnlich Ostern, verfolge, und der Glaube des jungen Mannes wurde zerstört. Die Folgen der Sünde des Professors – seines Stolzes und seiner richtenden, kritischen Haltung – könnten für ewig Bestand haben.

Eltern, denkt an den Einfluss, den ihr auf die Kinder habt und mit dem euch der Herr betraut hat. Wenn ihr eure Kleinen belästigt – ihren Körper oder ihre Gefühle –, könnt ihr dieses wertvolle Leben für Jahrzente oder für immer zeichnen. Wenn ihr vor euren Kindern ein lahmes, selbstgefälliges Beispiel eines Christen abgebt, können sie gut in eure Fußstapfen treten. Oder wenn sie alt genug sind, sich selbst Gedanken zu machen, werden sie vielleicht nicht mal selbstgefällig oder lauwarm sein. Stattdessen ziehen sie vielleicht den Schluss, dass das ganze „Ding mit der Kirche" eine Farce ist: „Schließlich seit ihr jede Woche zur Kirche gegangen, und all die Predigten und Gebete schienen euch nicht zu berühren. Wahrscheinlich gibt es das alles gar nicht!" (Ihr Eltern, es ist so wichtig, dass ihr daran denkt, auch wenn euer Kind respektlos ist oder rebelliert, es beobachtet euch trotzdem, und notiert alles leise in Gedanken. Ob ihr Jesus konsequent nachfolgt – oder eben nicht – wird bei euren Kindern einen bleibenden Eindruck hinterlassen, auch wenn sie es zu der Zeit nicht merken.)

Ihr Evangelisten, denkt daran, dass ihr Jesus in einer feindlichen, verlorenen Welt repräsentiert. Wenn ihr fallt, werdet ihr vielleicht viele andere mitnehmen. Ihr Gläubige aus allen Schichten und Berufen – Arbeiter, Computerprogrammierer, Athleten, Studenten, ältere Mitbürger, wo ihr auch seid – ihr werdet entweder andere Seelen mit in den Himmel nehmen (durch euer Zeugnis) oder sie in ihren Sünden sterben lassen (weil ihr euer Zeugnis versäumt habt). Die Ewigkeit gibt den Dingen einen besonderen Schwerpunkt!

Einmal sah ich Bilder von Babys und Kleinkindern, deren Mütter alkoholabhängig waren. Die Missbildungen und Behinderungen waren kaum zu beschreiben. Also litten die Kinder wegen der Sünde der Mütter! Das ist ein irdisches Bild für das, was wir in der Ewigkeit gebären, wenn wir unserem Schöpfer nicht gehorchen.

20. Deine Sünde wird dich immer einholen

Das war Moses Garantie gegenüber einigen Stämmen Israels, mit denen ein besonderes Abkommen getroffen worden war. Haltet eure Versprechen, Männer, und alles wird gut sein. „Wenn ihr aber nicht so handelt, siehe, dann habt ihr gegen den Herrn gesündigt; und ihr sollt erkennen, dass eure Sünde euch finden wird“ (4. Mose 32,23). Ja, so wird es sein! Als unsere ältere Tochter Jennifer die christliche High School verließ und ihr Jahrbuch bekam, stellten wir fest, dass unter ihrem Bild kein Bibelvers gedruckt war. Sie erklärte uns, dass sie zu arbeiten hatte, als die Jahrbuchformulare verteilt wurden, und deshalb schaffte sie es nicht, einige Fragen zu beantworten. Ich fragte sie, „Jen, was glaubst du, welchen Vers hättest du ausgesucht? Welcher Bibelspruch hat für dich eine besondere Bedeutung?“

Sie antwortete: „Deine Sünde wird dich finden!“ Sie hatte diese Lektion gut gelernt!

Als sie ihren Führerschein noch ganz neu hatte, war es ihr nicht erlaubt, von sich aus mit dem Auto wegzufahren. Sie musste erst unsere Erlaubnis einholen. Eines Abends waren meine Frau und ich bei Freunden eingeladen, während Jen und unsere zweite Tochter Megan mit unserem zweiten Auto zu Hause waren. Ich hatte ein unruhiges Gefühl und sagte zu meiner Frau Nancy: „Ich rufe mal zu Hause an. Es ist irgendwie komisch. Ich glaube, die Mädchen sind vielleicht mit dem Auto weggefahren.“

„Glaubst du wirklich?“, antwortete Nancy überrascht. (Übrigens ist das nicht unser übliches Schema. Ich bin normalerweise der, der Vertrauen hat, und meine Frau ist eher argwöhnisch. Kommt euch Eltern das bekannt vor?)

Also rief ich zu Hause an – und was glaubt ihr? – keiner nahm ab. Ich rief einen Freund an, der etwa fünf Minuten entfernt wohnte, und bat ihn: „Würdest du bitte zu uns rüber gehen? Hier ist der Code für unser Garagentor. Wenn dir keiner die Haustür aufmacht, geh’ bitte in die Garage und schau nach, ob das Auto da ist.“ Das tat er – und es war nicht da!

Als wir nach Hause kamen, setzten wir uns mit unseren Töchtern hin und fragten sie, was sie gemacht hatten. „Wir haben zu Hause angerufen“, sagte ich ihnen, „und keiner ging ‘ran.“

„Wir waren draußen und saßen vor dem Haus“, antwortete Jen,

„und das Telefon haben wir nicht mit raus genommen." Dann brachten wir sie in getrennte Räume, damit sie Gelegenheit hatten, alles zu sagen, und wir befragten sie einzeln. (Es tut mir Leid, wenn du entsetzt bist, aber unsere Teenager haben einige Male gesündigt und auch einige Male gelogen. Ich wünschte, sie wären so perfekt wie deine Kinder!)

Was war es doch für ein Schock für sie, als ich ihnen sagte, dass unser Freund in der leeren Garage war. Das Geheimnis war heraus. Ihre Sünde hat sie innerhalb von Stunden eingeholt. (Falls du dich fragst, was sie an diesem Abend vorhatten, erzähle ich dir die ganze traurige Geschichte: Sie fuhren zu McDonald's, weniger als drei Kilometer von zu Hause entfernt, und aßen dort etwas!)

Aber da war ein Teil in dieser ganzen Geschichte, der sie nicht schockierte, und das war die Tatsache, dass Papa (sonst Mama) wusste, dass sie gesündigt hatten, weil der Herr es ihnen sagte. Manchmal spricht er darüber in unsere Herzen oder erlaubt es uns einfach, über ihre kleinen Pläne zu stolpern, während sie wiederum ein andermal kleine „Beweise" hinterlassen – wie ein Bonbonpapier. Der Punkt ist, dass sie ganz schnell lernten, dass die Sünde sie erwischen würde. Sie rechneten damit! Und deshalb hatte für Jen der Vers 4. Mose 32,23 eine ganz besondere Bedeutung, denn sie war der Hauptanführer, während die jüngere Megan dazu neigte, der Leitung ihrer Schwester zu folgen. Aber beide hatten keinen Zweifel daran, dass Gott Realität ist und dass er Sünde verabscheute.

Und da drängt sich eine Frage auf: Warum sündigen, wenn man weiß, dass man früher oder später davon eingeholt wird? Warum etwas heimlich tun, das womöglich öffentlich bekannt wird? Warum sich selbst im Schutze der Dunkelheit beschmutzen, wenn die unreine Tat vielleicht doch ans Licht kommt? Das ist vielleicht nicht die überragendste, hoch stehendste Motivation für Heiligkeit, aber sie hat ihre Wirkung. Hier wird der Nagel auf den Kopf getroffen!

Es ist klar, dass in Gottes Universum niemand wirklich mit irgendeiner Sache „davonkommt". „Von manchen Menschen sind die Sünden vorher offenbar und gehen voraus zum Gericht, manchen aber folgen sie auch nach" (1. Tim. 5,24). Auf die eine oder andere Weise wird das, was wir tun, uns einholen, entweder in dieser Welt oder in der zukünftigen. „Ebenso sind auch die guten Werke vorher offenbar, und auch die, bei denen es anders ist, können nicht verborgen bleiben" (1. Tim. 5,25).

Manchmal hinterlassen unsere Sünden eine Spur – wie die Blutstropfen des Mörders in einer gewalttätigen Mordszene, wo das Opfer in der Lage war sich zu wehren – und verraten uns so. Manchmal ist es die Frucht unserer Sünde, die uns schließlich besiegt – wie wenn ein chronisch Fresssüchtiger durch einen Herzanfall tot umfällt, während er mit seinen Freunden Ball spielt. Manchmal sagt sogar Gott selbst, „Was du getan hast, missfällt mir, und ich werde mich jetzt darum kümmern" – wie bei David's Sünde mit Bathseba (siehe 2. Sam. 11,12). Aber so gewiss wie Jesus der Herr ist, wird unsere Sünde uns schließlich einholen.

Jesus lehrte: „... deswegen wird alles, was ihr in der Finsternis gesprochen haben werdet, im Licht gehört werden, und was ihr ins Ohr gesprochen haben werdet in den Kammern, wird auf den Dächern ausgerufen werden" (Luk. 12,3). Würdet ihr Dinge, die du über andere Menschen sagst, auch dann sagen, wenn diese Leute das Tonband hören könnten? (Glaube mir, Gott hat von allem ein Tonband.) „Denn Gott wird jedes Werk, es sei gut oder böse, in ein Gericht über alles Verborgene bringen" (Pred. 12,14).

Wenn du natürlich wahrhaftig Buße tust und dich von deinen Sünden abkehrst, wird der Herr sie wegwischen, manchmal sogar den Schicksalsschlag der negativen Folgen dieser schlimmen Taten mildern. Aber wenn du nur herumspielst oder wenn du irgenwie denkst, du könntest sündigen und dabei straflos ausgehen, oder wenn du den Herrn nur um Vergebung bittest, damit du hingehen und wieder neu sündigen kannst, oder wenn du dir vorstellst, dass Gott in seiner Güte dich niemals ungeschützt sein lassen würde, oder noch schlimmer, wenn du glaubst, du wärst für den Herrn zu wertvoll, als dass er es zulassen würde, dass du fällst, oder wenn du dich selber so täuschst, dass du glaubst, deine Sünde sei gar nicht so schlimm, dann schreib' es auf, lieber Leser, und verlass' dich darauf: DEINE SÜNDE WIRD DICH ERWISCHEN. Wo du auch hingehst, wie weit du auch läufst, welche Anstrengungen du auch unternimmst, um sie zu vertuschen, sie wird dich jagen und dich zu Fall bringen. Dein Albtraum wird wahr werden.

Deshalb frage ich dich, mein Bruder, meine Schwester: Macht es irgendeinen Sinn, zu sündigen? Zwanzig starke Gründe sagen „Nein!". Was sagst du?

Jetzt hast du zwanzig Gründe bekommen, nicht zu sündigen.

Aber nur für den Fall, dass du noch immer nicht überzeugt bist, hier ist Grund Nummer einundzwanzig: *Deine Sünde könnte dich deine Erlösung kosten.*

Hör, wie sich die Heiligen im Himmel freuen, frei von Schmerz und Leid, nie mehr Kummer, sie essen vom Baum des Lebens und trinken das Wasser des Lebens, und sehen das Angesicht des Erlösers. Und dann hör' auf die Schreie der Verdammten, ihr Heulen und Zähneknirschen, sie leiden in den Flammen, sind für immer von Gott getrennt. Was war der Unterschied zwischen Himmel und Hölle? Die Sünde. Lass sie nicht deine Seele rauben! Sondern achte auf die Worte des Herrn:

Wenn aber dein rechtes Auge dir Anlass zur Sünde gibt, so reiß es aus und wirf es von dir, denn es ist dir besser, dass eins deiner Glieder umkommt und nicht dein ganzer Leib in die Hölle geworfen wird. Und wenn deine rechte Hand dir Anlass zur Sünde gibt, so hau sie ab und wirf sie von dir, denn es ist dir besser, dass eins deiner Glieder umkommt und nicht dein ganzer Leib in die Hölle geworfen wird (Matth. 5,29.30).

Jesus wusste, worüber er sprach. Wenn ich du wäre, würde ich ihn bei seinem Wort nehmen.[7]

4. Das tragische Ende

Reue ist so bitter.
Ich würde alles dafür geben, nur um die Uhr zurückzudrehen.

Carmela Bouchbout
(Nach ihrer Entlassung aus einem israelischen Gefängnis
am 3. Januar 1996.
Sie hatte ihren Ehemann getötet,
nachdem er sie jahrelang körperlich missbraucht hatte.)

In den letzten drei Kapiteln haben wir mit Nachdruck Hilfsmittel für eine heiliges Leben beschrieben und dabei sorgfältig die Anreize in der Bibel betrachtet, die uns von der Sünde abhalten wollen. Aber es gibt eine einfache Wahrheit, die diese alle miteinander verbindet, und diese Wahrheit hat sich vor mehr als zwanzig Jahren in mein Herz eingebrannt. Ich habe überall in der Welt über diese Wahrheit gepredigt und sie hat immer einen tiefen und bleibenden Eindruck bei den Zuhörern hinterlassen. Ich glaube sogar ernsthaft, dass genau diese einfache Wahrheit dein Leben für immer verändern kann.

Sie basiert auf einem hebräischen Wort, nämlich dem Wort *'apharÎt* (das spricht man ah-kha-REET).[1] Räuspere dich und sprich es mir nach: ah-kha-REET. Das ist es! Sag' es langsam noch einmal: ah-kha-REET.

„Aber wie kann ein einziges hebräisches Wort mein Leben verändern?", fragst du. Lies weiter und du wirst es herausfinden.

In der hebräischen Sprache, genauso wie im Arabischen, Aramäischen und in den anderen semitischen Sprachen, sind viele Präpositionen oder Wörter, die mit einer Richtung oder Orientierung zu tun haben, von Teilen des Körpers abgeleitet. Die Wörter für „Erst-“ oder „Anfang“ kommen im Hebräischen zum Beispiel von dem Wort für „Kopf“, weil beim menschlichen Körper eben der Kopf zuerst kommt. Und so wie man im Englischen davon spricht „at the head of the class“, also an der Spitze der Klasse, zu sein, so kann man im Hebräischen auch sagen, dass man auf dem „Kopf“ (= der Spitze) eines Berges ist. Oder noch ein anderes Beispiel, das sich auf die Körperteile bezieht: wenn man neben jemandem steht, ist man im Hebräischen buchstäblich „an der Hand“ dieser Person; wenn man „vor“ ihm steht, ist man buchstäblich „am Gesicht“ dieser Person. Verstehst du das Bild?

Das Wort *'apharÎt* also ist mit dem hebräischen Wort für „Rücken“ verwandt, und bedeutet wörtlich „das, was danach kommt, Nachwirkungen, letztendliche Folgen, Ende“[2]. Das Prinzip ist einfach: Aus unserer normalen Sicht können wir jemands Rücken nicht sehen. Wir wissen nicht, was dahinter kommt. Und wenn ich also meine Anzugjacke zerrissen hätte, mit einem hässlichen Loch darin, würdest du das niemals bemerken, wenn du mich nur von vorne siehst. Aus diesem Blickwinkel würde ich gut aussehen. Aber sobald ich an dir vorbeiginge, würdest du erschrecken. Vor einem Moment noch erschien dir alles super; von hinten war es peinlich. Als du meinen Rücken gesehen hast, änderte sich das ganze Bild. Statt attraktiv, sah ich schlampig aus. Und das ist das Prinzip der Bibel:

> Aus unserer gewöhnlichen menschlichen Sicht können wir nicht sehen, was danach kommt, was die letztendlichen Folgen einer Sache sind, das *'apharÎt.*

Aber Gott sieht immer das ganze Bild. In seinen Augen ist das *'apharÎt* immer in Sicht.[3] Und wenn wir ein heiliges Leben führen wollen, ist es enorm wichtig, seine Sicht der Dinge anzunehmen. Gleich wird dir das klar werden.

Dieses Wort *'apharÎt* kommt fünfundsechzig Mal im Alten Testament vor, aber dreizehn Mal davon – d.h. 20 Prozent davon – taucht es im Buch der Sprüche auf. Daraus können wir etwas lernen! Tatsächlich kann man die gesamte Aussage der Sprüche in einem Vers zusammenfassen:

> Höre auf guten Rat und nimm Zucht an, damit du für die Zukunft weise wirst! (Spr. 19,20).

Wörtlich übersetzt, lautet dieser Vers: „Höre auf Rat und nimm Bestrafung/Zucht an, damit du weise wirst am Ende", in deinem *'apharît*.[4] Das ist es, was wirklich zählt. Wenn alles gesagt und getan ist, wirst du weise gehandelt und gelebt haben. Dein *'apharît* wird gesegnet sein.

Das Problem ist, dass Satan uns nie das *'apharît* zeigt. Stattdessen ist sein ganzes Augenmerk auf das Jetzt und Hier gerichtet, auf die Freude des Augenblicks, auf das Gebot der Stunde. Und so tut er alles, um unsere Augen vom *'apharît* , vom „Ende" der Geschichte abzulenken. Denk nur an Esau, der sein lebenslanges Geburtsrecht für eine Mahlzeit verkauft hat, nur weil er gerade in diesem Moment hungrig war.

> Einst kochte Jakob ein Gericht. Da kam Esau vom Feld, und er war erschöpft. Und Esau sagte zu Jakob: Lass mich doch schnell essen von dem roten, dem roten da, denn ich bin erschöpft! Darum gab man ihm den Namen Edom. Da sagte Jakob: Verkaufe mir heute dein Erstgeburtsrecht! Esau sagte: Siehe, ich gehe ja doch dem Sterben entgegen. Was soll mir da das Erstgeburtsrecht? Jakob aber sagte: Schwöre mir heute! Da schwor er ihm und verkaufte sein Erstgeburtsrecht an Jakob. Und Jakob gab Esau Brot und ein Gericht Linsen, und er aß und trank und stand auf und ging davon. So verachtete Esau das Erstgeburtsrecht (1. Mose 25,29-34).[5]

Der Hebräerbrief mahnt uns, nicht diesem „gottlosen Mann" gleich zu sein, „der für eine Speise sein Erstgeburtsrecht verkaufte, denn ihr wisst, dass er auch nachher, als er den Segen erben wollte, verworfen wurde, denn er fand keinen Raum zur Buße, obgleich er sie mit Tränen eifrig suchte" (Hebr. 12,16.17). Esaus *'apharît* war fürchterlich.

Einmal nachdem ich dem Herrn in einer relativ geringfügigen Sache ungehorsam gewesen war, war ich bekümmert und sagte zu mir selbst: „Bevor ich der Sünde das nächste Mal nachgebe, muss ich mich daran erinnern, wie ich mich fühlte, nachdem ich dieses Mal gesündigt hatte.“ Das wäre das Gegengift. Aber alles in unserer gefallenen Natur arbeitet gegen die Vision des *‘apharÎt.* Sie sagt uns: *Vergiss die Konsequenzen. Denk nur an jetzt.*

Gott sagt „Schau auf das *‘apharÎt.*“ Wir wollen einen Blick auf die Weisheit des Wortes werfen.

Vielleicht erinnerst du dich an einige der Verse aus den Sprüchen, die wir zuvor schon betrachtet haben. Lass uns zurück zu Sprüche 5 gehen, einem der vielen Abschnitte in diesem Buch, der uns vor den Gefahren sexuellen Fehlverhaltens warnt:

> Mein Sohn, horche auf meine Weisheit, zu meiner Einsicht, neige dein Ohr, dass du Besonnenheit behältst und deine Lippen Erkenntnis bewahren! Denn Honig träufeln die Lippen der Fremden, und glatter als Öl ist ihr zweischneidiges Schwert. Ihre Füße steigen hinab zum Tod, auf den Scheol halten ihre Schritte zu. Damit du auf den Pfad des Lebens nur nicht Acht gibst, sind unstet ihre Bahnen, und du erkennst es nicht (Sprüche 5,1-6).

Egal, wie gut die verführerische Frau aussieht, die letztendlichen Konsequenzen einer Verbindung mit ihr werden verheerend sein.

In einer New Yorker Zeitung las ich etwa 1984 eine Geschichte, die mir beinahe zwei Tage lang schwer im Magen lag. Ein reicher Geschäftsmann aus Long Island, der vom Ermittlungsdienst überprüft wurde, war entführt worden. Laut der grausamen Geschichte traf er eine attraktive junge Frau, die ihm Sex anbot und mit ihm vereinbarte, ihn an einem bestimmten Ort am nächsten Tag wiederzutreffen. Aber als er sie traf und in das Haus hineinging, wurde er von mehreren anderen Männern und Frauen überfallen, dann gefesselt und geknebelt und in ein verlassenes Mietshaus in der Stadt gebracht. Dort wurde er in einem Raum, der speziell für diesen Moment vorbereitet war, gefangen gehalten, mit Brettern vor den Fenstern, um den Lärm seiner Schreie zu dämpfen.

Ich kann mich immer noch gut daran erinnern, was die Zeitung danach beschrieb: Sie fingen an, diesen Mann zu quälen und zu missbrauchen, brannten ihn an seinem ganzen Körper mit Zigaretten, missbrauchten ihn sexuell derart, dass einige seiner inneren Organe schwer geschädigt waren. Sie brachten ihn dazu, sich seines Geschäfts in eine Windel zu entledigen und die letzten fünf Tage seines Lebens ließen sie ihn hungern. Und obwohl seine Frau sich bereit erklärt hatte, ein Lösegeld für ihn zu zahlen, schlugen sie ihn tot, bevor das Geld eintreffen konnte. Mein Magen hat sich schon wieder verkrampft, wenn ich das nun schreibe!

Wenn er nur sein *'apharÎt* hätte sehen können! Wenn er sich nur selbst hätte sehen können, wie er in seiner Qual schrie, um Gnade flehte, gefoltert und missbraucht, geschlagen und erniedrigt, ausgehungert und gefesselt – und dann wie er regungslos da lag, eine blutige Leiche. Wenn er nur die letztendlichen Konsequenzen seiner ehebrecherischen Lust hätte sehen können, er hätte sich niemals dieser jungen Frau genähert, egal, wie gutaussehend sie war, egal, welche körperlichen Freuden sie ihm anbot. Er hätte eher dem Sex für den Rest seines Lebens abgeschworen, als solch einem schrecklichen Schicksal zu begegnen. Aber er hat sein *'apharÎt* nicht gesehen!

Deshalb warnen uns die Sprüche so eindringlich. Es handelt sich hier nicht um eine Übertreibung:

> Nun denn, ihr Söhne, hört auf mich und weicht nicht ab von den Worten meines Mundes! Halte fern von ihr deinen Weg und komm ihrer Haustür nicht nah! Sonst gibst du andern deine Lebensblüte und deine Jahre einem Grausamen. Sonst sättigen Fremde sich noch an deinem Vermögen, an deinem mühsam Erworbenen in eines Ausländers Haus, und du stöhnst zuletzt [wörtlich, an deinem *'apharÎt*], wenn dein Fleisch und dein Leib dahinschwinden, und sagst: Ach, wie konnte ich nur hassen die Zucht, wie konnte mein Herz nur die Mahnung verschmähen, dass ich nicht gehorchte der Stimme all derer, die mich unterwiesen, dass ich mein Ohr meinen Lehrern nicht zuneigte. Wie leicht hätte ich ganz ins Unglück geraten können, mitten in der Versammlung und der Gemeinde (Spr. 5,7-14).

Ich habe mit Freunden zusammengesessen, die ihren Dienst durch Ehebruch zerstört haben, ihr Gesicht war vor Scham verzerrt, Tränen des Leids strömten ihre Wangen hinunter, ihr Gewissen war von Verzweiflung und Unglauben gebeutelt. Und als ich mit ihnen weinte, betete ich leise, *Gott, lass mich niemals ihren Gesichtsausdruck vergessen. Lass mich diesen Ausdruck von Qual und Leid nicht vergessen! Lass dieses lebhafte Bild mir mein Leben lang vor Augen sein!* Es ist es nicht wert, es ist es nicht wert, es ist es nicht wert! Kein Ausmaß der sexuellen Befriedigung, kein Ausmaß der romantischen Erregung, kein Ausmaß der Erfüllung und der Erleichterung ist es wert, das geistliche Amt zu verwirken. Wie schon George Hutcheson vor einigen Jahrhunderten gewarnt hat: „Gib Acht, dass eine Stunde nicht das hervorbringt, für das wir uns vielleicht für immer schämen“[6]. Denk an das *'apharÎt!*

Da war ein Pastor und Gemeindegründer, der sehr entmutigt war und als Folge davon eines Abends total abstürzte. Schließlich war er dabei sich zu betrinken und fand sich auf einer Party wieder, auf der die Sexualpartner frei ausgetauscht wurden. Und irgendwie fiel er so tief, dass er mit einem anderen Mann Sex hatte. Am nächsten Tag kam die Realität zurück: Er quälte und bekümmerte sich, bereute tief und Schritt für Schritt kam er an einen Ort der Wiederherstellung. Und dann setzte sich sein Dienst fort, als ob alles wieder wie früher wäre. Aber so war es nicht. In dieser einen Nacht des schrecklichen Ungehorsams hatte er sich mit AIDS angesteckt, und als er es herausfand, hatte er bereits seine Frau und das letzte Kind, das sie ihm geboren hatte, infiziert. Als ich die Familie traf, war er gerade beerdigt worden. Mittlerweile sind vermutlich auch seine Frau und der Junge gestorben. Welch ein Jammer!

Wenn er nur sein *'apharÎt* hätte sehen können. Wenn er seine Familie und seine Freunde hätte sehen können, wie sie auf seiner Beerdigung weinten, als der Sarg mit seinem ausgezehrten Körper darin in die Erde gelassen wurde … Wenn er nur hätte sehen können, wie seine Frau und sein Sohn unter dem Angriff derselben schlimmen Krankheit immer mehr dahinschwanden … Wenn er nur das letzte Ende hätte sehen können! Er wäre niemals auch nur in die Nähe der Bar gegangen, an der er sich betrunken hat, egal, wie depressiv er war. Er hätte zu seiner Frau gesagt: „Binde mich am Bettpfosten an und verriegele die Tür!“ – alles, um ihm dieses katastrophale Ende zu ersparen. Stattdessen gab sein Leben diese bedauernswerten Worte aus den Sprüchen wieder: „Ach, wie konnte ich nur hassen die Zucht, wie konnte mein Herz nur die Mahnung verschmähen, dass ich nicht gehorchte der Stimme all derer, die mich unterwiesen, dass ich mein Ohr meinen Lehrern nicht zuneigte. Wie leicht hätte ich ganz ins Unglück geraten können, mitten in der Versammlunng und der Gemeinde.“ Eine Sünde. Ein Mal. Ein tragisches Ende.

Es sind Gründe wie diese, die mich dazu veranlassen, niemals aufzuhören, andere Pastoren (zusammen mit allen Gläubigen) vor den Gefahren sexueller Sünde zu warnen. Und jedes Mal, wenn ich diese Botschaft vom *'apharÎt* predige, predige ich sie auch für mich. Keiner von uns ist von der Versuchung hier ausgenommen. Unsere Gesellschaft konzentriert sich zu sehr auf die sexuelle Lust, mit einem ständigen lustgesteuerten Angriff auf unsere Sinne an jeder Ecke: Spärlich bekleidete Männer und Frauen auf den Titelseiten der Zeitschriften zwinkern uns an den Kassen der Supermärkte zu; Bikinischönheiten lächeln uns in den Fernsehwerbespots für Autos und Bier an; tausende pornografischer Seiten warten auf uns im Internet. Ist es ein Wunder, dass die große Mehrheit unserer Teenager sexuell aktiv ist? Es ist ein Bombardement! Und das Wort kennt auch unser Wesen und warnt uns deshalb, immer wieder auf dem Gebiet der Sexualität rein zu bleiben. Wenn du die Sprüche durchliest, findest du tatsächlich, dass außer einiger längerer Abschnitte, die sich mit den Themen von Weisheit und Torheit im Allgemeinen beschäftigen, die ausgedehntesten Abschnitte des Buches die sexuelle Sünde behandeln (dazu gehören praktisch das ganze Kapitel fünf, ein Teil von Kapitel sechs und jede Zeile von Kapitel sieben).

In den meisten der Abschnitte wird die verführerische Frau beschrieben, was an die Titelfotos erinnert, die wir heute vom „perfekten" Mädchen oder Jungen sehen können. Und das ist das einzige Bild, das Satan uns sehen lassen möchte. Er möchte nicht, dass wir merken, dass das Bild retuschiert wurde, damit der eine oder andere Makel verschwindet, oder dass das einladende Lächeln total künstlich ist, oder dass die fast-nackte Person, die da posiert, auch jemands Tochter oder Sohn ist. Satan zeigt uns das nicht! Noch zeigt er uns die Leere im Leben dieses Sexsymbols oder die familiären Probleme, die entstehen, wenn ein Ehepartner abhängig wird von den Verführungen dieses Pornostars. Nein, er möchte nicht, dass wir über das *'apharÎt* nachdenken.

Und es gibt noch eine zweite Seite dieser Darstellungen in den Sprüchen von der verführerischen Schönheit der sündigen Frau: Sie zeigen uns den großen Druck, der auf den Frauen unserer Gesellschaft lastet, um jeden Preis den idealen Körper zu haben, für den Mann optische Objekte der sexuellen Erregung zu sein, modisch zu sein bis hin zum Verführerischen. Meine Damen, achtet darauf, hier nicht nachzugeben. Als Kind Gottes ist es unter deiner Würde, so tief zu sinken, und du solltest es nicht wagen, deine Brüder zur Sünde zu verführen.

Flirten hat in Gottes Volk keinen Platz! Auf welcher Seite stehen wir denn überhaupt?

Du weißt, wie solche Outfits auf Männer wirken. Du kennst die Wirkung dieser kurz geschnittenen Blusen oder der hautengen Jeans, oder des wirklich kurzen Rocks, oder des aufreizenden Badeanzugs. Und ist das nicht auch ein Grund dafür, dass du dich so kleidest – wenn du es tust –, dass du auf Männer anziehend wirken möchtest? (Wenn es nur aus Bequemlichkeit ist, dann opfere bitte deine Bequemlichkeit für die Keuschheit und Gottgefälligkeit.)

> Jesus sagte zu seinen Jüngern: „Es ist unmöglich, dass nicht Verführungen kommen. Wehe aber dem, durch den sie kommen! Es wäre ihm nützlicher, wenn ein Mühlstein um seinen Hals gelegt und er ins Meer geworfen würde, als dass er einem dieser Kleinen Anlass zur Sünde gäbe!" (Luk. 17,1.2).

Das ist eine Warnung, die man nicht überhören darf!

Ihr Heiligen Gottes, mit Blut erkauft, kleidet und gebt euch nicht so, dass ihr ein Objekt des sexuellen Reizes für andere Männer oder Frauen werdet. Lasst es niemals zu, dass ihr ein Stolperstein für die Geretteten oder nicht Geretteten werdet. Legt es nie darauf an, jemanden so weit zu bringen, dass er euch lustvoll hinterherschaut. Es ist eine Sache, wenn ein verheiratetes Ehepaar privat für sich zu Hause ihre körperliche Beziehung vor dem Herrn genießt. Aber es ist eine andere Sache, ein Verführer oder eine Verführerin zu sein. Flirten hat in Gottes Volk keinen Platz, noch ein Outfit, das eine besondere Aufmerksamkeit auf die attraktiven Kurven oder körperlichen Vorzüge einer Person lenkt. Es ist schon anstrengend genug, in dieser Welt selbst rein zu bleiben, wenn die Menschen in der Kirche fehlerlos leben. Aber es ist wirklich hart, wenn Gläubige sich sexuell aufreizend kleiden oder so handeln. Auf welcher Seite stehen wir denn überhaupt?

Deshalb warnen uns die Sprüche erneut vor den sündigen Freuden, die nach uns rufen, und beschreiben sie uns lebhaft. Die launenhafte Frau sagt zu ihrem Liebhaber:

> Zu Heilsopfern war ich verpflichtet, heute habe ich meine Gelübde erfüllt. Darum bin ich ausgezogen, dir entgegen, um dein Gesicht zu suchen, und ich habe dich gefunden. Mit Decken habe ich mein Bett bedeckt, mit buntem ägyptischen Leinen. Ich habe mein Lager benetzt mit Myrrhe, Aloe und Zimt. Komm, wir wollen an Liebe uns berauschen bis zum Morgen, wollen schwelgen in Liebkosungen. Denn der Mann ist nicht zu Hause, er ist weggegangen, fort auf weite Reise. Den Beutel mit dem Geld nahm er in seine Hand, am Tag des Vollmondes erst kommt er nach Haus (Spr. 7,21-23).

Die Freude ist vorüber und er wurde durchbohrt. Sein kleines Liebesabenteuer hat ihm das Leben gekostet. Also folge ihm nicht in seiner Torheit. Denk an das *'apharÎt* und sei nicht „wie ein Stier zur Schlachtung geht, wie der Hirsch in die Fessel hüpft … wie ein Vogel sich ins Fangnetz stürzt“. Gott zeigt uns die Fallen schon vorher. Satan zeigt uns nur den Köder.

In der Mitte der 80er Jahre wurde ein attraktives fünfzehnjähriges Mädchen aus Long Island, mit etwas frühreifem Aussehen, rebellisch gegen ihre Eltern und die ständigen Konflikte in ihrem Elternhaus regten sie auf. Sie verließ New York und reiste per Anhalter in einen anderen Staat. Auf dem Weg nahm sie ein LKW-Fahrer mit und gab ihr Geld für sexuelle Handlungen. Danach weinte sie vor Scham. Aber die Schuld verschwand ganz schnell und innerhalb weniger Monate nach ihrer Ankunft in Texas war sie in die Prostitution abgerutscht und arbeitete in einem Restaurant, das Pornofilme auf einem großen Bildschirm an der Wand zeigte, während die Männer um die Tische herum saßen und das Mädchen ihrer Wahl für eine Stunde heraussuchten. Aber wenn sie ihrer Familie schrieb, erzählte sie ihnen, dass alles wunderbar wäre und sie als Kellnerin arbeitete.

Bald wurde sie so beliebt und verdiente so viel Geld damit, dass andere Prostituierte anfingen, sie zu attackieren. Sie beschloss, zu fliehen, als sich ihr eine Chance bot, aber der Zuhälter und seine Frau erwischten sie – und sie missbrauchten sie auf unbeschreibliche Weise, brachten sie schließlich um und warfen sie in einen Fluss. Als ihr nackter Körper gefunden wurde, sagte der Polizeichef, dass er noch nie eine so brutal gequälte Leiche gesehen hätte. Sie hatte Zigarettenverbrennungen vom Kopf bis zu den Zehen, ihr Kiefer war gebrochen und ihr war in den Mund geschossen worden. Wenn sie nur ihr *'apharÎt* hätte sehen können! Dem Teufel ist es ernst.

Erinnerst du dich noch an Sprüche 23, wo wir vor den zerstörerischen Folgen des Alkohols gewarnt werden?

> Sieh den Wein nicht an, wenn er so rötlich schimmert, wenn er im Becher funkelt und leicht hinuntergleitet. Zuletzt beißt er wie eine Schlange und speit Gift wie eine Viper (Spr. 23,31.32).

Wieder einmal ist das Endergebnis der Sünde genau das Gegenteil von dem, was sie versprach, nur dieses Mal geht es nicht um Sex, sondern um Alkohol. Der Alkohol versprach Freude, aber am Ende brachte er den Tod. Vor den Nachwirkungen der Sünde hat er nicht gewarnt.[7]

Heute gibt es auf den Straßen der Großstädte Amerikas Saufbrüder und Drogenabhängige, sie liegen in ihrem eigenen Müll, ihre Gesichter sind blutig von einem Sturz auf den Beton, ihr Leben ist zerstört – aber noch vor fünf Jahren waren sie erfolgreiche Ärzte, oder prominente Anwälte oder glücklich verheiratete Sportler. Was war passiert? Na ja, sie standen unter großem Druck, oder ein tragisches Ereignis geschah, oder einer ihrer Freunde hat sie zum ersten Mal mit Drogen angeturnt. Und nach einiger Zeit wurde aus diesem Schuss Bourbon (oder der Prise Kokain) eine alltägliche Angelegenheit, und dann wurden sie bald schon davon beherrscht, bis sie schließlich ihren Arbeitsplatz verloren, ihre Familie verloren, ihre Häuser verloren, und dann auf der Straße endeten. Wenn sie nur vorher ein Bild ihres *'apharÎt* hätten sehen können, nichts hätte sie dazu bringen können, zu trinken oder Drogen zu nehmen. Nichts!

Aber Satan ist wirklich schlau. Hast du schon einmal eine Werbung für Alkohol gesehen, bei der ein Pärchen an einem Tisch an irgendeinem exotischen Ort sitzt, der Mond glänzt im Hintergrund und in den Augen des Pärchens spiegelt sich tanzend der sprudelnde Champagner wieder, wie sie sich in Verlangen und Liebe ansehen. Welch ein Hintergrund, welch ein Pärchen, welch eine Botschaft. Ja, wenn du diesen Champagner trinkst, wirst auch du ein Teil dieses

Bildes. Du wirst selbst die perfekte Verabredung erleben – auch wenn du fünfzig Kilo Übergewicht hast und dir deine beiden Vorderzähne fehlen! Du wärest auf dieser wundervollen Insel, Kellner und Bedienstete lesen dir jede Laune und jeden Wunsch von den Augen ab – auch wenn du nicht einen Pfennig in der Tasche hast. Ja, eine Flasche Champagner schafft das alles für dich!

Was für eine dumme Lüge! Und doch glauben Millionen Menschen daran – bewusst oder unbewusst. Dieser Wein macht aus deiner Party den Hit. Nach der großen Sportveranstaltung muss man einfach Bier trinken. Jack Daniels bringt Licht in dein Leben! Leberzirrhose? Bei einem Autounfall umkommen? Das sind die letztendlichen Folgen von Alkohol? Denk doch nicht an so was. Jetzt ist Partyzeit!

Als ich ein Junge war, erklärte mir mein Vater, der Anwalt war, dass laut Gesetz in Fernsehwerbespots für Bier und Wein niemand gezeigt werden darf, der das Zeug tatsächlich trinkt. Deshalb zeigt man uns Nahaufnahmen des goldenen Biers, wie es in einen eiskalten Bierkrug gegossen wird, sein weißer Schaum läuft über den Rand hinaus – genau wie es in den Sprüchen beschrieben wird. („Sieh den Wein nicht an, wenn er so rötlich schimmert, wenn er im Becher funkelt …“) Nachdem wir diese Spots ein paar Jahre lang gesehen hatten, beschlossen mein Freund und ich, dass wir einfach einmal ein Bier probieren müssten. Als also eines Abends meine Eltern ausgegangen waren, gingen wir raus und trieben Sport und spielten, bis wir verschwitzt und durstig waren. (Wenn ich mich richtig erinnere, fuhren wir auf dem Tandem meiner Eltern durch die Nachbarschaft, obwohl die Straße mit Schnee bedeckt war!) Dann nahmen wir uns einige dieser großen harten Brezeln und eine Dose Bier, die mein Vater für einige seiner Freunde im Kühlschrank aufhob.

Dann kam der große Moment: Wir schenkten das Bier in unsere Gläser ein (es sah aus wie in den Werbespots im Fernsehen!), wir aßen eine Brezel oder zwei, erhoben unsere Gläser, nahmen den ersten Schluck – und spuckten ihn sofort wieder aus! Iih! Es war weit entfernt von dem, was wir erwarteten. Was für ein derber, unbefriedigender Geschmack! Aber nicht lange danach beschlossen wir, es noch einmal zu versuchen. Schließlich erschien es uns doch im Fernsehen so einladend!

Genauso ist es bei der Zigarettenwerbung. Erinnerst du dich noch an die Marlboro-Werbung der 60er Jahre? Ein hübscher, starker

Cowboy sitzt auf einem majestätischen Pferd vor einem endlosen Panorama riesiger grüner Felder im Hintergrund. Ja, das ist „Marlboro Country". Auch du kannst dort leben! Inhaliere nur das Gift in deine Lunge, atme diesen weißen Rauch durch deine Lippen, und schon bist du wie der Marlboro-Mann, sitzt auf der Spitze der Welt, die weite Wildnis ist dein Spielplatz und der wolkenlose Himmel das Dach über deinem Heim. Atme tief ein und genieße die frische Luft. Du lebst im Marlboro-Country – auch wenn du auf deiner zerrissenen Couch in deiner von Schaben übervölkerten, stickigen Einzimmerwohnung in der Bronx sitzt, auch wenn du hustest und keuchst und würgst. Ja, so ist Marlboro-Country!

Oder solltest du vielleicht nochmal genauer hinschauen. Das echte Marlboro-Country ist die Lungenkrebsstation im städtischen Krankenhaus, wo ein kleines Mädchen zusieht, wie sein Papa seinen letzten Atemzug tut – und dabei immer noch raucht durch ein Loch, das in seine Kehle geschnitten wurde. Und was wurde aus dem gut aussehenden Marlboro-Mann? Auch er starb an Lungenkrebs, ein treuer Zeuge des *'apharÎt* des Tabaks.[8] Ich hoffe, du verstehst.

Was wirklich zählt, ist der letztendliche Schluss, der letztendliche Punktestand. Wie viele Mannschaften im Sport sind schnell gestartet und haben einen großen Vorsprung vorgelegt, um dann am Ende des Spiels oder am Ende der Saison doch noch miserabel abzuschneiden. Ihr guter Start machte die Enttäuschung über ihren armseligen Abschluss nur noch größer. Paulus konnte von sich selbst sagen: „Ich habe den guten Kampf gekämpft, ich habe den Lauf vollendet, ich habe den Glauben bewahrt" (2. Tim. 4,7). Sein *'apharÎt* war ruhmreich, der Lauf seines Lebens konsequent. So muss es auch bei uns sein.

Die Schrift versichert uns, dass das *'apharÎt* der Bösen die Zerstörung ist (siehe Spr. 14,12) und dass ihre Hoffnung abgeschnitten wird (siehe Ps. 37,38 und 109,13). Die Sprüche sagen sogar, dass die Bösen nicht einmal ein wirkliches *'apharÎt* haben, weil alles, was sie erben, Dunkelheit und Zerstörung sein wird (siehe Spr. 24,20). Aber die Gerechten haben ein wundervolles *'apharÎt*. Wir haben etwas, auf das wir uns freuen können!

> Dein Herz eifere nicht gegen die Sünder, sondern um die Furcht des Herrn jeden Tag! Denn wahrlich, es gibt noch ein Ende, und dann wird deine Hoffnung *('apharÎt)* nicht zu Schanden (Spr. 23,17.18; siehe auch Spr. 24,14).
>
> Achte auf den Rechtschaffenen und sieh auf den Redlichen; denn die Zukunft *('apharÎt)* für einen solchen ist Frieden (Ps. 37,37).
>
> Denn ich kenne ja die Gedanken, die ich über euch denke, spricht der Herr, Gedanken des Friedens und nicht zum Unheil, um euch Zukunft *('apharÎt)* und Hoffnung zu gewähren (Jer. 29,11).
>
> Das *'apharÎt* der Gläubigen wird gesegnet sein![9]

Eines Tages werden wir vor dem Thron Gottes stehen, von seinem Ruhm und seiner Schönheit überströmt werden, unbeschreiblich strahlend. Ich habe fast vor Augen, wie ich meine Frau dort sehe, aber sie wird so umgewandelt, so hell und leuchtend, so strahlend und glänzend sein, dass ich sie kaum erkennen werde. „Bist das wirklich du? Du siehst aus wie ein Engel!" Ja, das wird das *'apharÎt* der Gerechten sein.

Sogar Bileam hat diese Wahrheit verstanden: „Wer könnte zählen den Staub Jakobs und der Zahl nach den vierten Teil Israels? Meine Seele sterbe den Tod der Aufrichtigen, und mein Ende sei gleich dem ihren!" (4. Mose 23,10). Leider starb dieser geldgierige Prophet jedoch den Tod der Gottlosen, da er „den Lohn der Ungerechtigkeit liebte" (2. Petr. 2,15). Sein *'apharÎt* war verflucht. Wie wird dein *'apharÎt* aussehen?

Sei nicht wie Esau, der sein Erstgeburtsrecht gegen eine einzige Mahlzeit eintauschte.

Sei nicht wie dieser reiche Geschäftsmann, zu Tode gequält und geschlagen, weil seine Lust ihm die Tür zur Zerstörung öffnete.

Sei nicht wie diese rebellische Teenagerin, erniedrigt, missbraucht und brutal ermordet, weil sie einfach nicht daheim mit ihren Eltern leben konnte.

Sei nicht wie dieser begabte Pastor, der sich so entmutigen ließ, dass er kopfüber ins Verderben schlitterte und schließlich AIDS bekam und auch weitergab.

Sei nicht wie dieser Saufbruder auf der Straße, der vom Höhepunkt seines Erfolges abstürzte, nachdem er unter dem Druck des Lebens zusammengebrochen war, zunächst fasziniert vom Frieden des Alkohols, danach von seinem Gift beherrscht.

Sei nicht wie der Marlboro-Mann, ein Symbol für Leben, Stärke und Freiheit, aber in Wirklichkeit der Sklave eines 7 cm langen Nikotinherrschers, letztlich ein nutzloses Opfer für den Krebs.

Nein! Hör auf den Rat, unterwirf dich der Disziplin und dein Ende wird ruhmreich sein.

Du bist gewarnt. Also sei jetzt weise. Denk an das *'apharÎt.*

5. Geh und sündige nicht mehr – Was sagt die Bibel dazu?

Herr, wer darf in deinem Zelt weilen?
Wer darf wohnen auf deinem heiligen Berg? Der rechtschaffen
wandelt und Gerechtigkeit übt und Wahrheit redet
in seinem Herzen, nicht verleumdet mit seiner Zunge,
kein Übel tut seinem Gefährten und keine Schmähung bringt auf
seinen Nächsten, in dessen Augen der Verworfene verachtet ist,
der aber die ehrt, die den Herrn fürchten, der,
hat er zum Schaden geschworen, es nicht ändert;
und kein Bestechungsgeschenk nimmt gegen den Unschuldigen.
Wer solches tut, wird nicht wanken in Ewigkeit.

Psalm 15,1-5

Bekennenden Christen muss vor Augen geführt werden,
dass der vordringliche Wunsch und Auftrag Gottes an uns
darin besteht, ständig nach Heiligkeit unseres Lebens zu streben,
sowie seine eigene Heiligkeit zu betrachten.
„Seid heilig, denn ich bin heilig.“

Herbert Lockyer, Sr.

Sage nicht, du hättest königliches Blut in deinen Adern
und bist von Gott geboren, außer du kannst deinen Stammbaum
nachweisen, indem du es wagst,
heilig zu sein.

William Gurnall

Allen von uns ist die Geschichte in Johannes 8 bestens bekannt, in der es um die Frau geht, die im Ehebruch ertappt wird. Die dramatische Erzählung ist uns lebhaft vor Augen. Es ist früh am Morgen und Jesus lehrt im Tempel, umgeben von einer Menge von Zuhörern, die ihm jedes Wort von den Lippen ablesen. Plötzlich schleppt eine Gruppe religiöser Führer eine Frau herbei, die auf frischer Tat beim Ehebruch ertappt worden war.

Das ist genau die Gelegenheit, auf die diese Männer gewartet haben; ihre Chance, Jesus die perfekte Falle zu stellen: „Lehrer", fragen sie, „diese Frau ist auf frischer Tat beim Ehebruch ergriffen worden. In dem Gesetz aber hat uns Mose geboten, solche zu steinigen. Du nun, was sagst du?" (Joh. 8,4.5).

Würde Jesus es wagen, dem Gesetz Mose zu widersprechen und stattdessen mit dieser Frau Mitleid haben? Oder würde er seinem Gesetz der Gnade widersprechen und stattdessen das geschriebene Wort wahren? So oder so, sie wären die Gewinner und er der Verlierer.

> Jesus aber bückte sich nieder und schrieb mit dem Finger auf die Erde. Als sie aber fortfuhren, ihn zu fragen, richtete er sich auf und sprach zu ihnen: Wer von euch ohne Sünde ist, werfe zuerst den Stein auf sie. Und wieder bückte er sich nieder und schrieb auf die Erde (Joh. 8,6-8).

War das nicht eine erstaunliche Antwort! Der Herr wendete die Dinge in einem Augenblick. Jetzt hatte nicht mehr er den schwarzen Peter, sondern seine Gegner.

Sie hatten wirklich geglaubt, diesmal würden sie ihn drankriegen. Sie wussten, es würde nur zwei mögliche Antworten geben, die Jesus ihnen geben könnte, und jede der beiden wäre für seinen Dienst katastrophal. Und er konnte ihre Frage nicht einfach ignorieren. Es war eine öffentliche Konfrontation, und Jesus musste einfach handeln. Also was tat er? Er fand eine *dritte* Antwort auf ihre Herausforderung, und die war für Jesu Feinde katastrophal: „Wer von euch ohne Sünde ist, werfe zuerst den Stein auf sie." Wie sich doch plötzlich alles änderte![1]

Und was hat Jesus da eigentlich auf den Boden geschrieben? Ich wünschte, wir wüssten es!

Es wäre bestimmt faszinierend, zu lesen. Wie es scheint, haben wir keine Möglichkeit, es zu wissen, und Gott scheint es auch nicht für richtig zu halten, uns dieses Geheimnis mitzuteilen. Und doch können es die meisten von uns einfach nicht lassen, uns in dieser Angelegenheit ihre Meinungen anzubieten. Zu den interessanteren Vermutungen, die ich gehört habe, gehören die folgenden: Er schrieb die Zehn Gebote auf; Er schrieb die Namen der verschiedenen Frauen auf, mit denen die *religiösen Leiter* geschlafen hatten; Er schrieb die Frage „Wo ist der Mann?“[2] auf. Was er auch geschrieben hat, es hatte eine dramatische Wirkung: „Als sie aber dies hörten, gingen sie einer nach dem anderen hinaus, angefangen von den Ältesten; und er wurde allein gelassen mit der Frau, die in der Mitte stand“ (V. 9). Ihr Gewissen plagte sie, die diese Frau verdammen wollten für ihre Sünde, während sie doch selbst Sünder waren.

Und so blieb Jesus allein mit dieser verängstigten Frau zurück, die noch einen Augenblick vorher dem Tod ins Auge gesehen hatte. Jesus aber richtete sich auf und sprach zu ihr: Frau, wo sind sie? Hat niemand dich verurteilt? Sie aber sprach: Niemand, Herr. Jesus aber sprach zu ihr: Auch ich verurteile dich nicht. Geh hin und sündige von jetzt an nicht mehr!“ (Joh. 8,10.11).

Was für außergewöhnliche Worte! Hier ist eine Sünderin, die schuldig vor Gott steht, und doch wird sie nicht verurteilt. Eine Frau wird bei einer eklatanten Verletzung ihres Eheschwurs erwischt, sie beging eine Tat, die Gott hasst, und doch wird ihr auf der Stelle vergeben. Ist das nicht ein großartiges Beispiel dafür, wie die Gnade über der Verurteilung triumphiert (s. Jes. 2,13).

Aber die Geschichte ist hier noch nicht zu Ende. Jesus hat dieser Frau auch eine heilige Aufgabe mitgegeben: „Gehe hin und sündige nicht mehr.“ In anderen Worten, „Lass deine ehebrecherische Lebensweise hinter dir und lebe den Rest deiner Tage in Reinheit. Ich vergebe dir deinen Ungehorsam, aber von jetzt an musst du gehorsam sein. Die Zeit der Sünde ist vorbei.“ Ja, Gottes Gnade geht mit einem Auftrag einher. Sein Mitleid ist mit einem ernsten Befehl verbunden. Wie es John Wesley ausdrückt: „Mach, dass diese Befreiung sie zur Reue führt.“[3]

Aber was wäre passiert, wenn schon am nächsten Morgen die religiösen Führer genau diese Frau zu Jesus zurückgebracht hätten, erneut erwischt beim Ehebruch?

Das fünfte Kapitel des Evangelium des Johannes gibt uns einen

Hinweis. Dort finden wir die bekannte Geschichte der Heilung eines Mannes, der seit 38 Jahren ein Krüppel war. Jeden Tag wurde er zum Teich von Bethesda gebracht und wartete darauf, dass ein Engel das Wasser bewegte. Immer wenn dieser heilige und übernatürliche Augenblick eintrat, wurde der erste Kranke, der in den Teich gelangte, geheilt. Dieser Lahme hatte jedoch niemanden, der ihm half, wenn das Wasser sich bewegte, und während er sich noch abmühte, in den Teich zu gelangen, kam immer jemand vor ihm hinein (s. Joh. 5,7).

Für diesen armen Krüppel gab es wenig Hoffnung, jemals gesund zu werden – bis der Sohn Gottes in sein Leben trat. Jesus besuchte diesen Teich an einem Sabbath und schockierte den Mann mit den folgenden Worten: „Steh auf, nimm dein Bett auf und geh umher!" Und sofort wurde der Mensch gesund und nahm sein Bett auf und ging umher (Joh. 5,8.9). Später am Tag fand Jesus den Mann im Tempel und sprach zu ihm einen anderen schockierenden Satz: „Siehe, du bist gesund geworden; sündige nicht mehr, damit dir nichts Ärgeres widerfahre" (Joh. 5,14). Oder wie in der Hoffnung für Alle übersetzt: „Sündige nicht mehr, damit du nicht etwas Schlimmeres als deine Krankheit erlebst."

Sündige nicht mehr? Hör auf zu sündigen? Was in aller Welt wollte Jesus damit sagen? Wie kann es für ein menschliches Wesen möglich sein, nicht mehr zu sündigen? Im Falle der Frau, die beim Ehebruch erwischt worden war, ist klar, dass der Herr ihr sagen wollte, sich von ihrem Ehebruch abzukehren, ein für alle Mal. Im Falle des geheilten Krüppels ist es möglich, dass es eine spezifische Sünde gab, die zu diesem Zustand geführt hatte, und Jesus wollte ihm einfach sagen, diese spezielle Sünde aufzugeben, wenn er gesund bleiben wollte.[4] Dennoch, die Worte „sündige nicht mehr" sind ziemlich stark. Wie weit geht das?

Nehmen wir einmal die Frau, die beim Ehebruch erwischt wurde. Hätte es dem Herrn gefallen, wenn sie von ihrem Ehebruch umkehrte, um diesen durch eine andere ernsthafte Sünde zu ersetzen? Was wäre, wenn sie sich von ihren sexuellen Sünden abgekehrt hätte, aber stattdessen hingegangen wäre und hätte einen der Männer getötet, die sie am Anfang bloßgestellt hatten? Glaubst du, das wäre geeignet gewesen, um den Auftrag des Herrn zu erfüllen „Gehe hin und sündige nicht mehr"?[5] Charles Spurgeon sagte: „Jesus wird nicht mit seinem Volk gehen, bis sie nicht jede bekannte Sünde abgelegt haben."[6] Aber wie ist das möglich? Wie können menschliche Wesen – auch wiedergeborene, geisterfüllte menschliche Wesen – jede bekannte Sünde ablegen?

Bevor wir versuchen, diese Frage zu beantworten, wollen wir auf das Zeugnis der Schrift sehen. Wenn du wie ich bist, möchtest du dem Herrn wirklich mit deinem ganzen Herzen gefallen, und du suchst nicht nach einer Ausrede, um zu sündigen. Du liebst Jesus, du hasst den Teufel, und du möchtest, dass dein Leben ausstrahlt. Du möchtest zwei Dinge wirklich wissen: (1) Wie hoch liegen Gottes Maßstäbe? Was verlangt er von mir? und (2) Wie kann ich diese Maßstäbe erfüllen?

Ich möchte die erste Frage zuerst beantworten. Was verlangt Gott von seinem Volk? Erwartet er wirklich von uns, dass wir aufhören zu sündigen? Was sagt die Bibel?

Petrus beschreibt die falschen Lehrer seiner Zeit als solche Männer: „… sie haben Augen voller Begier nach einer Ehebrecherin und *lassen von der Sünde nicht ab*" (2. Petr. 2,14) – eine lebhafte Beschreibung für ein gottloses Leben. Der Psalmist schrieb, sogar nachdem Gott die Israeliten für ihren Ungehorsam gestraft hatte: „Trotz alledem *sündigten sie weiter.*" (Ps. 78,32) – der Gipfel an Rebellion und Trotz. Mose sagte dem verängstigten Volk, das am Fuße des Berges Sinai stand, dass Gott aus dem Grund in ehrfürchtigem, feurigem Ruhm dorthin heruntergekommen war, „damit die Furcht vor ihm euch vor Augen sei, damit ihr nicht sündigt" (2. Mose 20,20). Gottes heilige Furcht hat den Zweck, uns von der Sünde abzuhalten.

Paulus betonte dies im Römerbrief besonders. Nachdem er gelehrt hatte, dass, wo die Sünde überströmend geworden war, die Gnade noch überströmender geworden ist (s. Röm. 5,20), fragte er: „Was sollen wir nun sagen? Sollten wir in der Sünde verharren, damit die Gnade überströme? Das sei ferne! Wir, *die wir der Sünde gestorben sind*, wie sollten wir noch in ihr leben?" (Röm. 6,1.2). Das ist die Botschaft des Evangeliums in Kurzfassung: Jesus kam, um uns *von* unseren Sünden zu retten, nicht *in* unseren Sünden.

Jesus kam, um die Sünde der Welt hinwegzunehmen (s. Joh. 1,29) – freiwillig, durch seine Gnade, Barmherzigkeit und Güte – sodass wir ihm von ganzem Herzen dienen können, befreit von der Herrschaft der Sünde (s. Gal. 1,4; 1. Petr. 1,14-18). Sein Blut hat uns nicht nur von der Sünde gereinigt (s. 1. Joh. 1,7), sondern befreit uns auch von der Sünde (Off. 1,5).[7] Es befreit uns aus der Tyrannei der Sünde, befähigt uns, in der Versuchung „nein" zu sagen und dem Trieb des Fleisches zu widerstehen, weiht unseren Körper und unseren Sinn dem Herrn. Das ist die Kraft des Blutes Jesu!

Die Tatsache, wiedergeboren zu sein, stellt einen endgültigen Bruch mit einem von der Sünde beherrschten Lebensstil dar. Und deshalb fragt Paulus, wie wir, die wir doch neue Kreaturen in Jesus sind, weiter in der Sünde leben können. Paulus sagt, wir können es eben nicht! „Denn wenn ihr nach dem Fleisch lebt, so werdet ihr sterben, wenn ihr aber durch den Geist die Handlungen des Leibes tötet, so werdet ihr leben" (Röm. 8,13). Das ist eine brutale Sprache, ohne Wenn und Aber. Wir sollen die Sünde schonungslos behandeln, indem wir ihre Macht in unserem Leben absterben lassen – töten, zerstören, schlachten. Der puritanische Theologe John Owen hat es einmal so ausgedrückt:

> Wenn man einen Menschen oder ein anderes Lebewesen tötet, bedeutet das, ihm das Prinzip seiner Stärke, Kraft und Macht wegzunehmen, sodass er keine eigenen Handlungen aus sich selbst heraus mehr durchführen, ausführen oder hervorbringen kann. Innewohnende Sünde wird mit einer Person verglichen, einer Person, genannt „der alte Mensch", mit seinen Fähigkeiten und Eigenschaften, seiner Weisheit und Kraft, seinem Scharfsinn, seiner Stärke; dies, so sagt der Apostel, muss getötet, zu Tode gebracht werden, es muss absterben – das heißt, seine Kraft, sein Leben, seine Stärke und Macht, etwas zu bewirken, muss vom Heiligen Geist weggenommen werden.[8]

Das Wort beruft uns, der Sünde in unserem Leben den Krieg zu erklären. Waffenstillstand ist nicht möglich!

Als sich bei den Korinthern, auf Grund ihrer Verleugnung der späteren Auferstehung, Weltlichkeit einschlich, hat Paulus sie ernst ermahnt: „Irrt euch nicht: Böser Verkehr verdirbt gute Sitten. Werdet rechtschaffen nüchtern und sündigt nicht, denn manche sind in Unwissenheit über Gott; zur Beschämung sage ich es euch" (1.Kor. 15,33.34). Die Warnung an die Hebräer ist noch eindringlicher:

> Denn wenn wir mutwillig sündigen, nachdem wir die Erkenntnis der Wahrheit empfangen haben, bleibt kein Schlachtopfer für Sünden mehr übrig, sondern ein furchtbares Erwarten des Gerichts und der Eifer eines Feuers, das die Widersacher verzehren wird (Hebr. 10,26.27).

Es ist eine Sache, zu kämpfen; das tun alle von uns. Aber es ist eine andere Sache, ein absichtlicher, willentlicher Sünder zu sein. Es ist eine Sache, auszugleiten und hinzufallen; wer tut das nicht? Aber es ist eine andere Sache, gewohnheitsmäßig und bewusst „ja" zum Fleisch und „nein" zum Geist zu sagen. Wer so lebt – als absichtlicher, willentlicher, freiwilliger, ständiger Sünder –, benimmt sich wie ein Feind Gottes, nicht wie sein Freund – oder sein Diener. Wie könnte der ihn wahrhaftig „Herr" nennen? (s. Lukas 6,46, Matth. 7,21-23).

Sogar der Apostel Johannes, der doch dafür bekannt ist, dass er Gottes Liebe betont, findet starke Worte darüber, wenn jemand in der Sünde wandelt:

> Jeder, der in ihm bleibt, sündigt nicht; jeder, der sündigt, hat ihn nicht gesehen noch ihn erkannt … Wer die Sünde tut, ist aus dem Teufel, denn der Teufel sündigt von Anfang an … Jeder, der aus Gott geboren ist, tut nicht Sünde, denn sein Same bleibt in ihm; und er kann nicht sündigen, weil er aus Gott geboren ist. Hieran sind offenbar die Kinder Gottes und die Kinder des Teufels: Jeder, der nicht Gerechtigkeit tut, ist nicht aus Gott, und wer nicht seinen Bruder liebt (1. Joh. 3,6; 8-10).[9]

Also ist klar, dass Johannes nicht sagt, dass jeder, der vorgibt, ein Gläubiger zu sein und nur noch ein einziges Mal sündigt, nicht wirklich errettet ist. Natürlich nicht! Schließlich hat Johannes auch diese bekannten Verse geschrieben:

> Wenn wir sagen, dass wir keine Sünde haben, betrügen wir uns selbst, und die Wahrheit ist nicht in uns. Wenn wir unsere Sünden bekennen, ist er treu und gerecht, dass er uns die Sünden vergibt und uns reinigt von jeder Ungerechtigkeit. Wenn wir sagen, dass wir nicht gesündigt haben, machen wir ihn zum Lügner, und sein Wort ist nicht in uns. Meine Kinder, ich schrei-

> be euch dies, damit ihr nicht sündigt; und wenn jemand sündigt – wir haben einen Beistand bei dem Vater: Jesus Christus, den Gerechten. Und er ist die Sühnung für unsere Sünden, nicht allein aber für die unseren, sondern auch für die ganze Welt (1. Joh. 1,8-2,2).

Gott sei Dank, jemand kümmert sich um unsere Sünde – bevor wir gerettet sind und nachdem wir gerettet sind. Wenn wir sagen, wir sind ohne Sünde, sind wir betrogen und leugnen das Zeugnis Gottes. Also müssen wir ihm unsere Sünden bekennen und er wird so treu sein, uns rein zu waschen. Und obwohl es Gottes Wille ist, dass wir *nicht* sündigen, vertritt Jesus unseren Fall vor dem Vater, wenn wir sündigen (und das werden wir). Er ist unser Anwalt!

Dies sind gewiss ruhmreiche Wahrheiten und sie geben mir in meinem Leben täglich Trost und Ermutigung. Aber ich fürchte, viele von uns legen die Betonung nicht dorthin, wo sie hingehört. Siehst du, Johannes hat für unsere Sünden keine Entschuldigung gesucht, er hat uns weder einen Freibrief für die Sünde gegeben, noch hat er die Sünde leichtfertig abgehandelt. Es war die Sünde, die den von Johannes geliebten Erlöser ans Kreuz genagelt hat. Denk dran, Johannes war ein Augenzeuge. Es gab nichts, das Johannes mehr hasste als die Sünde. Der Gesamtzweck dieses ersten Briefes war es, seine Leser dazu aufzurufen, sich auf ihrem Weg mit dem Herrn nach mehr auszustrecken. Also ermutigte er sie zur Heiligkeit, so wie ein Vater seine Kinder liebevoll ermahnen würde und sie herausfordern würde, einen Fuß vor den anderen zu setzen, zu wachsen und zu reifen und sich zu entwickeln, ja sie auch ermutigen würde, wenn sie versagen.[10]

Aber du darfst das nicht verwechseln. Johannes hat die Betonung auf das Wachsen gelegt, nicht auf das Versagen. Und kein ehrlicher Leser des ersten Johannesbriefes würde nur einen Augenblick glauben, dass er seinen Lesern mitteilen wollte, es wäre in Ordnung, ungehemmt zu sündigen, solange sie nur ihre Sünden immer schön bekennen. Wohl kaum! Stattdessen bestätigt 1. Joh. 1,9 die Worte der Sprüche 28,13: „Wer seine Verbrechen zudeckt, wird keinen Erfolg haben; wer sie aber bekennt und lässt, wird Erbarmen finden."

Aus dem Rest des ersten Johannesbriefs wird dies vollkommen klar: Er betont und wiederholt, dass das Leben der Gläubigen sich radikal von dem der Ungläubigen unterscheiden muss. Die Ersteren leben im Licht, die Letzteren in der Dunkelheit. Die Ersteren wandeln in der Wahrheit; die Letzteren in der Lüge. Die Gerechten tun was Recht ist. Sie sind Kinder Gottes, voller Liebe, und sie überwinden den Bösen. Die Ungerechten tun was Unrecht ist. Sie sind Kinder des Teufels, voller Hass, und sie sind unter der Macht des Bösen (s. 1. Joh. 5,19).

Tatsächlich spricht Johannes, unmittelbar nachdem er uns gelehrt hat, dass Jesus unseren Fall vor dem Vater vertritt, wenn wir sündigen, von folgendem:

> Und hieran erkennen wir, dass wir ihn erkannt haben: wenn wir seine Gebote halten. Wer sagt: Ich habe ihn erkannt, und hält seine Gebote nicht, ist ein Lügner, und in dem ist nicht die Wahrheit. Wer aber sein Wort hält, in dem ist wahrhaftig die Liebe Gottes vollendet. Hieran erkennen wir, dass wir in ihm sind. Wer sagt, dass er in ihm bleibt, ist schuldig, selbst auch so zu wandeln, wie er gewandelt ist (1. Joh. 2,3-6).

Es ist also wahr, dass Johannes uns nicht erzählt, wie wir solch ein Leben führen können, sondern er erzählt uns, dass wir so leben sollen. Schließlich unterstrich er nur die Maßstäbe, die Gott schon im Alten Testament Jahrhunderte vorher festgelegt hatte – geistliche Maßstäbe, die Jesus und seine Nachfolger noch ernster sahen (siehe die Bergpredigt als bestes Beispiel dafür).

Durch den Propheten Jesaja sprach der Herr: „Wascht euch, reinigt euch! Schafft mir eure bösen Taten aus den Augen, hört auf, Böses zu tun!" (Jes. 1,16.17). Der Psalmist fragte: „Wer darf hinaufsteigen auf den Berg des Herrn und wer darf stehen an seiner heiligen Stätte?" (Ps. 24,3). Seine Antwort war direkt und klar: „Der unschuldige Hände und ein reines Herz hat, der seine Seele nicht auf Falsches richtet und nicht schwört zum Betrug" (Ps. 24,4). Das ist der Mensch, der in Gottes Gegenwart leben kann.

Tatsächlich überbringen alle Propheten einstimmig dieselbe Botschaft vom Herrn an sein auserwähltes Volk: „Kehrt um von euren bösen Wegen und bewahrt meine Gebote, meine Ordnungen, dem ganzen Gesetz gemäß, das ich euren Vätern geboten und das ich euch durch meine Knechte, die Propheten, gesandt habe!" (2. Kön. 17,3). Jetzt können wir durch den Geist die Anforderungen des Gesetzes erfüllen (s. Römer 8,1-4; 6,12-14). Jetzt ist die Heiligkeit auf unsere Herzen geschrieben (s. Hebr. 8,10; 10,16; Hes. 36,26.27).

Heiligkeit ist keine Option.
Wir sind dazu berufen, ein heiliges Leben zu führen.
Alles andere ist Ungehorsam.

Aber Heiligkeit ist keine Option. Wir sind dazu berufen, ein heiliges Leben zu führen, und das bedeutet, es ist ein göttlicher Befehl. Alles andere ist Ungehorsam. Deshalb legt die Schrift eine so starke Betonung auf dieses Thema: „Jagt dem Frieden mit allen nach und der Heiligung, ohne die niemand den Herrn schauen wird; und achtet darauf, dass nicht jemand an der Gnade Gottes Mangel leide, dass nicht irgendeine Wurzel der Bitterkeit aufsprosse und euch beunruhige und die vielen durch diese verunreinigt werden" (Hebr. 12,14.15). Es ist unser Leben, das davon abhängt.

Es stellt sich erneut die Frage: Wie können wir dies tun? Dies ist eigentlich ein Hauptzweck dieses Buches. Es wurde entwickelt, um dir dabei zu helfen, heilig zu sein, um dir den Weg aus der Befreiung von Bindungen durch das Fleisch zu zeigen, um dir einen Schlachtplan für dein Leben zu geben. So viel ist nun klar: Laut dem Wort sollte die Sünde, die doch in unserem Leben die Regel war – die meisten von uns taten was sie wollten und dachten dabei wenig oder gar nicht an Gott –, jetzt die Ausnahme der Regel sein. Jetzt leben wir, um unserem Meister zu gefallen.

Wir, die wir doch vom Tode zum Leben versetzt wurden und von der Macht des Satans unter die Herrschaft Gottes (s. Kol.1,13; Apg. 26,18), wachsen also in der Gnade und der Erkenntnis des Herrn Jesus (s. 2. Petr. 3,18), nehmen an Heiligkeit in der Furcht Gottes zu (s. 2. Kor. 7,1).[11] Es ist wahr, dass wir in einem andauernden, täglichen Kampf mit der Sünde stehen. Aber wir sind keine Sklaven der Sünde mehr! Wir sind nun Sklaven der Gerechtigkeit, und die Sünde darf uns nicht länger beherrschen.[12]

Das große Problem in der Kirche ist heute, dass wir unseren Ungehorsam auf die leichte Schulter nehmen und unsere Sünden großzügig entschuldigen. Wir leben so, als ob Gott eigentlich von uns erwarten würde, seine Anweisungen ständig zu missachten und seine Maßstäbe zu ignorieren, als ob chronischer Ungehorsam die erwartete

Norm für einen wiedergeborenen Gläubigen sei. Jesus sagte: „Wahrlich, wahrlich, ich sage euch: Jeder, der die Sünde tut, ist der Sünde Sklave. Der Sklave aber bleibt nicht für immer im Haus; der Sohn bleibt für immer. Wenn nun der Sohn euch frei machen wird, so werdet ihr wirklich frei sein" (Joh. 8,34-36). Ich bin überzeugt, dass dies die Wahrheit ist!

Die gute Nachricht ist, dass der Herr unseren Rahmen versteht, und er beruft uns nicht, etwas zu tun, das wir nicht tun können. Er befiehlt uns nicht, wie Vögel zu fliegen oder wie Fische zu schwimmen, wenn wir eigentlich gar keine Vögel oder Fische sind. Er befiehlt uns nicht, wie die Engel im Himmel zu leben, wenn wir eigentlich Sterbliche sind, die hier auf der Erde leben. Aber wenn Jesus sagt, dass wir frei sein können von der Sünde, wenn Paulus uns sagt, dass wir der Sünde gestorben sind, wenn Johannes uns anweist, die Sünde zu überwinden, dann können wir irgendwie, auf irgendeine Weise, durch Gottes bevollmächtigende Gnade, dies auch tun.

Es ist vollkommen möglich, eine Leben zu führen, das gekennzeichnet ist von Gehorsam statt von Ungehorsam, ein Leben beherrscht vom Geist und nicht vom Fleisch, ein Leben unter der Herrschaft Gottes und nicht unter der Herrschaft des Teufels. Tief in dir weißt du doch, dass das die Wahrheit ist, oder nicht? Sogar wenn du dich im Moment in einem schrecklichen Kampf befindest, bezeugt doch etwas in dir diese Wahrheit der Schrift, und etwas sagt dir, dass du frei sein kannst. Wir wollen zurück zum Wort Gottes gehen.

Paulus erinnerte die Kolosser an ihren wahren geistlichen Zustand: „... denn ihr seid gestorben, und euer Leben ist verborgen mit dem Christus in Gott" (Kol. 3,3). Was erfordert dies ganz praktisch? Die Antwort ist einfach und klar:

> Tötet nun eure Glieder, die auf der Erde sind: Unzucht, Unreinheit, Leidenschaft, böse Lust und Habsucht, die Götzendienst ist. Um dieser Dinge willen kommt der Zorn Gottes. Darin seid auch ihr einst gewandelt, als ihr in diesen Dingen lebtet. Jetzt aber legt auch ihr das alles ab: Zorn, Wut, Bosheit, Lästerung, schändliches Reden aus eurem Mund. Belügt einander nicht, da ihr den alten Menschen mit seinen Handlungen ausgezogen und den neuen angezogen habt, der erneuert wird zur Erkenntnis nach dem Bild dessen, der ihn erschaffen hat (Kol. 3,5-10).

Weil wir unserem alten Leben abgestorben sind und jetzt ein neues Leben in Jesus führen, müssen wir alles abtöten – da ist sie wieder, diese brutale Sprache! – was zum alten irdischen Leben gehört, und den neuen Menschen anziehen. Und beachte, dass dies ein Befehl ist, keine Möglichkeit. Es ist eine Anweisung an alle Gläubigen, nicht ein vorgeschlagenes Ziel für die Superheiligen. Dies ist unsere Berufung in Gott, unser geistlicher und moralischer Ruf, unser angemessenes Verhalten. Wir legen das Kleid des Fleisches und der Welt ab und ziehen uns selbst das Kleid der Gnade an:

> Zieht nun an als Auserwählte Gottes, als Heilige und Geliebte: herzliches Erbarmen, Güte, Demut, Milde, Langmut. Ertragt einander und vergebt euch gegenseitig, wenn einer Klage gegen den anderen hat; wie auch der Christus euch vergeben hat, so auch ihr. Zu diesem allen aber zieht die Liebe an, die das Band der Vollkommenheit ist (Kol. 3,12-14).

Das Leben, zu dem wir berufen sind, ist schön, rein, sauber, gerecht und heilig. Das Leben, das wir hinter uns lassen, ist hässlich, unrein, dreckig, ungerecht und unheilig. Das meint Gott, wenn er uns dazu beruft, mit der Sünde aufzuhören: Brich mit dem Alten und wandle im Neuen, bring deinen Leib als lebendiges Opfer, heilig und gottgefällig, dar, und füge dich nicht länger in das Muster der Welt ein, sondern lass dich durch die Erneuerung deines Geistes verwandeln (s. Röm. 12,1.2). Es gibt kein akzeptables Mittelding.

Als John Wesley dies schon früh in seinem Leben begriff, traf er eine unumgängliche Folgerung:

> Sofort beschloss ich, mein ganzes Leben Gott zu weihen, alle meine Gedanken, Worte und Taten; ich war durch und durch überzeugt, dass es nichts dazwischen gab, sondern dass jeder Bereich meines Lebens (und nicht nur ein Teil davon) entweder Gott oder mir, und das hieße, dem Teufel, geopfert werden müsste. Gibt es eine ernsthafte Person, die daran zweifelt, oder die einen Mittelweg zwischen dem Dienst an Gott oder dem Dienst am Teufel findet?[13]

Diese beiden Dinge sind so wenig zu vereinbaren wie Licht und Dunkelheit, die Teilung zwischen ihnen ist grenzenlos und ewig (s. Matth. 6,24). Deshalb ruft uns der Herr zu einer strikten Trennung von der Sünde auf:

> Denn dies ist Gottes Wille (nicht sein Vorschlag!): eure Heiligung, dass ihr euch von der Unzucht fern haltet, ... Denn Gott hat uns nicht zur Unreinheit berufen, sondern in Heiligung. Deshalb nun, wer dies verwirft, verwirft nicht einen Menschen, sondern Gott, der auch seinen Heiligen Geist in euch gibt (1. Thess. 4,3.7.8).[14]
>
> Liebt nicht die Welt noch was in der Welt ist! Wenn jemand die Welt liebt, ist die Liebe des Vaters nicht in ihm; denn alles, was in der Welt ist, die Lust des Fleisches und die Lust der Augen und der Hochmut des Lebens, ist nicht vom Vater, sondern ist von der Welt (1. Joh. 2,15.16).
>
> Unzucht aber und alle Unreinheit oder Habsucht sollen nicht einmal unter euch genannt werden, wie es Heiligen geziemt; auch Unanständigkeit und albernes Geschwätz und Witzelei, die sich nicht geziemen, stattdessen aber Danksagung. Denn dies sollt ihr aber wissen und erkennen, dass kein Unzüchtiger oder Unreiner oder Habsüchtiger – er ist ein Götzendiener – ein Erbteil hat in dem Reich Christi und Gottes (Eph. 5,3-5).

Wir müssen in dieser Welt leben, als würdige Bürger des Königreichs Gottes, wenn wir dieses Königreich, das in die Welt kommen soll, ererben wollen. „Gerettet" zu sein ist mehr als nur eine Eintrittskarte in den Himmel; es ist der Reisepass für ein brandneues Leben hier auf dieser Erde. Tatsächlich wird uns die Eintrittskarte ohne den Reisepass nichts nützen! John Owen hat dies deutlich formuliert:

> Es gibt keine Vorstellung, von der sich der Mensch so täuschen lässt, keine, die törichter ist oder verderblicher als diese – dass Menschen, die nicht gereinigt, nicht geheiligt sind, die in ihrem Leben keine Heiligung erfuhren, danach in den Zustand der Seligkeit kommen sollten, der in der Freude an Gott besteht ... Solche Menschen können sich weder an Gott freuen, noch würde Gott für sie eine Belohnung sein ... Heiligkeit wird wirklich

> im Himmel vollkommen: aber ihr Anfang ist unausweichlich an diese Welt gebunden … Er führt niemanden in den Himmel, den er nicht auf dieser Erde geheiligt hat. Dieses lebende Haupt lässt keine toten Glieder zu.[15]

Der Himmel ist die Heimat der Heiligen. Das Ende der Bibel zeigt dies deutlich. (Wirklich, die Verse der Offenbarung sind einfach zu deutlich für fleischliche Bequemlichkeit. Lies sie sorgfältig, bewusst und im Gebet.)

> Wer überwindet, wird dies erben, und ich werde ihm Gott sein, und er wird mir Sohn sein. Aber den Feigen und Ungläubigen und mit Gräueln Befleckten und Mördern und Unzüchtigen und Zauberern und Götzendiendern und allen Lügnern ist ihr Teil in dem See, der mit Feuer und Schwefel brennt, das ist der zweite Tod … Und alles Gemeine wird nicht in sie (die Stadt des Neuen Jerusalems) hineinkommen, noch derjenige, der Gräuel und Lüge tut, sondern nur die, welche geschrieben sind im Buch des Lebens des Lammes (Offb. 21,7.8.27).

Die, deren Namen in diesem Buch geschrieben stehen, wurden durch sein Blut radikal verändert. Sie werden nicht unter den Übeltätern und Sündern gefunden werden. Das ist ein wichtiges Thema des vorletzten Kapitels der Schrift und wird noch einmal im letzten Kapitel wiederholt:

> Glückselig, die ihre Kleider waschen, damit sie ein Anrecht am Baum des Lebens haben und durch die Tore in die Stadt hineingehen! Draußen sind die Hunde und die Zauberer und die Unzüchtigen und die Mörder und die Götzendiener und jeder, der die Lüge liebt und tut (Offb. 22,14.15).

Die Trennung wird ewig sein. Deshalb wird uns die Ermahnung gegeben: „Wer Unrecht tut, tue noch Unrecht, und der Unreine verunreinige sich noch, und der Gerechte übe noch Gerechtigkeit, und der Heilige heilige sich noch“ (Offb. 22,11). Jesus wird uns nach unseren Taten belohnen (s. 2. Kor. 5,10; Röm. 14,11.12; 1. Kor. 4,5; Matth. 25,14-30).

Es ist von höchster Wichtigkeit, dass wir den absoluten Unterschied zwischen den Werken des Fleisches und der Frucht des Geistes erkennen. Wir sollten nichts mit dem Ersteren und alles mit der Letzteren zu tun haben, unser Leben sollte gekennzeichnet sein von einem Verhalten und einer Einstellung, die vom Geist geführt sind und das Fleisch gekreuzigt haben.

Ja, es *gibt* einen Konflikt zwischen dem Fleisch und dem Geist, aber das Leben in Jesus ist gekennzeichnet von dem *Sieg* des Geistes über das Fleisch. Das ist eine der Herrlichkeiten des neuen Bundes. Unser ganzes Wesen wurde verändert:

> Offenbar aber sind die Werke des Fleisches; es sind: Unzucht, Unreinheit, Ausschweifung, Götzendienst, Zauberei, Feindschaften, Hader, Eifersucht, Zornausbrüche, Selbstsüchteleien, Zwistigkeiten, Parteiungen, Neidereien, Trinkgelage, Völlereien und dergleichen. Von diesen sage ich euch im Voraus, so wie ich vorhersagte, dass die, die so etwas tun, das Reich Gottes nicht erben werden. Die Frucht des Geistes aber ist: Liebe, Freude, Friede, Langmut, Freundlichkeit, Güte, Treue, Sanftmut, Enthaltsamkeit. Gegen diese ist das Gesetz nicht gerichtet. *Die aber dem Christus Jesus angehören, haben das Fleisch samt den Leidenschaften und Begierden gekreuzigt* (Gal. 5,19-24).

Es stimmt, wir „dienten mancherlei Begierden und Lüsten … taten den Willen unserer sündigen Natur und folgten ihren Wünschen und Gedanken" (Titus 3,3; Eph. 2,3). Aber jetzt wurden wir gewaschen und erneuert (s. Titus 3,5), geheiligt und gerecht gemacht (s. 1. Kor. 6,11), gerettet aus der Herrschaft der Dunkelheit (s. Kol. 1,13), mit Christus auferweckt und mit ihm in die Himmelswelt gesetzt (s. Eph. 2,6). Deshalb soll die Sünde nicht über uns herrschen, weil wir zur Heiligkeit bevollmächtigt sind durch die Gnade Gottes (s. Röm. 6,14; Titus 2,11.12). Wir *sind* neue Kreaturen in Christus!

> Da wir dies erkennen, dass unser alter Mensch mitgekreuzigt worden ist, damit der Leib der Sünde abgetan sei, dass wir der Sünde nicht mehr dienen. Denn wer gestorben ist, ist freigesprochen von der Sünde. Wenn wir aber mit Christus gestorben sind, so glauben wir, dass wir auch mit ihm leben werden, da wir

> wissen, dass Christus, aus den Toten auferweckt, nicht mehr stirbt; der Tod herrscht nicht mehr über ihn. Denn was er gestorben ist, ist er ein für alle Mal der Sünde gestorben; was er aber lebt, lebt er Gott. So auch ihr, haltet euch der Sünde für tot, Gott aber lebend in Christus Jesus (Röm. 6,6-11).

Wir dienen nicht mehr der Sünde, sondern der Gerechtigkeit (s. Röm. 6,18). Wir wurden befreit von der Tyrannei des Fleisches und des Teufels und sind nun unter dem heiligen Joch unseres liebenden Herrn. Es ist unser ehrfurchtsgebietendes Privileg, uns selbst vorbehaltlos ihm hinzugeben – Geist, Seele und Leib.

Also sollten wir, anstatt Ausreden für die Sünde zu machen oder nach Befreiungsklauseln zu suchen, um gewohnheitsmäßige Kompromisse zu rechtfertigen, lieber Gottes Lösungen zur Überwindung unseres sündigen Lebens und seine göttlichen Fluchtwege aus unserer Bindung an das Fleisch suchen. Und anstatt entmutigt und vom Teufel niedergeschlagen zu sein, weil wir meinen, doch immer zu versagen, sollten wir zum Himmel aufschauen, in dem Wissen, dass es Gottes Wille ist, uns über die Macht des Fleisches und der Welt zu stellen. Wir *können* ein heiliges Leben führen, das vor dem Herrn annehmbar und gefällig ist!

Wenn er also zu uns sagt: „Gehe hin und sündige nicht mehr", sollten wir aufgeregt sagen: „Ja Herr! Du gehst voran und wir folgen. Das ist auch mein Wunsch!" Wir wurden zur Heiligkeit geschaffen (das ist unsere Vergangenheit), wir sind zur Heiligkeit erlöst (das ist unsere Gegenwart), und wir sind zur Heiligkeit bestimmt (das ist unsere Zukunft) – alles das bedeutet, dass die Sünde *keinen Platz* in uns hat. Sag ihr in Jesu Namen ade. Du wirst so froh darüber sein, dass du es getan hast.

6. Die kleinen Füchse verderben den Weinberg

Es liegt eine große Gefahr, ja, in vielen Fällen sogar die größte Gefahr in den kleinsten Sünden ... Größere Sünden erschrecken die Seele eher und wecken und stacheln die Seele eher zur Buße an als geringere Sünden. Kleinere Sünden schleichen sich oft in die Seele ein, vermehren sich und arbeiten heimlich und unauffällig in der Seele, bis sie so stark werden, dass sie auf der Seele herumtrampeln und ihr schließlich die Kehle durchschneiden. Oftmals liegt die größte Gefahr für unseren Körper in den geringsten Krankheiten, die uns anhängen, weil wir dazu neigen, sie auf die leichte Schulter zu nehmen und die rechtzeitige Anwendung von Mitteln zu deren Bekämpfung zu vernachlässigen, bis sie so stark geworden sind, dass sie sich für uns als tödlich erweisen.

Thomas Brooks

Wenn du mit Christus lebst, und mit Christus wandelst, und Christus siehst, und mit Christus Gemeinschaft hast, gib Acht auf „die kleinen Füchse, die den Weinberg verderben, denn unser Weinberg hat zarte Trauben".

Charles Spurgeon

Fangt uns die Füchse, die kleinen Füchse, die die Weinberge verderben; denn unsere Weinberge stehen in Blüte.

Hohelied Salomos 2,15

Drogenabhängigkeit. Pornografie. Kindsmissbrauch. Ehebruch. Mord. Alkoholismus. Sexuelle Perversion. Gewalt. Für einige Leser dieses Buches treffen diese Sünden (ich hoffe nicht alle!) schmerzlich zu. Vielleicht hast du ja dieses Buch zur Hand genommen in der Hoffnung, Befreiung und anhaltenden Sieg über eine dieser Festungen in deinem Leben zu bekommen.

Aber wenn du wie die meisten Christen bist, stellt keine dieser Sünden für dich ein größeres Problem dar. Du hast diese Themen entweder abgehandelt, als du wiedergeboren wurdest, oder hast schon vor deiner Errettung nie mit ihnen zu kämpfen gehabt. So oder so, du bist frei davon. Du bist ein hingegebener Gläubiger, dienst Gott in Reinheit und lebst ohne Verstrickung in schwere Sünde, und du findest für dich wirklich keinen Bezug zu diesen Übeln. Du bist nicht von den fleischlichen Lüsten gebunden, und so weit du es sagen kannst, bist du auch nicht abhängig von irgendetwas, das die Bibel verbietet.

Aber etwas fehlt definitiv in deinem Leben und du weißt es. Du bist lahm, dir fehlt die Leidenschaft, du bringst nur wenig Frucht, und auf deinem Weg mit dem Herrn stellt sich für dich kaum Wachstum ein. Du bist überhaupt nicht brennend und bleibst regelmäßig unter dem biblischen Maßstab, Gott von ganzem Herzen und ganzer Seele zu lieben. Die Ermahnung des Paulus an die Römer, brennend zu bleiben im Geist – wörtlich „kochend, siedend" –, scheint tatsächlich unerreichbar zu sein (s. Röm. 12,11).

Was zieht dich so herunter? Könnte es sein, dass kleine Füchse deine Weinreben verderben? So etwas kann auch tödlich sein!

Denk doch einmal so darüber: Wenn das Wesen der Heiligkeit beschrieben werden kann, als Gott mit ungeteiltem Herzen zu lieben und zu dienen, dann ist alles Sünde, was dein Herz teilt – auch wenn es in sich und an sich „neutral" ist. Dasselbe gilt für alles, was dein Herz lähmt und ablenkt. Es ist Sünde, auch wenn es aus menschlicher Sicht löblich ist, auch wenn es aus menschlicher Sicht sauber ist, auch wenn es aus menschlicher Sicht korrekt ist. Wenn es dich weglockt von der Hingabe zum Herrn oder dir deine geistliche Schärfe nimmt, ist es Sünde. Gibt es jemanden oder etwas außer dem Herrn, der oder das dein Denken oder deine Träume komplett bestimmt oder dich ablenkt? Gibt es jemanden oder etwas außer dem Herrn, der oder das deine Gedanken oder Schritte letztendlich lenkt?

Es ist eine Sache, sich seiner Familie oder Ausbildung oder Arbeitsstelle oder Karriere zu widmen. Aber es ist eine andere Sache, eines dieser Dinge über dein Verhältnis zum Herrn zu stellen. (In anderen Worten, die andere Sache kommt zuerst, Jesus kommt an zweiter Stelle – wenn überhaupt.) Es ist eine Sache, die Dinge dieser Welt zu genießen – wie die Natur, Musik oder Sport. Aber es ist eine andere Sache, sich von ihnen vereinnehmen zu lassen. Wie ist es mit dir? Gibt es etwas, das dein Herz besitzt?

Sagen wir einmal, du hast wirklich Freude am Baseball, und ein Abend die Woche (oder alle zwei Wochen, je nach deinem Zeitplan) setzt du dich mit deinem Sohn hin und siehst dir ein Spiel an. Es ist eine entspannende Zeit, eine Zeit, in der du mit deinem Sohn über das, was im Sport gerade in und out ist, plaudern kannst, und eine Gelegenheit, einigen talentierten Spielern bei dem zuzusehen, was sie am besten können. Es scheint alles vollkommen in Ordnung zu sein, und momentan kann es auch gut so sein. Aber da könnte ein kleiner Fuchs sein, der im Hintergrund lauert und auf eine Chance wartet, um deine Zeit zu stehlen und dein Herz zu teilen, indem er zuerst einen immer größeren Wunsch in dir schafft, dem Spielplan deiner Mannschaft zu folgen, und dann mit deinen Gefühlen spielt und deine Gedanken vereinnahmt.

Wie geschieht das? Nun, vielleicht war deine Mannschaft immer Letzter, aber dieses Jahr ist das anders. Sie werden in die Playoff-Runde kommen! Und nun schaust du dir plötzlich pro Woche zwei oder drei Spiele im Fernsehen an. Du lässt sogar einen Gottesdienst aus, weil ein großes Spiel übertragen wird! Jetzt liest du jeden Tag die Zeitung, schaust dir die Tabelle und die neuesten Aufstellungen an.

Wenn deine Mannschaft gewinnt, bist du in Hochstimmung, voller Freude und Aufregung. Wenn sie verliert – besonders bei einem harten, knappen Spiel – bist du niedergeschlagen und deprimiert, sogar grantig und antriebslos. Baseball hat von deinem Herzen Besitz ergriffen! Ein kleiner Fuchs hat deinen Weinstock beschädigt. Wenn du betest, denkst du an Baseball. Wenn du mit Leuten sprichst, sprichst du über Sport und nicht über das Evangelium. Wenn du Pläne machst, planst du um die Spiele herum. *Deine Heiligkeit wurde kompromittiert.* Dein Herz ist nun geteilt. Du liebst die Dinge dieser Welt, und die Liebe zu Gott hat sich abgekühlt. So geht es Millionen von Gläubigen jeden Tag, besonders in unserer Gesellschaft, berauscht von Unterhaltung, übersättigt mit Sport, verrückt nach fleischlichen Dingen. Auch die „neutralen“ Dinge können zerstören.

Kleine Füchse gibt es in allen Formen und Größen, und all zu oft bleiben sie unbemerkt. Warum? Weil sie so klein sind! Vielleicht wirken sie sogar niedlich! Wenn du zum Beispiel in Internet-Pornografie verstrickt wärest, würde dir das auffallen. Wenn du deine Ehefrau schlägst, würdest dir das auffallen. Wenn du in deinem Beruf lügst, würde dir das auffallen. Wenn du dich zum Ehemann oder zur Ehefrau einer anderen Person hingezogen fühltest, würde dir das auffallen. Wenn du ausgehen würdest und wärest betrunken oder high, würde dir das auffallen. Aber einige Baseballspiele in der Woche anzuschauen, fällt dir vielleicht nicht auf. Zwei Stunden pro Tag mit der Lektüre der Zeitung zuzubringen, fällt dir vielleicht nicht auf. In jeder freien Minute deiner Zeit einem Hobby nachzugehen, oder am Haus zu arbeiten, oder deine Golftechnik zu perfektionieren, fällt dir vielleicht nicht auf. Aber ich versichere dir: Gott wird es auffallen. Ein anderer „Gott“ lauert auf seinen Platz in deinem Leben.

Ein anderer „Meister“ ruft dich beim Namen. Von wem nimmst du deine Anweisungen entgegen? Wer (oder was) bestimmt dich? Wen (oder was) betest du wirklich an?

Gib Acht auf die kleinen Füchse! Charles Spurgeon gibt uns einige dringende Warnungen:

> Christ, nimm dich in Acht davor, die Sünde auf die leichte Schulter zu nehmen. Gib Acht, dass du nicht Stück für Stück fällst. Sünde, eine Kleinigkeit? Ist sie nicht ein Gift? Wer kennt ihre tödliche Wirkung? Sünde, eine Kleinigkeit? Verderben nicht die kleinen Füchse die Trauben? Errichten nicht die kleinen Koralleninsekten einen Felsen, der ein Marineschiff zerstört? Fällen nicht kleine Hiebe hohe Eichen? Höhlen nicht die kleinen Tropfen den Stein? Sünde, eine Kleinigkeit? Sie umkränzte den Kopf des Heilands mit Dornen und stach in sein Herz! Sie ließ ihn Qual, Bitterkeit und Jammer leiden. Könntest du die kleinste Sünde in der Waage der Ewigkeit wiegen, würdest du vor ihr fliehen wie vor einer Schlange und das leiseste Auftreten des Teufels verabscheuen. Betrachte jede Sünde als etwas, das den Heiland gekreuzigt hat, und du wirst es als „außerordentlich sündig“ betrachten.[2]

Dies rückt die Dinge mit Sicherheit ins richtige Licht, oder nicht?

Es ist ja nicht so, dass wir zur Heiligkeit getrieben werden, als ob Gott so ein altmodischer Spielverderber wäre, der jedes Mal, wenn wir Spaß haben, eifersüchtig und ärgerlich wird. Auf keinen Fall! Als Paulus an Timotheus über die Gefahren der Liebe zum Geld schreibt, verwendet er sogar Sorgfalt darauf, unseren Vater als den Einen darzustellen, „der uns alles reichlich darreicht zum Genuss" (1. Tim. 6,17). So ist unser Gott! Er ist es, der jeden Vogel gemacht hat, der am Himmel fliegt, und sich jeden Fisch ausgedacht hat, der im Meer schwimmt, der die wogenden Meere geschaffen und die rasenden Stromschnellen los gemacht hat, der die mächtigen Berge geformt und sie mit Schnee weiß angestrichen hat. Er ist der Schöpfer des Schmetterlings und der Architekt der Antilope, der Eine, der jeder Blume ihr Aussehen verliehen und jeden Spatzen gemacht hat.

Er ist ein Gott der Vitalität, der Energie, des Lebens. Er ist kein Spielverderber, er ist es, der mit Freude erfüllt. Er ist nicht langweilig, sondern wunderbar. Er ist nicht düster, er ist fantastisch. Unser Gott ist in jeder Hinsicht wundervoll und nichts an ihm ist negativ – deshalb ist es auch so dumm, sich für *Dinge* zu engagieren, statt für Ihn, und so verrückt, einem anderen Meister an Stelle des Herrn zu dienen. Es ist vollkommen unverständlich, daß wir es zulassen, dass unsere Herzen geteilt sind.

Der Herr sollte für uns alles in allem sein, und was wir auch tun – sogar essen und trinken –, wir sollten es tun mit ihm in unserem Sinn, zu seiner Ehre (s. 1. Kor. 10,31; Kol. 3,17). Hochzeiten, Geburtstage und Feiertage sollten mit ihm gefeiert werden. Ferien und Familienaktivitäten sollten mit ihm genossen werden. Dem Geschäft und der Ausbildung sollte mit ihm nachgegangen werden. Beziehungen sollten unter seiner Leitung, seinem Segen und seiner Beteiligung aufgebaut werden.

Während all meiner Jahre im Herrn, wenn immer mein Herz brennend ist, wurde alles was ich getan habe oder was ich tue – im Verkauf arbeiten, mit der Familie essen gehen, studieren, Schlagzeug spielen oder Sport treiben, predigen, lehren, beten, anbeten – alles das, mit Eifer und einem echten Gefühl der Nähe Gottes getan. Der Herr und ich sind bei allem zusammen!

Aber so leben nicht immer alle von uns. Diese kleinen Füchse können so raffiniert sein. Verderben sie auch deinen Weinberg? Laufen welche frei herum und zerstören deine Reben? Du musst auf der Hut sein gegen alle Fetische und Festlegungen. Halte Ausschau nach allen Abhängigkeiten und Ablenkungen. Zuerst teilen sie dein Herz, wollen dem Herrn den ersten Platz in deinem Leben streitig machen. Dann lähmen sie dein Herz und sorgen dafür, dass du es nicht merkst, wie du nach und nach abfällst. Dann beherrschen sie dein Herz, treiben dich an, stacheln dich an, bestimmen dich. Sie sind tödlich, sie sind zerstörerisch, und sie müssen vertrieben werden. Richten sie in deinem Weinberg Verwüstung an? Es ist Zeit für eine Bestandsaufnahme.

Hier eine Aufstellung, der gerissensten kleinen Füchse unserer Gesellschaft. Nagen auch einige davon an deinen Reben? Pass gut auf:

- Sport. Gibt es wirklich einen guten Grund dafür, sich so darüber aufzuregen, wenn jemand einen Ball wirft, kickt oder fängt, und ist es wirklich so eine Sensation – scheinbar etwas von kosmischer, fast ewiger Wichtigkeit –, wenn jemand wieder einen Rekord bricht?
- Aktien. Viele Herzen steigen und fallen buchstäblich mit dem Aktienmarkt.
- Computer und Apparate. Das ist ein Fuchs, mit dem ich mich nur zu oft beschäftige.
- Autos. Entweder reizt dich vielleicht das neueste Auto oder du polierst und pflegst dein aktuelles Auto.
- Nachrichten. Wie oft hast du das Bedürfnis, die gleichen Schlagzeilen am Tag zu hören?
- Bücher. Du liest alles, bloß nicht die Bibel.
- Garten. Du verbringst Stunden auf den Knien mit Pflanzen und Gartenarbeit, aber nur Minuten auf den Knien mit Beten und Anbetung.
- Putzen. Muss denn alles im Haus blitzeblank sein?
- Essstörungen. Ein Mangel an Disziplin steckt an, und wenn du deinen Magen nicht unter Kontrolle halten kannst, wird es schwierig sein, dein Gehirn unter Kontrolle zu halten.
- Technik. Ist es wirklich notwendig, immer auf dem neuesten Stand zu sein.
- Antiquitäten. In den Himmel kannst du sie sowieso nicht mitnehmen.

- Mode. Eitelkeit, Eitelkeit, Eitelkeit.
- Dekorieren. Deine „Behausung“ hier unten wird sowieso nie perfekt sein, also warum schraubst du deine Ansprüche nicht etwas zurück.
- Dokumentationen oder Naturfilme. (Ja, auch die können sich zu einem Tick entwickeln!)
- Puzzle. Wie in aller Welt kannst du mehr Zeit täglich auf ein Kreuzworträtsel oder ein 1500-Teile-Puzzle verwenden, als auf die Schrift und das Gebet?
- Talkshows. Was wäre, wenn du Gott so viel zuhören würdest wie den Talkshow-Gästen.
- Chatrooms: So viele Stunden, so wenig Befriedigung.
- Videospiele: Sie werden nur immer besser, aufregender und machen immer mehr abhängig, also sieh besser zu, dass du jetzt die Kontrolle über sie bekommst.
- Freizeit und Ferien. Das Leben besteht nicht darin, so viel freie Zeit wie möglich zu finden.
- Filme. Wenn du überhaupt einen guten findest!
- Wetter. Ich bin sicher, dass einer der Leser dieses Buches einen Wetterprogramm-Tick hat.
- Erfolg. Welche Form er auch annimmt – im Geschäft, in der Kunst, in der Ausbildung – er kann ein harter Arbeitgeber sein, der dich immer noch eine Stufe höher treibt, immer noch eine Minute mehr deiner Zeit beansprucht, dir niemals Zeit für geistliche Dinge lässt. „Solche Sachen kannst du morgen machen“, sagt er immer.

Gib Acht auf die kleinen Füchse!

Zeichne auf, wie du eine Woche lang deine Zeit verbringst – jede Stunde, jeden Tag. Wie viel Zeit wird verschwendet? Du könntest einen Schock bekommen! Vergiss die Stunden, die du üblicherweise vor dem Fernseher und dem Videogerät verbringst; wahrscheinlich hast du diese Aktivitäten schon reduziert, weil du dich in dieser Woche selbst beobachtet hast. (Wenn nicht, könnte der Schock noch größer sein.)

Tatsache ist, dass schon der normale „Alltag“ schrecklich viel Zeit raubt. Leiter können sich in Verwaltungsangelegenheiten verzetteln und unter einer Papierflut begraben werden, obwohl das meiste davon in Wirklichkeit belanglos und unwichtig ist. Sei wachsam!

Und dann ist da noch das ganze „dumme Zeug", das uns alle angreift, wie Totoscheine ausfüllen (habe ich damit deinen wunden Punkt getroffen?) oder jedes Schreiben zu lesen, das mit Post (oder E-mail!) hereinkommt, egal, wie unwichtig es auch ist. (Also wirklich, du *musst* das nicht alles lesen. Niemand wird dich darüber prüfen!)

Reden kann auch ein gefährlicher kleiner Fuchs sein. So viel nutzloses Gerede, so viel sinnloses Gerede, so viel unerbauliches Gerede, so viel dummes Gerede. Das ist ein Hindernis für die Heiligkeit. Was glaubst du, meinte Jesus, als er sagte, „dass die Menschen von jedem unnützen Wort, das sie reden, Rechenschaft geben müssen am Tag des Gerichts" (Matth. 12,36)?[3] Wenn wir dem Rat aus Eph. 4,29 folgen würden, würde sich die Menge unserer Rede vermutlich um 50 bis 75 % reduzieren! „Kein faules Wort komme aus eurem Mund, sondern nur eins, das gut ist zur notwendigen Erbauung, damit es den Hörenden Gnade gebe." Es geht nicht nur um Tratschen oder Schimpfen oder Kritisieren oder Beklagen; solche Sünden kann man kaum als *kleine* Füchse bezeichnen. Es ist der sorglose, fruchtlose Gebrauch unserer Sprache, der so ein Problem sein kann. Deshalb ist in den Sprüchen die Zunge so ein großes Thema. Die Zunge kann buchstäblich Leben töten oder geben (s. Spr. 18,21):

> Bei vielen Worten bleibt Treubruch nicht aus; wer aber seine Lippen zügelt, handelt klug (Spr. 10,19).
>
> Wer seinen Mund behütet, bewahrt sein Leben; wer seine Lippen aufreißt, dem droht Verderben (Spr. 13,3).
>
> Da ist ein Schwätzer, dessen Worte sind Schwertstiche, aber die Zunge der Weisen ist Heilung (Spr. 12,18).[4]
>
> Wer seine Worte zügelt, besitzt Erkenntnis; und wer kühlen Geist bewahrt, ist ein verständiger Mann. Auch ein Narr, wenn er schweigt, kann als weise gelten, wenn er seine Lippen verschließt, als verständig (Spr. 17,27.28).
>
> Siehst du einen Mann, der sich in seinen Worten überhastet – für einen Toren gibt es mehr Hoffnung als für ihn (Spr. 29,20).

Der Gebrauch (oder Missbrauch) der Zunge ist gewiss etwas, an dem wir zu knabbern haben (entschuldige das Wortspiel). Wenn wir sie nicht im Zaum halten, wird sie uns im Zaum halten.

So ist es auf allen Gebieten unseres Lebens. Wir müssen uns die Frage stellen, ob die Dinge, die wir tun, uns dienlich sind (und im gleichen Sinne, dem Ziel Gottes für unser Leben dienlich sind) oder ob wir ihnen dienen. Sind sie Werkzeuge oder Götzen?

Es gab eine Zeit in meinem Leben (von den späten 70ern bis zu den frühen 80ern), wo das Lernen für mich zum Götzen wurde. Ich musste die Nummer eins auf meinem Gebiet sein. Das war mein langfristiges Ziel. Ich musste mehr Sprachen lernen. Ich musste mir mehr Stoff einprägen. Ich musste als ein Lehrer anerkannt werden. Ich musste es schaffen, dass meine Arbeiten veröffentlicht würden. Aber zu welchem Zweck? Letztendlich waren es der Stolz über das Wissen, der Götze des Lernens und die Maßstäbe dieser Welt, die mein Herz besaßen.[5] Wie dumm! Ich werde niemals auch nur ein Tausendstel lernen von dem was es zu

Wenn wir nicht aufpassen, werden die kleinen Füchse – unsere „kleinen Sünden" – uns unterkriegen

wissen gibt – nicht einmal auf „meinem Gebiet". (Eigentlich ist das Beste, was man hoffen kann, weniger unwissend als die anderen zu sein!) Ich werde niemals bei jedermann akzeptiert oder anerkannt sein (wer ist das überhaupt?). Jedes Wissen, das nicht Gott geweiht ist, wird letztendlich keinen Wert in der Ewigkeit haben. Seit 1982 sind Lernen und Wissen, Gott sei Dank, nichts weiter als Werkzeuge in meinem Leben.

Wir wollen, dass unser Lernen seinen Zwecken unterworfen ist, und dann gibt es Sinn. Wir wollen, dass unsere Talente – unsere musikalische Virtuosität, unsere sportlichen Fähigkeiten, unsere großartige akademische Leistung, unsere körperliche Stärke und Ausdauer, unser Geschäftssinn, unsere kreativen Fähigkeiten, unsere Fähigkeiten als Eltern – dem Meister übergeben werden, und dann alles, was wir haben und was wir sind, ihn erheben kann. Wozu ist es sonst gut?

Du siehst, diese Welt zerrt an uns, das Fleisch beeinflusst uns, der Teufel lenkt uns ab, und wir stehen wirklich in einem Kampf um Geistlichkeit und Hingabe. Wenn wir nicht aufpassen, werden uns die kleinen Füchse – „die kleinen Sünden" – unterkriegen. Und es ist falsch, wenn wir denken, dass nur weil wir die „großen Sünden" los geworden sind, die kleinen uns nicht mürbe machen und am Ende besiegen. (Denk an die Lilliputaner, die kleinen Leute in Gullivers Reisen). Es ist sogar so:

> Kleine Sünden können große Sünden werden.
> Kleine Sünden bremsen uns und lenken uns ab.
> Kleine Sünden lähmen uns und desensibilisieren uns.
> Kleine Sünden nehmen uns unsere Stärke und stehlen unsere Zeit.
> Kleine Sünden können leichter gerechtfertigt und entschuldigt werden, als „große" Sünden.
> Kleine Sünden vervielfachen sich schneller als „große" Sünden.

Halte Ausschau nach den kleinen Sünden!

Tatsächlich ist es eine der effektivsten Taktiken Satans, um uns in eine Position zu bringen, wo wir verletzlicher sind für größere Sünden – Sünden, die wir normalerweise nicht einmal im Traum begehen würden –, indem er uns nämlich dazu bringt, den kleineren Sünden nachzugeben. So könnte zum Beispiel der Mann, der seit einem Jahr von der Alkoholsucht frei ist und leicht der Versuchung widerstehen kann, „mit den Jungs" auszugehen und zu sündigen, vielleicht dieser Versuchung nachgeben – oder ihr sogar nachlaufen –, wenn er gerade einen fürchterlichen Krach mit seiner Frau gehabt hat, oder wenn er gerade seinen Arbeitsplatz verloren hat und entmutigt ist, oder wenn eine unerwartete Tragödie eintritt und er seinen Glauben verlor. Suche nach den kleinen Schwachpunkten! Kitte die Löcher in der Wand, bevor der Riss sich ausbreitet.

Wie Spurgeon einmal mahnte:

> Stell dann die Frage, was hat Christus von dir weggebracht? Er versteckt sein Gesicht hinter der Wand deiner Sünden. Diese Wand kann aus kleinen Kieselsteinen genauso wie aus großen Steinen gebaut sein. Das Meer besteht aus Tropfen, die Felsen sind aus kleinen Körnchen gemacht: und das Meer, das dich von Christus trennt, kann mit den Tropfen deiner kleinen Sünden gefüllt sein; und der Fels, der dein Schiff nahezu zerschlagen hat, kann durch das tägliche Arbeiten der Koralleninsekten deiner kleinen Sünden entstanden sein.[6]

Hüte dich vor Löchern in deinem geistlichen Schild, seien es Bereiche fleischlicher Faulheit oder Haltungen, die undiszipliniert sind. Und hüte dich vor allem, was dein geistliches Leben bremst – selbst wenn es in sich und an sich nicht sündig ist.

Hebräer 12 ruft uns dazu auf, dass wir „jede Bürde und die leicht umstrickende Sünde ablegen“, damit wir „mit Ausharren laufen den vor uns liegenden Wettlauf“ (Hebr. 12,1). Nicht nur die Sünde bremst und hält uns. Es gibt andere Dinge, die uns am Laufen (und Gewinnen) unseres Wettlaufs hindern, und wir müssen sie alle fallen lassen.

Ende 1982, als ich anfing, häufiger zu fasten, als ich es jemals vorher getan hatte, verdeutlichte sich ein Muster. Nach einigen Tagen des Fastens bekam ich so schlimme Kopfschmerzen und fühlte mich so schwach, dass ich vollkommen unfähig wurde. Das Problem war, dass ich, selbst wenn ich das Fasten durch eine Mahlzeit unterbrach, keine Linderung verspürte, bis ich etwas Süßes aß – insbesondere Schokolade. Weißt du, ich habe nie in meinem Leben eine Tasse Kaffee getrunken, nie eine Zigarette geraucht und nie einen Big Mac gegessen. (Der Big Mac ist für mich unwichtig, aber die meisten Leute interessieren sich dafür.) Als ich mit den Drogen aufhörte – du erinnerst dich, ich nahm Heroin, seit ich 15 war – dachte ich, ich wäre frei von jeder Sucht. Schließlich musste ich mich niemals damit befassen, das Rauchen aufzugeben oder eine Tasse Kaffee zu *brauchen.* Stattdessen stellte ich fest, dass ich ein „Schokoholic“ war, ich hatte, so lange ich zurückdenken konnte, jeden Tag meines Lebens etwas Süßes gegessen. Ich musste auch diese Gewohnheit loswerden.

Als ich mich dann erst einmal von meinem Verlangen nach Süßigkeiten befreit hatte, fing ich an, mich selbst zu disziplinieren, indem ich mir zuerst an einem Tag der Woche Süßigkeiten gestattete, und dann, mit der Ermutigung meiner lieben Frau Nancy (Gott segne sie!), mir nur noch an einem Tag des *Monats* Süßigkeiten erlaubte. Ich hielt mich, mit einigen Änderungen, einige Jahre daran, und dann wurde ich ein wenig nachlässig, denn auch dass ich mich ständig unter Kontrolle halten musste, damit ich keine Schokolade aß, wurde zur Gewohnheit. (Bedenke, dass die Ernährung für mich hier nicht das große Thema war, obwohl sie sicherlich ein wichtiges ist. Ich gehöre zu den Menschen, die würgen, wenn sie zum ersten Mal Rosenkohl essen, deshalb ist gesunde Ernährung auch etwas, an dem ich arbeite. Für mich ging der Kampf aber in erster Linie um die Disziplin.)

Über die Jahre war ich erstaunt, zu beobachten, wie der Herr meine Schokoladensünden aufdeckte – in anderen Worten, die Male, als ich einige Schokoerdnüsse verschlungen oder einen Schokoriegel mit Mandeln verdrückt hatte, nachdem ich Nancy gesagt hatte, dass ich eine Zeit lang nichts Süßes essen wollte. Manchmal trug ich meine Sünde sogar am Körper. (Diese schwer zu haltende Schokoerdnuss, die ich im Auto verloren hatte, schmolz schließlich auf meiner Hose.) Andere Male wurde ich übernatürlich erwischt. Ich sage das mit einem Augenzwinkern – aber nur zum Teil!

Eines Abends, zum Beispiel, ging ich für Nancy in unseren Lebensmittelladen am Ort Besorgungen machen, wo ich einige Artikel, die wir zu Hause brauchten, mitbrachte. Während des Einkaufs sah ich ein Angebot von Schokoladenfondant (das ist echt harter Stoff für einen früheren Schokoholic) und ich beschloss, dass ich wirklich ein Riesenstück davon nötig hatte. Das einzige Problem war, dass dies eigentlich eine Süßigkeiten-freie-Zeit für mich sein sollte. Und, als ich an der Kasse war, nahm die Kassiererin das Fondant und sagte zur mir, „Mmm, gut!" und dann – zu meinem Entsetzen – schaute sie mich an und sagte: „Eine Sünde!"

Der Herr lässt mir nicht viel durchgehen, oder? (Leider muss ich dir berichten, dass ich das Fondant trotzdem gegessen habe, obwohl ich es nicht richtig genießen konnte. Es war ja nur ein „kleines" Stück, nicht mal 3 Mark wert, um genau zu sein, also war es keine so ernste Sünde, oder?) Mal im Ernst, abgesehen vom Thema Ernährung, ich glaube, dass das Süßigkeiten-Naschen bei mir weniger mit „Sünde" zu tun hat, sondern eher mit Disziplin, damit, das Fleisch unter Kontrolle zu halten, um nicht Diener von weltlichen Gewohnheiten, egal welcher Art, zu werden. Hör' einmal, was Paulus den Korinthern schreibt:

> Wisst ihr nicht, dass die, welche in der Rennbahn laufen, zwar alle laufen, aber einer den Preis empfängt? Lauft so, dass ihr ihn erlangt. Jeder aber, der kämpft, ist enthaltsam in allem; jene freilich, damit sie einen vergänglichen Siegeskranz empfangen, wir aber einen unvergänglichen. Ich laufe nun so, nicht wie ins Ungewisse; ich kämpfe so, nicht wie einer, der in die Luft schlägt; sondern ich zerschlage meinen Leib und knechte ihn, damit ich nicht, nachdem ich anderen gepredigt, selbst verwerflich werde (1. Kor. 9,24-27).

Verstehst du, was Paulus sagen will? Zuerst erzählt er uns, dass wir in einem geistlichen Wettlauf sind (du auch?), und dass wir in unserem Wettlauf laufen sollen (wenn du im Wettlauf bist, läufst du auch?), und dass wir so schnell wir können laufen sollen, damit wir den Preis gewinnen (wenn du läufst, läufst du auch so, dass du gewinnst?). Hier ist die Rede von Disziplin, von Ziel, von Konzentration auf etwas. Da ist keine Faulheit oder Lethargie oder Schläfrigkeit oder Trägheit! Als Zweites erzählt er uns, dass Sportler, die bei Olympischen Spielen teilnehmen, ein strenges Training absolvieren – das Training ist mit der Zeit sogar noch intensiver geworden –, um den Siegeskranz (oder die Medaille) zu erlangen, die vergänglich ist.

Sportler erlegen sich selbst strenge und anstrengende Trainingszeiten auf, rackern sechs oder acht Stunden am Tag, halten monatelang eine strikte Diät, nur um ein Rennen zu gewinnen, oder einen neuen Rekord aufzustellen, oder einen Gegner zu schlagen. Sie quälen ihren Körper und versagen sich selbst die ganz gewöhnlichen Freuden des Lebens, nur um an der Spitze zu stehen. Sie joggen viele Kilometer bei strömendem Regen oder unter stechender Sonne. Sie arbeiten wochenlang hintereinander an der gleichen Bewegung, bis sie sie fehlerlos ausführen können. Einige Sportler, wie zum Beispiel Boxer, enthalten sich sogar einen Monat vor dem Wettkampf oder noch länger aller sexuellen Beziehungen, weil sie glauben, dass jede Art von sexueller Befriedigung ihre notwendige Energie verringern könnte. Ja, solche Mühen nehmen Sportler auf sich.

Aber schau dir an, was Paulus sagt: „… jene freilich, damit sie einen vergänglichen Siegeskranz empfangen, wir aber einen unvergänglichen“.[7] Ja, wir tun es – wir disziplinieren uns selbst, wir verleugnen uns selbst, wir betäuben unser Fleisch, wir sagen „nein“ zu der Welt, wir widerstehen dem Teufel – wir tun es auch. Aber in unserem Fall ist die Motivation eine viel höhere. Wir tun das, was wir tun, um einen Siegeskranz zu erringen, der für immer Bestand hat!

Lebst du so? Bist du dem Herrn so hingegeben, wie ein Berufssportler seiner Sportart oder ein Berufsmusiker seiner Musik oder ein überzeugter Geschäftsmann seinem Geld? Vielleicht ist das größere Problem in deinem Leben einfach nur mangelnde Disziplin, mangelnde Kontrolle, mangelnde Konzentration auf das Ziel. Vielleicht musst du gegenüber deinem Plan rücksichtsloser sein und dich selbst auf

Vordermann bringen. Gott weiß, wie oft ich mir diese Botschaft schon selbst gepredigt habe!

Wieder einmal sind es die kleinen Füchse – die „neutralen Dinge“ oder die „kleinen Sünden“ –, die uns mehr verletzen, als wir merken. Und erst wenn die kleinen Füchse zunehmen, alarmiert uns das, dass irgendetwas komplett verkehrt läuft. Lass es nicht zu, dass sie sich in deinem Weinberg ihre Höhle bauen, egal, wie klein sie sind. Schau ganz genau auf dein Leben und rotte die kleinen Füchse und „kleinen“ Sünden aus.

Vielleicht ist die „große Sünde“ Pornografie aus deinem Leben verschwunden, aber sehen deine Augen nach anderen Menschen in deiner Gemeinde? Vielleicht ist die „große Sünde“ der Lüge aus deinem Leben verschwunden, aber findest du es notwendig, deine Geschichten zu übertreiben und auszuschmücken? Vielleicht ist die „große Sünde“ der unverantwortlichen Trägheit aus deinem Leben verschwunden, aber ist es für dich schon schlimm, wenn du nur dreißig Minuten auf den Knien allein mit dem Herrn verbringen sollst? Vielleicht ist die „große Sünde“ der Gewalt aus deinem Leben verschwunden, aber neigst du immer noch zu Temperamentsausbrüchen und kindischem Zorn? Charles Bridges machte diese Bemerkungen über den Verlust der Kontrolle über sich selbst.

> Ein altes Sprichwort erklärte „den, der über seinem Geist herrscht“ zu einem mächtigen Eroberer (Spr. 16,32). Und mit Sicherheit werden die rühmlichsten Siege über uns selbst gewonnen oder verloren. Wer keine Kontrolle über sich selbst hat, ist eine leichte Beute für den Eindringling. Jeder kann ihn ärgern oder quälen (s. Esther 3,5.6.13). Er gibt schon dem ersten Angriff seiner ungezügelten Leidenschaften nach und bietet keine Gegenwehr; wie eine kaputte Stadt ohne Mauern, das Ziel der Verachtung (s. Neh. 1,3; 2,17). Ohne Disziplin über sich selbst wird die Versuchung eine Gelegenheit für die Sünde und treibt ihn so fürchterlich weit, wie er nie gedacht hatte. Der erste Zornesausbruch geht in die Richtung von Mord. Die Lust, nicht zu kontrollieren, führt zu Ehebruch. Die mächtigste natürliche Stärke ist nur Schwäche in dem großen Konflikt. Wie sollte solch ein Objekt unsere leiseste Leidenschaft entfachen!
>
> Aber es gibt viele Fälle dieser moralischen Schwäche,

> weniger beschämend, und doch verletzen sie die Seele. Jedem Ausbruch von Ärger, jedem Funken Stolz, der im Herzen schlummert, muss noch, bevor er sich im Verhalten oder auf der Zunge zeigt, mit Bestimmtheit widerstanden werden.[8]

Ja, jeder Ausbruch von Sünde in unserem Leben, jeder Funke des Fleisches, der in unserer Seele aufsteigt, jeder kleine Fuchs in unserem Weinberg muss komplett bereinigt und erbarmungslos verfolgt werden. Diese Geschöpfe mit dem buschigen Schwanz und den leuchtenden Augen können niedlich und harmlos wirken, aber sie sind nagende Ärgernisse und fürchterliche Räuber. Sie müssen gefangen werden, fest gehalten und getötet werden. Schließlich hängen die Zweige, an denen sie kauen, und die Ranken, die sie abreißen, an der Hauptrebe, Jesus selbst. Das ist der Grund, warum Spurgeon uns dazu drängte, mit Jesus auf die Jagd zu gehen.[9]

Also Tierschützer aus dem Weg. Diese Fuchsjagd ist für mich. Kommst du mit?

7. Keine Verdammnis!

Und kann es sein, dass ich ein Interesse
am Blut des Heilandes gewönne? Starb er für mich? –
der doch seinen Schmerz verursachte! Für mich? – der ihn zu Tode
verfolgte. Wunderbare Liebe! Wie kann es sein, dass du, mein Gott,
doch für mich starbst? Lang lag mein Geist gefangen,
in starken Fesseln der Sünde und der Dunkelheit meiner Natur:
Dein Auge verbreitete einen erquickenden Strahl;
Ich erwachte; das Verlies war von Licht überflutet;
Meine Ketten fielen ab, mein Herz war frei, Ich stand auf,
ging los und folgte dir. Keine Verdammnis fürchte ich nun.
Jesus und alles in ihm ist mein: Ich lebe in ihm, mein lebendiges
Haupt, Und bin in göttlicher Gerechtigkeit gekleidet,
Kühn trete ich zum ewigen Thron,
Und nenne durch Christus die Krone mein Eigen.

Charles Wesley
Ausgewählt aus dem Lied „And Can it Be?"

Die Rechtfertigung beschäftigt sich mit unseren
eigentlichen Sünden. Wenn wir zu ihm gehen und bereuen,
wäscht Gott die ganze Schuld und Verschmutzung von unserem Herz
und wir stehen gerechtfertigt da, wie ein neugeborenes Baby,
das noch nie eine Sünde begangen hat. Wir haben keine
Verdammnis. Wir können mit Jesus gehen und ein heiliges Leben vor
dem Herrn führen, wenn wir im Geist wandeln.

William Seymour

Kommt es oft vor, dass du dich geistlich verdammt fühlst? Hast du oft das Gefühl, du wärst ein zweitklassiger Bürger im Königreich Gottes, toleriert, aber vom Herrn kaum geliebt? Ist es für dich der Normalzustand, dich schuldig und unrein zu fühlen, egal, wie „richtig" dein Leben auch sein mag? Und bist du ein Mensch, der sich mit den Bibelpassagen „Sünder-vor-dem-Richter" identifiziert und immer eine „Weh-mir"-Haltung mit sich herumträgt, während er Probleme damit hat, zu den positiven Abschnitten der Bibel einen Bezug zu finden, die sagen: „Ich bin gerecht gemacht."

Natürlich weißt du, dass das Neue Testament lehrt, dass „es jetzt keine Verdammnis gibt für die, welche in Christus Jesus sind" (Röm. 8,1),[1] aber zu wissen, was geschrieben steht, und auch die Realität des Geschriebenen zu erfahren, sind zwei verschiedene Dinge. Dazu kommt, dass du vielleicht nicht ganz sicher bist, ob du genau weißt, was Paulus meinte, als er diese bekannten Worte schrieb. Meinte er, dass wir uns als wiedergeborene Gläubige nie mehr verdammt fühlen müssen, egal, wie wir leben, oder wollte er sagen, dass wir keinen Grund dazu haben, uns verdammt zu fühlen, solange wir ein konsequentes, gottesfürchtiges Leben führen?

Oder hat der Vers Römer 8,1 nichts mit Gefühlen zu tun? Lehrt er uns, dass keine Menge an Sünden und Ungehorsam unseren Status als im Himmel verankerte Kinder Gottes beeinflussen kann, oder lehrt er uns, dass Gläubige in der richtigen Beziehung zu Gott nicht in die Hölle verdammt werden können? Und was er uns auch lehrt, wie können wir dazu kommen, dass es von den geschriebenen Seiten in unser Herz und in unseren Geist gelangt?

Wir wissen ja, dass es einer der beliebtesten Tricks des Teufels ist, Gottes Kinder mit Entmutigung und Hoffnungslosigkeit nach unten zu ziehen und ihnen so ein Gefühl der Entfremdung von ihrem himmlischen Vater zu geben. Häufig wendet er diese Taktik bei Gläubigen an, die ein sensibles Gewissen besitzen oder denen es in ihrer Beziehung zu Gott an Sicherheit fehlt. Und dieses Gefühl von Verzweiflung, nicht zu genügen, kann schließlich zu mehr Sünde führen. Was für einen Sinn hat es denn überhaupt noch, wenn man versucht, gottgefällig zu leben?

Bei Gläubigen, die selbsbewusst und sicher sind, probiert es der Teufel genau anders herum, indem er versucht, sie mit falschen Versicherungen in den Schlaf zu lullen, ihnen erzählt, dass alles in Ordnung ist, auch wenn gar nichts in Ordnung ist (s. Jer. 6,14; 8,11)[2], sie ermutigt zu glauben, dass es keine Sündenmenge gibt, die sie begehen könnten, die jemals Gottes Haltung ihnen gegenüber ändern könnte.[3] Man braucht kein Raketenwissenschaftler zu sein, um sich auszurechnen, wie diese Denkweise zu einem Lebensstil von nachlässiger, vorsätzlich geplanter Sünde führen kann.

Natürlich sind dies Täuschungen des Teufels, aber bevor wir die Lügen Satans entlarven können und unseren Geist in der Wahrheit erneuern können, müssen wir die Wahrheit *verstehen*. In welchem Sinne sind wir „nicht verdammt" in Jesus? Und wie kann uns diese biblische Tatsache dabei helfen, die Sünde zu überwinden und uns selbst von Schuld zu befreien?

Lass uns jetzt einmal das Thema „Einmal gerettet – immer gerettet" zur Seite stellen, da dies *keine* zentrale Aussage von Römer 8,1 ist.[4] Die Frage, die wir stellen müssen, ist die: Was bedeutet eigentlich das Wort „verdammt" (griechisch: *katakrima*) in seinem Kontext des Neuen Testaments? Paulus selbst gibt uns darauf eine entschiedene Antwort, weil er der einzige Autor ist, der dieses griechische Wort im ganzen Neuen Testament verwendet, und er verwendet es nur dreimal, alle in Römer 5 und Römer 8.[5] Dadurch ist es relativ einfach, genau herauszufinden, worüber er sprach.

Natürlich ist das Hauptthema von Römer 8, vor allem in den ersten siebzehn Versen, das Gesetz (oder Prinzip) des Lebens im Geist. Durch dieses Prinzip töten wir die Untaten des Leibes und treten in einen ruhmreichen Wandel mit Gott ein. Und weil dieses Kapitel uns zeigt, wie wir das Fleisch kreuzigen und im Geist leben können – und so die Anforderungen des Gesetzes erfüllen können –, ist vollkommen klar, dass Römer 8,1 nicht geschrieben wurde, um uns die Lizenz zum Sündigen zu geben.[6] Was also hat Paulus dann gemeint, als er von „keiner Verdammnis" sprach?

Wir lassen ihn einmal selbst antworten. Er hat gerade erklärt, dass die Sünde Adams für alle den Tod gebracht hat, während die Gnade des Herrn Jesus auf alle übergeströmt ist:

> Und mit der Gabe ist es nicht so, wie es durch den einen kam, der sündigte. Denn das Urteil führte von einem zur Verdammnis, die Gnadengabe aber von vielen Übertretungen zur Gerechtigkeit. Denn wenn durch die Übertretung des einen der Tod

> durch den einen geherrscht hat, so werden viel mehr die, welche die Überschwänglichkeit der Gnade und der Gabe der Gerechtigkeit empfangen, im Leben herrschen durch den einen, Jesus Christus. Wie es nun durch eine Übertretung für alle Menschen zur *Verdammnis* kam, so auch durch eine Gerechtigkeit für alle Menschen zur Rechtfertigung des Lebens (Röm. 5,16-18).
> Also gibt es jetzt keine *Verdammnis* für die, welche in Christus Jesus sind. Denn das Gesetz des Geistes des Lebens in Christus Jesus hat dich frei gemacht von dem Gesetz der Sünde und des Todes (Röm. 8,1.2).

Adams Sünde hat uns in die Hölle verdammt, da jeder von uns seinen Fußstapfen nachgefolgt ist. Sein Fall war unser Fall, und so waren wir alle von Gott getrennt und verloren. Das Schuldurteil war gefällt und wir wurden verdammt. Aber durch Jesus sind wir gerechtfertigt und für gerecht erklärt. In ihm sind wir nicht länger verdammt! Wie James Moffar Römer 8,1 übersetzte: „Also gibt es kein Verhängnis für die, welche in Christus Jesus sind." Ja, die fleischliche Natur ist verdammenswert und durch sie sind wir verdammt, aber eine neue Macht ist an der Arbeit, eine Macht, die Leben im Geist genannt wird, und durch den Geist töten wir die sündigen Taten des Fleisches ab. „Also gibt es jetzt keine *Verdammnis* für die, welche in Christus Jesus sind." Das sind herrliche Neuigkeiten! Wenn du ein wiedergeborener Gläubiger bist, ein Kind Gottes mit dem Blut Jesu gewaschen, bist du nicht verdammt und verurteilt. Gott sagt nicht: „Zur Hölle mit dir! Geh weg von mir, du Böser!" Ganz bestimmt nicht! Er sagt: „Du bist mein! Durch meinen Sohn nehme ich dich voll und ganz an."

Und was ist, wenn du Gott den Rücken kehrst und dich selbst der Sünde hingibst? Gilt für dich dann immer noch diese Zusicherung? Untersuche die Bibel sorgfältig auf dieses Thema hin. Suche in der Schrift vom Anfang bis zum Ende: Du wirst keinen einzigen Vers finden, der gottlosen Rebellen irgendeine Zusicherung der Errettung oder Segnung gibt. Nicht einen einzigen! Sondern, wie wir schon gesehen haben, sagt Paulus geradeheraus: „... denn wenn ihr nach dem Fleisch lebt, so werdet ihr sterben, wenn ihr aber durch den Geist die Handlungen des Leibes tötet, so werdet ihr leben" (Röm. 8,13).[7] Sogar die „Fünf-Punkte-Calvinisten" stimmen dem zu: Es gibt keine Zusicherung der göttlichen Gnade für die, die willentlich Gott verlassen.[8]

Die Arminianer würden sagen, du kannst deine Errettung verlieren, indem du dich komplett und endgültig vom Herrn abwendest. Die Calvinisten würden sagen, wenn du dich komplett und endgültig vom Herrn abwendest, warst du niemals wirklich gerettet. Aber das bedeutet, dass beide, Arminianer und Calvinisten, so weit übereinstimmen: Wenn du in deinen Sünden stirbst, ohne Buße und feindlich gegenüber Gott, gehörst du zur Hölle.[9]

Ich möchte dich dringend bitten, niemandem zu glauben, der dir erzählt, dass du in deiner Sünde leben kannst, ungehemmt und unverhohlen, und eines Tages doch noch in den Himmel kommst. Wie Thomas Brooks einmal weise warnte: „Der Mensch darf nicht glauben, mit dem Teufel zu tanzen und zu Mittag zu essen, und dann mit Abraham, Isaak und Jakob im Königreich des Himmels das Nachtmahl einzunehmen“, und sagte dabei: „Viele essen das auf der Erde, was sie im Himmel verdauen.“[10]

Aber rhetorische Reden sind hier nicht angebracht. Du liest dieses Buch ja, weil du heilig sein möchtest – auch wenn du vielleicht eine härtere Herausforderung bekommst, als du erwartet hast, und auch wenn der Maßstab des Wortes ein wenig höher liegt und weniger flexibel ist, als du bisher erkannt hast. Tatsache ist, du bist ein Gläubiger und du suchst keinen Weg zurück in die Welt. (Wenn doch, haben dir sicherlich die Warnungen der vorangegangenen Kapitel einigen Stoff zum Nachdenken gegeben!)

Paulus schreibt Römer 8 an Gläubige, die dem Herrn folgen wollen und ich schreibe auch an Gläubige, die dem Herrn folgen wollen – und das bedeutet nicht perfekte Menschen, sondern ernsthafte Christen, die die Wirklichkeit der Versuchung und den täglichen Kampf mit dem Fleisch kennen. Solchen Leuten bringe ich ein Wort der Ermutigung: Es gibt keine Verdammnis für dich! Lass mich diese wundervolle biblische Wahrheit ausbreiten.

Zuerst ist es wichtig, dass du Gottes Haltung dir gegenüber verstehst: Er *möchte* dich segnen, er *möchte* Gemeinschaft mir dir für immer, er *möchte* dir Gutes tun. Er ist es, der die gesamte Initiative in der Beziehung ergriffen hat. Er beschloss, seinen Sohn in die Welt zu senden, damit er dich sucht und errettet – auch wenn Gott das Letzte war, woran du gedacht hast – und er ist derjenige, der dich immer weiter zu sich zieht. Je schlimmer du als Sünder warst, desto mehr sah er dich als idealen Kandidaten für die Errettung. Und je mehr du dich wehrst, seine Liebe als sein Kind anzunehmen, desto mehr streckt er sich nach dir aus.

Jesus kam, um nach Leuten genau wie dich Ausschau zu halten. Das ist keine leichte Sache! Es ist ein unglaubliches Ding für einen jungen Mann, wenn er erfährt, dass das Mädchen seiner Träume sich auch für ihn interessiert. Toll! Und wenn das junge Mädchen von diesem ganz besonderen jungen Mann erfährt, der jetzt überzeugt ist, dass sie für ihn die Einzige ist, kann sie kaum glauben, dass das wahr ist. Könnten wir anders empfinden, wenn wir erkennen, dass Jesus, der vollkommene, fehlerlose, gerechte Sohn Gottes, Jesus, das genaue Abbild seines Vaters, Jesus, das heilige Fleisch gewordene Wort, JESUS, seine Liebe auf uns gesetzt hat, sein Leben für uns gegeben hat und auch weiterhin jeden Tag für uns eintritt? Was können wir als Antwort geben? Welche Liebe! Wie Charles Wesley schrieb: „Wunderbare Liebe! Wie kann es sein, dass du, mein Gott, für mich sterben solltest?“[11]

Dem Herrn gefällt es sogar, uns zu lieben. Er erfreut sich daran, seine Gnade zu zeigen (s. Micha 7,17-19; ebenso Hes. 18,23; 30-32; 33,11). Er vergibt gern. Wenn du sündigst, möchte der Herr, dass du zu ihm kommst. Das wünscht er sich! Er hat es *nicht* satt, deine Stimme zu hören. Und er wünscht sich *nicht*, dass du einfach abhaust.

„Und was, wenn ich es wieder verderbe?“, fragst du. Ich sage es dir noch einmal: Er möchte lieber deine Stimme in aufrechter Buße hören – auch wenn die Buße tiefer gehen muss, als es bisher der Fall war –, als deine Stimme gar nicht zu hören. Er möchte lieber, dass du in Zerbrochenheit zu ihm zurück kommst, als dass du dich in deiner Scham verkriechst. Deshalb hat er seinem Volk durch die Propheten immer wieder gesagt: „Kehrt um zu mir!“[12] Er sucht nicht nach einer Ausrede, um dich los zu werden, noch hat er für dich eine heruntergekommene Hütte weit draußen im Himmel vorgesehen, weit genug von seinem Thron entfernt, damit er dich nicht sehen muss und du ihn nie mehr belästigst. Unsinn! *Alle* Kinder Gottes sind in seinen Augen lieb und teuer. Er wird *alle* seine Kinder in ihrer himmlischen Heimat willkommen heißen. Ich weiß, das wird vielleicht manche stören, wenn sie in ihrem Mitleid baden, aber die Schrift ist klar.[13]

„Aber ich versteh' das nicht“, sagst du. „Ich bin sogar ziemlich verwirrt. Wenn das wahr ist, was du sagst, sollte ich mich nicht ständig verdammt fühlen. Und doch tue ich es! Irgendetwas stimmt nicht!“

Nun, es könnte sein, dass du deinen Sinn mit dem Wort erneuern musst. Vergiss, wie du in deinem Herzen fühlst; hör' nicht auf das, was dein Geist dir zu sagen versucht. Glaube nur dem Wort. (Wäre es zu unverblümt, wenn ich sage: „Krieg' es in deinen Dickschädel hinein!"?) Unseren Sinn mit der Schrift zu erneuern, ist wie eine Neuprogrammierung unseres Systems. Mit der Zeit funktioniert es immer. Halte dir das Wort vor Augen, lese es, meditiere darüber, wiederhole es, proklamiere es, glaube es, empfange es. Wie Smith Wigglesworth ausrief: „Lies es durch; schreibe es auf; bete es durch; arbeite es durch; gib es weiter. Das Wort Gottes verändert einen Menschen, bis er ein Brief Gottes wird."[14]

Das Problem für viele von uns ist, dass wir das Wort Gottes treu lesen, aber wir lesen es nicht im Glauben. In anderen Worten, wir glauben nicht richtig an das, was es sagt, und empfangen es auch nicht. Zum Beispiel, wenn wir die Geschichte vom verlorenen Sohn lesen, wie er zu dem Punkt der Buße kommt und feststellt, dass er sein ganzes Leben verbaut und sein Erbe verschleudert hat. Er ist fest entschlossen, zu seinem Vater zu sagen: „Ich habe gesündigt gegen den Himmel und vor dir, ich bin nicht mehr würdig, dein Sohn zu heißen, mach mich wie einen deiner Tagelöhner" (Luk. 15,18.19). Einige von euch lesen das und sagen: „Das bin ich! Genau so fühle ich mich immer. Ich bin zufrieden, wenn Gott mich einfach wieder in der Nähe seines Hauses arbeiten lässt, auch wenn ich nie mehr ein persönliches Verhältnis zu ihm haben werde."

Aber das ist nicht der Wille des Vaters. Nein! Sondern, während der verlorene Sohn „noch fern war, sah ihn sein Vater und wurde innerlich bewegt und lief hin und fiel ihm um seinen Hals und küsste ihn zärtlich" (Luk. 15,20).

So behandelt unser Vater jeden von uns, wenn wir in wahrer Buße zu ihm umkehren. Wenn wir uns vor ihm erniedrigen und unsere Sünden bekennen und ihm erklären, dass wir unwert sind, ignoriert er uns sogar beinahe, wie der Vater des verlorenen Sohnes die Bitten seines vormals eigenwilligen Sohnes, ihn zu einem seiner Tagelöhner zu machen, ignoriert hatte. Er hatte schon das Fest im Kopf!

> Der Vater aber sprach zu seinen Sklaven: Bringt das beste Kleid her und zieht es ihm an und tut einen Ring an seine Hand und Sandalen an seine Füße; und bringt das gemästete Kalb her und

> schlachtet es, und lasst uns essen und fröhlich sein! Denn dieser mein Sohn war tot und ist wieder lebendig geworden, war verloren und ist gefunden worden. Und sie fingen an, fröhlich zu sein (Luk. 15,22-24).

Gott ist bereit, ein Fest für *dich* zu feiern, wenn du wahrhaftig von deinen Sünden umkehrst. Das lehrt uns die Schrift und das sollen wir auch glauben.

Es ist so wichtig, dass wir uns mit *diesen* Abschnitten des Wortes auch identifizieren, nicht nur mit den Stellen, die uns sagen, wie hässlich unsere Sünde ist und wie sehr der Herr sie verabscheut. Wir müssen ihm glauben, wenn er uns erzählt, wie gern er Rückfällige und hartnäckige Sünder in seinem Haus aufnimmt. Wir müssen sein Wort festhalten und unser Denken seiner Wahrheit anpassen. Du siehst, wir werden durch das Wort geheiligt (siehe Ps. 119,9; Joh. 8,31.32; 17,17), und ein Teil des Heiligungsprozesses schließt ein, dass unser Herz und Sinn in Übereinstimmung mit dem kommt, was Gottes Wort sowohl *über* als auch *für* uns sagt. Manchmal sind unsere Gefühle komplett irreführend. Es gibt sogar nur wenige Dinge, die so instabil sind wie die menschlichen Gefühle.

Der Grund dafür, dass du dich ständig „verdammt" fühlst, könnte also einfach darin liegen, dass du das, was in der Schrift geschrieben steht, nicht annimmst und vereinnahmst. Andererseits könnte es auch einen ganz anderen Grund für die unangenehmen Gefühle in dir geben.

Könnte es sein, dass der Heilige Geist dich wegen Sünde in deinem Leben, die du nicht bekannt oder nicht aufgegeben hast, beunruhigt, aber du verwechselst die Überführung von Sünde mit Verdammnis? Diese Verwechslung kann fatal sein, weil die Überführung etwas ist, das wir brauchen, wenn wir gegenüber der Sünde unsensibel geworden sind. Überführung ist gut, nicht schlecht; sie ist etwas, was uns der Himmel schickt, nicht etwas, das in der Hölle gemacht wird.

Wenn wir ohne Überführung mit der Sünde weitermachen können, ist das ein echtes Gefahrenzeichen. Entweder sind unsere Herzen so hart geworden, dass wir den Anstoß und den Tadel des Geistes nicht mehr spüren, oder noch schlimmer, der Geist hat uns einfach verlassen – ein ganz und gar schrecklicher Gedanke. Du solltest Gott dankbar sein, wenn seine Überführung von Sünde dir das Herz bricht, dich dazu bringt, ganz dem heiligen Geist nachzugeben, denn seine Zurechtweisung zu beachten, bringt immer Leben.

Vielleicht ist etwas falsch in deinem Leben und du weißt es. Und deshalb ist da dieser nagende Schmerz tief innen drin. Leider kommen viele Gläubige, die Überführung von Sünde mit Verdammnis verwechseln, vom Herrn ab, weil sie sich immer abgelehnt und deshalb deprimiert fühlen. Andere Gläubige, die ebenso Überführung von Sünde mit Verdammnis verwechseln, reagieren genau auf die gegenteilige Art und Weise, indem sie sagen: „Dieses Gefühl ist nicht von Gott. Ich weise dich zurück, Satan![15] Das ist ganz einfach Gesetzlichkeit der übelsten Art." Und an Stelle Buße zu tun, laufen sie weg.

Was ist also der Unterschied zwischen Überführung von Sünde und Verdammnis? Überführung ist wie die Arbeit des Staatsanwalts, der seinen Fall gegen den Angeklagten beweist und dessen Straftat darstellt.[16] Verdammnis ist wie der Hammer des Richters, der mit einem endgültigen, unabänderlichen Urteil „Schuldig!" heruntersaust.[17]

Die Überführung sagt: „Du hast gesündigt. Komm zurück zu mir!" Die Verdammnis sagt: „Du bist schuldig. Geh weg von mir!"

Überführung oder Verdammnis,
die Lösung ist die gleiche: Glaube an das Wort und tue, was es sagt. Es ist mehr als genug Gnade für dich da.

Wenn Gott die überführt, die noch nicht gerettet sind, tut er das, damit sie sich bekehren. Solange sie noch überführt sind, sind sie nicht hoffnungslos verdammt. Wenn Gott die Erretteten überführt, tut er das, um seine abgeirrten Heiligen zurück zu ihm zu bringen. Die Überführung von Sünde bedeutet für uns, dass wir immer noch zur Familie gehören, denn: „Wenn ihr aber ohne Züchtigung seid, deren alle teilhaftig geworden sind, so seid ihr Bastarde und nicht Söhne" (Hebr. 12,8).

Wenn wir von unserem Vater überführt und sogar gezüchtigt werden, ist das die Zeit, um zu ihm zu kommen und unsere Sünden zu bekennen, sodass wir durch das Blut Jesu Erbarmen finden und die Gnade erhalten, von der Sünde umzukehren. Aber Verdammnis ist eine ganz andere Geschichte. Hier gibt es kein Erbarmen! Es ist ein Ort, an dem die Verurteilung regiert und die Verdammnis herrscht. Das hat nichts mit uns zu tun!

Also, um es noch einmal zu sagen, wenn du wirklich in Jesus bist, bist du nicht verdammt und solltest dich deshalb auch niemals verdammt *fühlen.*[18] Entweder weigert sich dein Geist, das zu akzeptieren, was uns die Schrift sagt, oder es gibt in deinem Leben ein Muster des Ungehorsams und das Gewissen nagt in dir. So oder so, die Lösung bleibt die gleiche: Glaube an das Wort und tue, was es dir sagt. Es ist mehr als genug Gnade für dich da.

Und da ist noch etwas, das man verstehen muss, wenn man die Wahrheit von Römer 8,1 vollständig erkennen will. Auch wenn viele Gläubige das nicht wissen, wenn du gerettet bist, bist du kein „Sünder" mehr, und solltest dich auch nicht selbst für einen „geretteten Sünder" halten. Laut der Schrift sind „Sünder" die Feinde Gottes, während seine Kinder als „Heilige" bezeichnet werden.[19]

Es ist eine Sache, zu sündigen und darüber Buße zu tun, auch als ein Gläubiger; und es ist eine andere Sache, ein Sünder zu *sein.* Es ist eine Sache, etwas Schlechtes zu tun und es dann zu korrigieren; es ist eine andere Sache, schlecht zu *sein.* Es ist eine Sache, einen ehebrecherischen Gedanken zu haben und sich auf der Stelle davon abzuwenden; es ist eine andere Sache, ein Ehebrecher zu *sein.* Ich *war* schwer drogensüchtig, ich *war* ein rebellischer Snob, ich *war* ein dreckiger Sünder. Jetzt bin ich ein Heiliger – unvollkommen, aber dennoch radikal verwandelt und wunderbar verändert. Sünde ist nicht mehr die Regel in meinem Leben, sie ist die Ausnahme der Regel. Jetzt ist es meine Gewohnheit, für Gott zu leben, während es vorher meine Gewohnheit war, zu sündigen.

Greift das vielleicht eine deiner Kirchentraditionen an, Traditionen, die dich lehrten, dich selbst als „Sünder" zu betrachten? Dann müssen diese Traditionen in Frage gestellt werden![20] Schau dir diesen representativen Auszug, aus dem was das Wort Gottes zu dem Thema sagt, an, und entscheide dann selbst. Du kannst in deiner deutschen Konkordanz unter dem Wort „Sünder" nachschlagen. Oder du kannst in deiner hebräischen Konkordanz unter dem Wort *hote'* (von der Wurzel *hata', chata',* was Sünde bedeutet) oder in der griechischen Konkordanz unter dem Wort *hamartalos* suchen. Du wirst überrascht sein, was du findest. Lass uns zuerst die Psalmen betrachten:

Glücklich der Mann, der nicht folgt dem Rat der *Gottlosen*, den Weg der *Sünder* nicht betritt und nicht im Kreis der *Spötter* sitzt, … Darum bestehen *Gottlose* nicht im Gericht, noch *Sünder* in der Gemeinde der *Gerechten* (Ps. 1,1.5).

Raffe meine Seele nicht weg mit den *Sündern*, noch mein Leben mit *Blutmenschen*, an deren Händen Schandtat und deren Rechte voll Bestechung ist! Ich aber wandle in meiner *Lauterkeit*. Erlöse mich und sei mir gnädig (Ps. 26,9-11)!

Achte auf den *Rechtschaffenen* und sieh auf den *Redlichen*; denn die Zukunft für einen solchen ist *Frieden*; die von Gott *Abgefallenen* aber werden allesamt vertilgt, die Zukunft der *Gottlosen* wird abgeschnitten (Ps. 37,37.38).

Lass mir wiederkehren die Freude deines Heils, und stütze mich mit einem willigen Geist! Lehren will ich die von dir *Abgefallenen* deine Wege, dass die *Sünder* zu dir umkehren (Ps. 51,14.15)!

Möge ihm gefallen meine Rede! Ich, ich freue mich in dem Herrn! Die *Sünder* sollen verschwinden von der Erde und die *Gottlosen* nicht mehr sein. Preise den Herrn, meine Seele! Halleluja (Ps. 104,34.35)!

Aus diesen Versen geht ganz klar hervor, dass die Sünder die „Schlechten" sind, während die Gerechten die „Guten" sind. Gläubige, die diese Verse lesen, wissen sofort, auf welcher Seite sie stehen und mit wem sie sich identifizieren. Unser Platz ist bei den Frommen, den Erlösten, den Rechtschaffenen, den Geretteten; nicht bei den Gottlosen, den Spöttern, den Abgefallenen, den Sündern.

Jetzt zu dem, was die Sprüche sagen:

Mein Sohn, wenn *Sünder* dich locken, so folge ihnen nicht (Spr. 1,10)!

Wenn dem *Gerechten* auf Erden vergolten wird, wie viel mehr dem *Gottlosen* und *Sünder* (Spr. 11,31, vgl. 1. Petr. 4,18)!

Die *Gerechtigkeit* behütet die *Vollkommenheit des Wandels*, aber die *Gottlosen* bringt die *Sünde* zu Fall (Spr. 13,6).

Unheil verfolgt die *Sünder*, aber Glück belohnt die *Gerechten*. Der *Gute* vererbt auf Kindeskinder, aber das Vermögen des *Sünders* wird aufbewahrt für den *Gerechten* (Spr. 13,21.22).

> Dein Herz eifere nicht gegen die *Sünder*, sondern um die Furcht des Herrn jeden Tag (Spr. 23,17)!

Noch Fragen dazu? Offensichtlich nicht. Die Bedeutung der Worte ist zu klar, als dass man sie missverstehen könnte. Gelobt sei Gott, wir sind weder Sünder, noch folgen wir ihren Wegen. Wir sind gerecht – und in einem Buch wie dem der Sprüche heißt das, unser Verhalten ist gerecht. In anderen Worten, „gerecht" zu sein meint unser Verhalten und unsere Taten, nicht nur unseren Zustand vor Gott (d. h. durch den Glauben angenommen). Gottlosigkeit ist nicht unser Schicksal, wir fürchten Gott und meiden das Böse (z.B. siehe Spr. 3,7).

Als Nächstes wenden wir uns dem Prediger zu:

> Denn *dem Menschen, der vor ihm wohlgefällig ist*, gibt er Weisheit und Freude. Dem *Sünder* aber gibt er das Geschäft einzusammeln und aufzuhäufen, um es dem abzugeben, *der vor Gott wohlgefällig ist* (Pred. 2,26).
>
> Und ich fand bitterer als den Tod die Frau, die Netzen gleich ist und deren Herz Fangstricke, deren Hände Fesseln sind. *Wer Gott wohlgefällig ist*, wird ihr entrinnen, der *Sünder* aber wird durch sie gefangen (Pred. 7,26).
>
> Alles beides liegt vor ihrer Zeit, alles beides – wie bei allen Menschen. Ein Geschick [nämlich der Tod] ist für den *Gerechten* und für den *Ungerechten* bestimmt, für den *Guten* und den *Reinen* und den *Unreinen* und für den, der opfert, und den, der nicht opfert; wie der *Gute* so der *Sünder*, der, der schwört, wie der, der den Eid scheut (Pred. 9,2).

Achte auf die Unterschiede: Der Mann, der Gott gefällt, wird dem Sünder gegenübergestellt. Der Erstere wird verschont, der Letztere gerichtet. Und die Welt wird in zwei Klassen eingeteilt: die Gerechten, Guten und Reinen, und die Gottlosen, Bösen und Unreinen. Die zweite Klasse besteht aus „Sündern".

Siehst du jetzt, wie unangebracht es ist, wenn sich gerechtfertigte, erlöste Kinder Gottes selbst als Sünder bezeichnen? Auch die Propheten machen dies klar:

> Zion wird erlöst werden durch Recht und die, *die in ihm umkeh-*

> *ren*, durch Gerechtigkeit. Aber Zerbruch trifft die *Abtrünnigen* und *Sünder* alle miteinander; und *die den Herrn verlassen*, werden umkommen (Jes. 1,27.28).
>
> Siehe, der Tag des Herrn kommt, grausam mit Grimm und Zornglut, um die Erde zur Wüste zu machen; und ihre *Sünder* wird er von ihr austilgen (Jes.13,9).
>
> Die *Sünder* in Zion sind erschrocken, Zittern hat die *Gottlosen* gepackt. „Wer von uns kann sich bei verzehrendem Feuer aufhalten? Wer von uns kann sich bei ewigen Gluten aufhalten?" (Jes. 33,14).
>
> Alle *Sünder* meines Volkes werden durchs Schwert sterben, die das sagen: Du wirst das Unglück nicht herbeiführen, und bis zu uns wirst du es nicht herankommen lassen (Amos 9,10).

Freund, wenn du gerettet bist, bist du kein Sünder! Wenn du zum Herrn gehörst, bist du kein gottloser Abtrünniger. Gott will dich nicht zerstören und verwüsten. Er möchte dich befreien!

Im Neuen Testament hat Jesus die Sünder aufgenommen und sie zur Umkehr aufgerufen (s. Matth. 9,10-13; 11,19), und deshalb werden die Sünder, die Buße tun, gelobt. (Dieses Thema kommt besonders häufig im Lukasevangelium vor. Vgl. 7,37-50; 15,7.10; 18,9-14; 19,1-10). Aber es geht klar hervor, dass Gottes Kinder nicht länger „Sünder" sind. Stattdessen ist das Wort „Sünder" denen vorbehalten, die Gott gegenüber feindlich sind – laut Matth. 26,45 wird Jesus den Sündern überliefert - und die Gerechten werden ihnen gegenübergestellt (s. Lukas 6,32-34;[21] 7,39; 13,2).

Jesus kam, um die Sünder selbst zu rufen, damit sie nicht in ihrer Sünde bleiben sollten (denk an Zachäus), sondern damit sie verändert würden. Er kam, um ihre Krankheiten des Geistes zu heilen, nicht nur, um sich mit den Toten und Sterbenden zu umgeben.

Wenn wir uns dem Johannesevangelium zuwenden, sehen wir, dass, weil unter dem Wort „Sünder" ein Übertreter, ein Gesetzesbrecher oder ein Feind Gottes verstanden wurde, auch Jesus von den religiösen Führern seiner Zeit als Sünder bezeichnet wurde (s. Joh. 9,16). Dies führt zu einer aufschlussreichen Begegnung zwischen jenen religiösen Führern und dem blinden Mann, den Jesus gerade geheilt hatte: „Sie riefen nun zum zweiten Mal den Menschen, der blind war, und sprachen zu ihm: Gib Gott die Ehre! Wir wissen, dass dieser Mensch ein Sünder ist. Da antwortete er: Ob er ein Sünder ist, weiß ich nicht; eins weiß ich, dass ich blind war und jetzt sehe!“ (Joh. 9,24.25).

Das erinnert mich an einen Spruch, den ich oft aus dem Munde von Leonard Ravenhill gehört habe: „Ein Mann mit Erfahrung wird nie einem Mann mit Argumenten ausgeliefert sein.“ Auf keinen Fall konnten diese religiösen Führer diesem Mann seine Erfahrungen ausreden, und je mehr sie ihn unter Druck setzten, desto kühner wurder er:

> Sie schmähten ihn und sprachen: Du bist sein Jünger; wir aber sind Moses Jünger. Wir wissen, dass Gott zu Mose geredet hat; von diesem aber wissen wir nicht, woher er ist (Joh. 9,28.29).

Wirklich nicht? Also jetzt war für diesen ungebildeten, ehemals blinden Mann die Zeit gekommen, diesen Führern eine Lektion in Theologie zu erteilen:

> Der Mensch antwortete und sprach zu ihnen: Hierbei ist es doch erstaunlich, dass ihr nicht wisst, woher er ist, und er hat doch meine Augen aufgetan. *Wir wissen, dass Gott Sünder nicht hört, sondern wenn jemand gottesfürchtig ist und seinen Willen tut, den hört er.* Von Anbeginn hat man nicht gehört, dass jemand die Augen eines Blindgeborenen aufgetan habe. Wenn dieser nicht von Gott wäre, so könnte er nichts tun (Joh. 9,30-33).

Ja, dieser Mann, der auf wunderbare Weise geheilt worden war, wusste, dass Jesus kein Sünder war, weil Gott auf solche Leute nicht hört! Lies den Vers noch einmal: „Wir wissen, dass Gott Sünder nicht hört, sondern wenn jemand gottesfürchtig ist und seinen Willen tut, den hört er.“ Also frage ich dich, bist du ein Sünder, oder bist du ein frommer Mann oder eine fromme Frau, der/die Gottes Willen tut? Wenn du Letzteres nicht mit ja beantworten kannst, stelle ich dein Verhältnis zu Gott in Frage. Wenn du sagen kannst: „Ja, das bin ich!“, dann hast du keinen Grund, dich verdammt zu fühlen. Verdammnis ist für die Sünder!

Schau dir nochmal Römer 5 an:

> Denn Christus ist, als wir nocht kraftlos waren, zur bestimmten Zeit für *Gottlose* gestorben … Gott aber erweist seine Liebe gegen uns darin, dass Christus, *als wir noch Sünder waren*, für uns gestorben ist (Röm. 5,6.8).

Und jetzt, wo wir gerettet sind, sind wir keine gottlosen Sünder mehr! Das *waren* wir einmal.

Paulus schrieb: „Denn wie durch des einen Menschen Ungehorsam die vielen in die Stellung von Sündern gesetzt worden sind, so werden auch durch den Gehorsam des einen die vielen in die Stellung von Gerechten gesetzt werden“ (Röm. 5,19; vgl. auch 1. Tim. 2,14). Uns wurde durch den Fall Adams nicht nur die Sünde zugeschrieben, sondern wir wurden tatsächlich Sünder. Jetzt wird uns die Gerechtigkeit nicht nur zugeschrieben durch den Tod und die Auferstehung Jesu, sondern wir werden auch tatsächlich gerecht.

Wir wollen noch weitere Belege dafür im Neuen Testament betrachten. In seinem Brief an die Korinther erklärte Paulus, dass die richtige Verwendung der Gabe der Prophetie einen *Ungläubigen*, der zu Gast ist, überzeugen würde, „dass er ein Sünder ist“ (s. 1. Kor. 24,24.25). Im Gegensatz dazu wehrt sich Paulus heftig gegen die Bemerkung, dass er und andere Apostel Sünder wären, da dies heißen würde, Jesus wäre ein Diener der Sünde (Gal. 2,17).[22] Weit gefehlt! Sondern Jesus, der heilige Hohe Priester, ist total getrennt von den Sündern, aber immer für uns da, um für uns, seine Familie, einzutreten (s. Hebr. 7,25.26). Verstehst du jetzt das System?

In Jakobus finden wir die einzige Stelle im Neuen Testament, wo eine Gruppe von Gläubigen als Sünder angesprochen wird.[23] Aber das kommt daher, dass diese Gläubigen abgefallen waren, mit der Welt Freund wurden und geistlichen Ehebruch begangen hatten. Sie waren fleischlich und lebten in der Sünde (s. Jak. 4,1-4). Und was sagte Jakobus ihnen?

> Naht euch Gott, und er wird sich euch nahen. Säubert die Hände, ihr *Sünder*, und reinigt die Herzen, ihr *Wankelmütigen!* Fühlt euer Elend und trauert und weint; euer Lachen verwandle sich in Traurigkeit und eure Freude in Niedergeschlagenheit. Demütigt euch vor dem Herrn, und er wird euch erhöhen (Jak. 4,8-10).

Das sind starke Worte! Jakobus sagt, dass dies nicht die Art und Weise ist, wie die Dinge laufen sollten. Nein, Gottes Leute sollten unbeirrbar, heilig und rein sein. Sind sie das nicht, ist es an der Zeit, nach Buße zu suchen, an der Zeit, zu trauern und zu weinen. Es ist eine ernste Sache, wenn Gläubige Sünder genannt werden! Solch eine Situation ruft nach Trauer und Niedergeschlagenheit. Sie kann kaum als normal bezeichnet werden (wie in „Wir sind nur eine Herde Sünder, gerettet durch die Gnade"). Das ist für den Leib Christi eine schreckliche Beleidigung. Und deshalb schließt Jakobus seinen Brief mit der folgenden Ermahnung:

> Meine Brüder, wenn jemand unter euch von der Wahrheit abirrt und jemand ihn zurückführt, so wisst, dass der, welcher einen Sünder von der Verirrung seines Weges zurückführt, dessen Seele vom Tode erretten und eine Menge von Sünden bedecken wird (Jak. 5,19.20).

Sünder sind die, die vom Pfad abirren und auf der Straße des Todes laufen. Es ist unsere Aufgabe, diese Leute zurück zum Herrn zu führen! Gott behüte, dass wir uns selbst als Sünder betrachten, oder als Sünder leben, oder zu unserem Vater als Sünder kommen.[24] Nein! Wir sind gerecht durch seine Gnade, und durch diese Gnade leben wir ein gerechtes Leben. Für uns gehört das Urteil der Verdammnis der Vergangenheit an (s. Joh. 5,24).

Natürlich muss man, wenn man sein Verhältnis zu Gott vollkommen genießen will, in respektvoller Furcht wandeln und sich selbst von Verschmutzung und Verunreinigung frei halten. Und im Licht seiner großen Liebe zu dir solltest du sorgfältig darauf achten, ihm zu gefallen, immer rasch seiner Stimme folgen und umgehend Buße tun. Auf diese Weise kannst du mit einem Gewissen leben, das rein ist und frei von Qualen des Sinnes. Wenn alte sündige Gewohnheiten wieder aufleben, musst du das ernst nehmen und dich bemühen, die Sünde aus deinem Leben zu vertreiben. Du musst der Sünde gegenüber *rücksichtslos* sein! Wenn du so bist, zeigst du dein Engagement, mit dem Herrn in Harmonie zu leben. Und, wenn du frei von Gedanken der Verdammnis bleiben willst, musst du lernen, Gott beim Wort zu nehmen. Wenn er sagt: „Ich vergebe dir und vergesse es", dann nimm es für bare Münze.

Unser Vater kann nicht lügen, und er sagt uns ausdrücklich: „Ich werfe deine Sünden in die Tiefen des Meeres. Ich entferne sie so weit von euch, wie der Osten vom Westen entfernt ist. Ich werfe sie hinter meinen Rücken. Ich lösche sie aus und werde nicht mehr an sie denken. Mein Volk, ich vergebe euch!“ (s. Ps. 51,1.9; 103,12; Jes. 38,17; 43,25; Jer. 31,34; Micha 7,19).

Auf der anderen Seite wird der Teufel dich immer anlügen und dir immer wieder sagen: „Gott vergibt dir nie. Und auch wenn er es in seinem Wort sagt, er meint es nicht wirklich. Er vergibt dir nie, was du getan hast! Er wird dich immer als dreckigen, kaputten Sünder sehen. Also gib es auf, du bist verdammt. Aus dir wird nie etwas Gutes werden.“

So spricht Jesus, der Herr, und so spricht Satan, der Lügner. Welcher Stimme glaubst du?

8. „Der Buchstabe tötet!“ – Die Gefahr einer gesetzlichen Religion

Unter Heiligkeit verstehe ich nicht das bloße Ableisten äußerlicher religiöser Pflichten, kalt abgehandelt, wie eine Pflicht; nicht unser gewohnheitsmäßiges Beten, Hören, Fasten, das sich miteinander multipliziert (auch wenn dies alles gut sein kann, wenn es einem höheren Ziel dient); sondern ich meine damit eine inwendige Seele und Grundlage des göttlichen Lebens (Römer 8,1-5), die all das inspirieren.

Ralph Cudworth

Legt den Heiligen keine Gesetze auf, wo Christus ihnen keine auferlegt hat.

Walter Cradock

Das Vorziehen gesetzlicher Regeln und Vorschriften vor moralischen und geistlichen Werten.

Definition von „Gesetzlichkeit“
aus der Enzyklopädie der Jüdischen Religion

Ein zentrales Thema dieses Buches ist, dass Gott möchte, dass sein Volk heilig ist. Niemand, der die Schrift studiert, kann für einen Moment daran zweifeln und kein wahrhaftiges Kind Gottes sollte für einen Moment daran zweifeln *wollen*. Heiligkeit ist wunderbar!

Die Puritaner haben wohl eine der Formulierungen gefunden, diese Wahrheit zu vermitteln. George Swinnock sagte: „Es gibt eine Schönheit in der Heiligkeit wie auch eine Schönheit der Heiligkeit",[1] während Joseph Caryl feststellte: „Perfekte Heiligkeit ist das Ziel der Heiligen auf der Erde, und es ist die Belohnung der Heiligen im Himmel."[2] John Whitlock sagt: „Der Weg der Christen ist Heiligkeit, sein Ende Glückseligkeit."[3] Deshalb konnte auch Oswald Chambers sagen: „Gott hat ein festgelegtes Ziel für die Menschheit – Heiligkeit! Sein einziges Ziel ist die Herstellung von Heiligen. Gott ist nicht die ewige Segnungs-Maschine für die Menschen. Er kam nicht, um die Menschen aus der Not zu erlösen. Er kam, um die Menschen zu erlösen, weil er sie zur Heiligkeit geschaffen hatte."[4]

Heiligkeit ist unser Ziel, unser Schicksal, unser Los. Sie drückt genau den Kernpunkt des Wesens und des Charakters Gottes aus und beschreibt den höchsten Grad der Geistlichkeit, die ein Mensch erreichen kann.[5] Heiligkeit ist ganz einfach wunderbar. Gewiss würde kein wahrer Gläubiger dies jemals bestreiten, oder?

Falsch! Viele Gläubige schrecken tatsächlich vor der „Heiligkeitslehre" zurück, nennen sie unbiblisch und gegen den Geist. Wie kann das sein?

Bei einigen ist es die einfache Reaktion des Fleisches. Sie wollen nicht in Frage gestellt werden. Sie wollen nicht aus ihrer Bequemlichkeit aufgerüttelt werden oder dazu berufen werden, ihr Kreuz zu tragen, und ihren eigenen Willen und die eigenen Wünsche zu verleugnen. Sie möchten nicht mit Gottes hohen Maßstäben konfrontiert werden und würden lieber in ihren behaglichen (und schmucken) Bunkern der Selbstgerechtigkeit wohnen bleiben, als herauszukommen und die Wahrheit zu hören. Sie sind wie die rebellischen Israeliten, die nicht gewillt waren, den Anweisungen des Herrn zuzuhören.

> Die zu den Sehern sagen: Seht nicht! Und zu den Schauenden: Schaut uns nicht das Richtige! Sagt uns Schmeicheleien! Schaut uns Täuschungen! Weicht ab vom Weg, biegt ab vom Pfad! Lasst uns in Ruhe mit dem Heiligen Israels! (Jes. 30,10.11)

Für solche Leute hat der Heilige Israels eine Antwort: Kehrt um – oder sonst (s. Jes. 30,12-17).

Aber für viele Gläubige, die die „Heiligkeitslehre" verschmähen, sind Rebellion, Eigenwilligkeit und Liebe der Welt überhaupt kein Problem. Das Problem für sie ist, dass sie ihre Heiligkeit mit *Gesetzlichkeit* gleichsetzen und sie bindend und nicht wunderbar finden. In ihrem Denken ist Heiligkeit ein System, das auf Furcht basiert und sich durch freudlosen Richtergeist auszeichnet und dabei Sinnlosigkeit statt Freiheit hervorbringt. Sie erleben die „Botschaft der Heiligkeit" als eine von Menschen gemachte Religionsart, bei der das Gesetz und nicht die Liebe regiert, ein bloßes Befolgen von Regeln ohne jede Beziehung. Das ist nicht Heiligkeit! Heiligkeit ist wie Jesus zu sein, in Gedanken, Worten und Werken. Wie Samuel Lucas feststellte: „Die Zusammenfassung wahrer Heiligkeit besteht aus der Übereinstimmung mit der Natur und dem Willen Gottes."[6]

Gesetzlichkeit erfasst einen Teil dieser Wahrheit, wenn man dabei richtig versteht, dass Heiligkeit von uns verlangt, Sünde und Unreinheit abzulegen und uns zur Veränderung unseres Verhaltens und unserer Einstellung aufruft. Aber Gesetzlichkeit ist eher falsch als richtig, weil sie kläglich versagt, wenn es darum geht, das Wichtigste der Heiligkeit (sie konzentriert sich auf äußere Formen und nicht auf innere Tatsachen) und den Prozess der Heiligkeit (sie betont die menschliche Anstrengung ohne die Gnade und Kraft des Heiligen Geistes) zu verstehen. Gesetzlichkeit tötet!

Vielleicht gibt es keinen modernen Autor, der mit größerer Leidenschaft gegen Gesetzlichkeit geschrieben hat, als Chuck Swindoll in seinem Buch *Die erwachende Gnade.* Ohne ein Blatt vor den Mund zu nehmen, warnt er: „Gnadenkiller laufen frei herum!" Was sie bewirken, ist, laut Swindoll, zerstörerisch und richtet bei anderen Gläubigen großen Schaden an:

> Gebunden und geknebelt durch die Liste der Gesetzlichen, was man tun und lassen sollte, eingeschüchtert und gelähmt durch die Anforderungen und Erwartungen anderer, gibt es einfach zu viele in Gottes Familie, die nur in dem engen Radius ihrer Gebundenheit existieren und dem Diktat derer unterliegen, die sich selbst zu unserem Richter und unserem Schiedsgericht ernannt haben. Lange genug haben wir wie verängstigtes Wild in

> einem beengendem Dickicht von negativen Vorschriften gelebt. Lange genug waren wir dem unterworfen, was die religiösen Bergkönige uns zu tun und zu lassen auftrugen. Lange genug schliefen wir, während um uns herum die Gnadenkiller ihre gemeinen Arbeiten in der Nacht verrichteten. Schluss damit! Es ist Zeit, aufzuwachen. Der Morgen ist von Gnade erhellt.[7]

Und das ist nur das Vorwort von Pastor Swindoll! Er widmet ein ganzes Kapitel, einem gesetzlichen Geist entgegenzuwirken und ihn aufzudecken, und bedauert dabei die Tatsache, dass so viele Gläubige dieser gefährlichen und tödlichen Art der Religion zum Opfer gefallen sind.[8]

Was genau ist Gesetzlichkeit? Sie hat mehrere verschiedene Formen, aber sie alle stammen aus der gleichen Quelle, nämlich Religion ohne Beziehung, die auf Regeln größeren Wert legt als auf den Erlöser. Einer ungeretteten Person lehrt der Gesetzliche Rechtfertigung aus den Werken, indem er sagt: „Du bist ein schlimmer Sünder und du musst all deine schmutzigen Gewohnheiten los werden, wenn du willst, dass der Herr dich annimmt." In dieser Botschaft liegt keine Gnade, keine Begeisterung über die lebensverändernde, sündenreinigende Macht des Blutes Jesu, kein deutlicher Ausspruch des Erbarmens. Die Verkündigung der Liebe Gottes, die sich am Kreuz ausdrückt, wird erstickt – wenn sie überhaupt zur Sprache kommt. Folglich wird der Beweis der Wiedergeburt fast ausschließlich darin gesehen, was jemand nicht mehr tut.

Ich will das an der amüsanten Geschichte zweier Bauern deutlich machen, die sich über das Christentum unterhielten. Einer der beiden sagte zu seinem Freund: „Ich habe gehört, du bist Christ."

„Das stimmt", antwortete der andere.

„Also, was heißt denn das, ein Christ zu sein?", fragte der neugierige Bauer.

„Na ja, ich trinke nicht, rauche nicht und ziehe nicht mit Frauen rum."

„Wenn das so ist", sagte der Freund, „muss wohl mein Esel auch Christ sein, denn er trinkt nicht, raucht nicht und zieht auch nicht mit Frauen rum!"

Das ist Gesetzlichkeit auf den Punkt gebracht, und so sieht Christentum aus der Sicht vieler Sünder aus.

Innerhalb der Gemeinde ist Gesetzlichkeit ebenfalls leicht auszumachen. Sie richtet fast ausschließlich durch Äußerlichkeiten – und wie sie richtet! –, indem sie schnell die verurteilt, die nicht unmittelbar der äußeren Norm dieser speziellen Gruppe folgen. Und allgemein gesagt, je gesetzlicher eine Gemeindegruppe ist, desto peinlicher wird sie ein oder zwei spezifische Verhaltens- oder Kleidungsgesichtspunkte betrachten und die zur Norm machen, die alles andere messen.

Eine christliche „Häubchen"-Gemeinde, zum Beispiel, wird vielleicht den Jesus-ähnlichen Charakter einer jungen, frommen, angemessen gekleideten Frau übersehen, ihren leidenschaftlichen Einsatz für die Armen ignorieren und ihr dynamisches Gebetsleben nicht beachten, nur weil sie in der Gemeinde kein Häubchen aufsetzt. Eine „King-James"-Gemeinde (d.h. eine Gemeinde, die glaubt, dass die King-James-Ausgabe die einzige englische Übersetzung ist, die von Gott akzeptiert wird) verurteilt tatsächlich andere Gläubige in die Hölle – einschließlich Missionare und sogar Märtyrer –, weil sie eine andere englische Ausgabe der Bibel lesen.[9] Wie eng und ausschließlich ist doch die Gesetzlichkeit!

Interessanterweise enden, wie Max Lucado beobachtete, Gesetzliche mit bemerkenswerter Vorhersehbarkeit „entweder in Verzweiflung oder in Hochmut". „Sie geben entweder auf oder werden hochnäsig. Sie glauben, sie schaffen es nie, oder sie glauben, sie sind die einzigen, die es jemals schaffen werden."[10] Wirklich eine treffende Zusammenfassung der zweifachen Gefahr der Gesetzlichkeit!

„Aber setzt die Bibel uns nicht hohe Maßstäbe?", fragst du vielleicht. „Ist es nicht der Sinn dieses Buches, die Gläubigen dazu aufzurufen, nach Gottes Maßstäben zu leben?"

Natürlich setzt Gott hohe Maßstäbe an, und er ruft uns dazu auf, nach diesen Maßstäben zu leben. Das Problem mit gesetzlichen Menschen ist, dass: (1) sie versuchen, eine Person äußerlich zu verändern, während Gott uns von innen nach außen behandelt; (2) sie es versäumen, ein ausgeglichenes Bild des Herrn wiederzugeben, indem sie sein Erbarmen zu wenig betonen und zu viel Gewicht auf seinen Zorn legen; (3) sie den kämpfenden Sünder (oder Gläubigen) nicht auf die übernatürliche Vollmacht des Herrn hinweisen, indem sie Heiligkeit zu einer Sache bloßer menschlicher Anstrengung machen; und (4) sie Gesetze, Maßstäbe, Gebote, Bräuche und Traditionen hinzufügen, die in der Schrift nicht zu finden sind und ihnen noch größere Wichtigkeit geben als den biblischen Geboten selbst.

Ein gesetzlicher Christ kann spottend über die herziehen, die nicht so leben wie er, und empfindet seinen Mangel an Liebe noch als gut. So ist er schnell dabei, einen liebenden, sanftmütigen Christen zu verurteilen, der eine Armbanduhr oder einen Ehering trägt. Solche Nichtigkeiten werden wichtig (auch in Fällen, wo die Nichtigkeiten rein menschliche Angelegenheiten sind, die den Herrn in keinster Weise betreffen) und die wichtigen Dinge (denen der Herr große Beachtung schenkt) werden nichtig.

Und noch bedrohlicher, weil ein gesetzlicher Christ fest davon überzeugt ist, dass er Gott einen Dienst tut, ist er voller Leidenschaft und handelt oft wie ein moderner Inquisitor. Und weil Gesetzlichkeit aus dem Fleisch kommt und nicht aus dem Geist, hält sie es für nötig, ihre Religion anderen aufzudrücken. Der gesetzliche Christ kann sich nicht im Gebet darauf verlassen, dass Gott die Menschen verändert; er muss sie selbst verändern.

All dies steht in großem Gegensatz zu der biblischen Botschaft und dem Verfahren der Heiligkeit. Die biblische Heiligkeit fängt im Herzen an und fließt aus einer Begegnung zwischen Gott und seinem Wort. Sie ruft nach Buße als Antwort auf das gnädige Angebot des Herrn unserer Erlösung, und sie bietet uns einen Weg, heilig zu sein – das Blut Jesu und der Geist Gottes. Biblische Heiligkeit ist frei, obwohl dies Disziplin und Ausdauer erfordert. Für den Gesetzlichen ist nichts frei. Alles muss verdient werden! Gesetzlichkeit führt zu Bindungen; Heiligkeit führt zu Freiheit.

Wo liegen die Wurzeln der Gesetzlichkeit? Sie entsteht leicht, wenn das Innerste der wahren Religion erkaltet, aber die äußere Form der Religion aufrecht erhalten wird. Gesetzlichkeit ist lieblos.[11] Sie erinnert sich an das, was echte Geisterfülltheit in vorangegangenen Generationen von Gläubigen bewirkt hat – eingeschlossen ein Abkehren von Sünde und das Annehmen eines heiligen Lebensstils – und legt dann diese Endergebnisse denen auf, die aber nicht die gleichen Erfahrungen gemacht haben. Und unausweichlich versucht sie, diese Maßstäbe sogar noch weiter auszudehnen und Gott zu gefallen, indem sie sogar einen noch größeren Eifer an den Tag legt als der, den die vorherige Generation gezeigt hat (oder versucht, diese Maßstäbe zu bewahren, indem sie einen Schutzwall um sie herum aufbaut).[12]

Der Dienst von Christen, der einmal aus einem Herzen feurig für Gott entstanden ist, wird nun eine Anforderung, die aus einer Gewohnheit heraus und motiviert von Furcht durchgeführt wird. Taten des Gebens und des Opferns, die einmal als natürlicher Ausdruck der Dankbarkeit gegenüber dem Herrn entstanden sind, werden nun anderen Gläubigen aufgezwängt und als Maß ihrer Geistlichkeit benutzt.

Dr. Kent Hughes formuliert das so:

> Es liegt ein Universum der Unterschiede zwischen den Motivationen, die hinter Gesetzlichkeit und Disziplin stehen. Gesetzlichkeit sagt: „Ich will diese Sache tun, um mir bei Gott etwas zu verdienen“, während die Disziplin sagt: „Ich will dies tun, weil ich Gott liebe und ihm gefallen will.“ Gesetzlichkeit hat den Menschen im Mittelpunkt; Disziplin hat Gott im Mittelpunkt.[13]

Aber Gesetzlichkeit hat nicht nur von ihrer Richtung her den Menschen im Mittelpunkt, sie ist auch in ihren Bemühungen auf den Menschen konzentriert, indem sie uns dazu aufruft, durch die Kraft des Fleisches im Geist zu wandeln. Heiligkeit andererseits hat auch in ihren Bemühungen Gott im Mittelpunkt, indem sie uns dazu aufruft, in der Kraft des Geistes im Geist zu wandeln. Wie Oswald Chambers beobachtet hat:

> Ein Vogel fliegt ausdauernd und leicht, weil die Luft sein Element und seine Welt ist. Ein gesetzlicher Christ ist einer, der versucht, in einer dünneren Welt zu leben, als es für ihn natürlich ist. Unser Herr sagte: „Wenn der Sohn euch frei macht, werdet ihr recht frei sein“, d. h. frei von innen heraus, von oben geboren, weggehoben in eine andere Welt, wo es keine anstrengenden Bemühungen gibt, um in einer Welt zu leben, die für uns nicht natürlich ist, aber wo wir ständig höher und höher steigen können, weil wir in dem natürlichen Element des geistlichen Lebens sind.[14]

Leider fallen viele Gläubige, die der Umklammerung der Gesetzlichkeit entfliehen – besonders wenn sie meinten, die Ansprüche der Gesetzlichkeit niemals zu erfüllen – direkt in die Klauen des Liberalismus. Jetzt geht fast alles! Sie haben alle einschränkenden Vorschriften und bedrückenden Bestimmungen abgestreift und im Namen der Freiheit haben sie der Zügellosigkeit Tür und Tor geöffnet. Was diesem „befreiten" Gläubigen auch immer natürlich erscheint, wird als normal akzeptiert (und das „versteht" der Herr natürlich). Biblische Gebote werden auf das Niveau der eigenen Erfahrung dieses Christen reduziert und alles, was in irgendeiner Weise geistlichen Druck auf diesen vormals entmutigten Gläubigen ausübt, wird abgelehnt, weil es nicht das leichte Joch und die sanfte Bürde Jesu ist.

Gesetzlichkeit ist tödlich,
aber die Zügellosigkeit ist verdammenswert.
Wenn die Gesetzlichkeit Tausenden den Tod bringt,
bringt die extreme Freiheit Zehntausenden
den Tod.

Was die Sache noch schlimmer macht, ist die Tatsache, dass viele Prediger und Lehrer, die die Gnade Gottes verherrlichen, dies oft auf Kosten der biblischen Berufung zu einem heiligen Leben tun, und sie tragen dazu bei, den freiheitlich denkenden Christen immer weiter weg zu treiben von Disziplin („Niemand kann mich noch einmal binden!"), Überführung („Du wirst mich nie mehr verdammen können!"), und biblischen Normen („Wer bist du denn, dass du mir erzählen willst, was zu tun ist?").[15] Und wenn die Gesetzlichkeit Tausenden den Tod bringt, kann so die extreme Freiheit sogar Zehntausenden den Tod bringen.

Wie kann ich so etwas sagen? Ganz einfach. Schau dir nur die amerikanische Gesellschaft von heute an. Sie ist übersättigt mit Sinnlichkeit und mit Freude durchtränkt. Die meisten Amerikaner – in der Kirche und in der Welt – schauen sich unsaubere Videos oder Filme an (die Nacktheit, Sex-Szenen, Gotteslästerung, übermäßige Gewalt oder offenkundig unchristliche Themen enthalten); haben verschiedene Gewohnheiten oder Abhängigkeiten von Drogen und Alkohol bis hin zu Sport, Sex oder Nahrungsmitteln; sind hoch verschuldet, meistens durch den Zwang des Materialismus; verschwenden jede Woche zahllose Stunden vor dem Fernseher oder um (sinnlos) im Internet zu surfen oder Videospiele zu spielen; sind so übergewichtig, dass sie als fettleibig bezeichnet werden können (d. h. 20 % über unserem normalen Körpergewicht) ... Muss ich noch mehr dazu sagen?[16]

Natürlich ist Gesetzlichkeit *nicht* die Antwort auf diese ernsten Probleme – absolut, kategorisch und ausdrücklich nicht! Das Beste, was Gesetzlichkeit für einen sich abmühenden Sünder tun kann, ist, einen Verband auf ihre Probleme tief im Herzen anzulegen, aber sie ist kein richtiges Heilmittel. Und eher wird sie verdammen als zu bekehren, zerstören als zu befreien. Sie wird nur dafür sorgen, dass sich die Selbstgerechten besser fühlen, während die verlorenen Sünder und verletzten Gläubigen unter ihren Füßen begraben werden. Dazu kommt, dass gesetzliche Christen mit ebenso großer Wahrscheinlichkeit als jeder andere Mensch ihre eigenen geheimen Abhängigkeiten und versteckten Sünden haben, da sie persönlich nur in geringem Maße die verändernde Kraft der Gnade kennen gelernt haben.

Es ist klar, dass ich nicht für einen Moment die breit gefächerten zerstörenden Wirkungen der Gesetzlichkeit im heutigen Amerika verleugne, vor allem in „religiöseren" Teilen des Landes (z. B. dem „Bibelgürtel"). Aber ich bin mir deutlich der Tatsache bewusst, dass Gott sein Volk ruft, aus dieser Welt herauszukommen und sich abzusondern, unsere sündigen Kompromisse zu bereuen, aus der Herrschaft des Fleisches auszubrechen und uns selbst als lebendige Opfer auf den Altar des Herrn zu legen, komplett herausgenommen, um den Willen unseres Schöpfers und Erlösers zu tun. Es ist unerlässlich, dass wir diesem Ruf folgen. Sonst wird unsere Nation fallen und nicht mehr aufstehen, und wir werden in moralische und geistliche Vergessenheit geraten.[17]

Ja, Gesetzlichkeit ist tödlich, aber Zügellosigkeit ist verdammenswert. Hören wir noch einmal auf Oswald Chambers:

> Die einzige Freiheit, die ein Heiliger hat, ist die Freiheit, seine Freiheit nicht zu missbrauchen … Freiheit bedeutet die Fähigkeit, das Gesetz nicht zu verletzen, Zügellosigkeit steht dafür, persönlich darauf zu beharren, das zu tun, was mir gefällt … Frei vom Gesetz zu sein bedeutet, dass es in meinem Charakter keine Unabhängigkeit von Gott gibt. Zügellosigkeit ist die Rebellion gegen jedes Gesetz. Wenn mein Herz nicht das Zentrum der göttlichen Liebe wird, kann es das Zentrum der teuflischen Zügellosigkeit werden.[18]

Denke an die Sünde als geistliches Krebsgeschwür, eine zerstörende Seuche, ein tödlicher Virus. Jesus kam, um uns von der Sünde zu erretten. Sünde ist das Problem, der Verschmutzer, das Gift. Sünde ist der ganze Grund, warum die menschliche Rasse täglich solch ein schreckliches Leid erlebt. Sünde ist der Grund, warum Millionen Menschen in eine Hölle ohne Jesus gehen. Und alle Sünde ist Sünde gegen Gott. Also warum sollten echte Christen eine Botschaft annehmen, die ihnen angeblich die Freiheit gibt zu sündigen? Warum sollten Menschen, die ihren Herrn wirklich lieben, nach einer Theologie Ausschau halten, die den Ungehorsam gegenüber ihrem Befreier und die Lästerung ihres Meisters rechtfertigt?

Welch ein Irrtum ist es doch, aus dem tödlichen Griff der Gesetzlichkeit zu entfliehen und direkt in den Treibsand der Zügellosigkeit zu fallen! Und deshalb bitte ich dich eindringlich: *Wenn du einer derjenigen bist, die durch eine negative und verurteilende Erfahrung mit Gesetzlichkeit übel gebrandmarkt sind, wirf nicht alle Disziplin, jede Einschränkung und heilige Furcht über Bord und gib dem Fleisch nach.* Du wirst nur aus dem Dampftopf der menschengemachten Religion in das Feuer der dämonischen Lust und des bösen Verlangens geraten. Gib Acht!

Tatsache ist, dass es nicht nötig ist, von einem Extrem ins andere zu fallen. Heiligkeit aus der Kraft des Geistes und nicht von der Sünde gesteuerte Zügellosigkeit ist die biblische Alternative zu Gesetzlichkeit. Der Apostel Paulus kann uns hierbei auch helfen. Er schrieb die Worte: „Der Buchstabe tötet", als er den Korinthern erklärte, dass ihr Leben als ein Empfehlungsschreiben für seinen Dienst gilt, geschrieben „nicht auf steinerne Tafeln, sondern auf Tafeln, die fleischerne Herzen sind" (2. Kor. 3,3). Paulus nahm dann dieses Bild auf und erweiterte es, indem er erklärte, dass „(Gott) uns auch tüchtig gemacht hat zu Dienern des neuen Bundes, nicht des Buchstabens, sondern des Geistes. Denn der Buchstabe tötet, der Geist aber macht lebendig" (2. Kor. 3,6).

Was meinte Paulus damit? Er bezog sich auf die Auswirkungen, die das Gesetz des Mose, eingraviert in steinerne Tafeln, auf die Israeliten hatte, ein Gesetz, das er als „Dienst des Todes" und „Dienst der Verdammnis" (2. Kor. 3,7.9) bezeichnete. Und doch nannte es Paulus einen Dienst der „Herrlichkeit" (V. 9)! Dies geht einher mit der Tatsache, die Paulus immer sorgfältig betonte, dass das Gesetz an sich gut ist (siehe z. B. Römer 7,12).[19] Das Problem ist, dass das Gesetz uns nicht die Kraft gibt, für Gott zu leben (s. Römer 8,1-4). Es zeigt uns den Weg, ohne uns zu befähigen, den Weg auch zu gehen. Wie dieses anonyme Gedicht so treffend feststellt:

> Das Gesetz befiehlt uns zu laufen und zu arbeiten;
> Und doch gibt es uns weder Füße noch Hände.
> Aber das Evangelium hat bessere Neuigkeiten für uns;
> Es gebietet uns zu fliegen und gibt uns die Flügel dazu.

Durch den Neuen Bund können wir nun fliegen![20] Hören wir noch einmal auf Paulus:

> Der Herr aber ist der Geist; wo aber der Geist des Herrn ist, ist Freiheit. Wir alle aber schauen mit aufgedecktem Angesicht die Herrlichkeit des Herrn an und werden so verwandelt in dasselbe Bild von Herrlichkeit zu Herrlichkeit, wie es vom Herrn, dem Geist, geschieht (2. Kor. 3,17.18).

Ja, wo der Geist des Herrn ist, da ist Freiheit, aber es ist die Freiheit, so zu werden wie Jesus, Freiheit, die Ansprüche des Gesetzes zu erfüllen, Freiheit, heilig zu werden. Da ist kein Platz für Zügellosigkeit. Viel mehr werden wir durch die Kraft des Neuen Bundes gerade dem Herrn ähnlicher gemacht. Wie herrlich ist doch dieser geistliche Vorgang!

Wirklich, die Sache darf nicht falsch verstanden werden. Die Briefe des Paulus an die Korinther sind *starke* Heiligkeitsbriefe. Im 1. Korintherbrief weist er die Gläubigen an, „keinen Umgang zu haben, wenn jemand, der Bruder genannt wird, ein Unzüchtiger ist oder ein Habsüchtiger oder ein Götzendiener oder ein Lästerer oder ein Trunkenbold oder ein Räuber, mit einem solchen nicht einmal zu essen" (1. Kor. 5,11). Warum so eine strenge Ermahnung? Paulus beantwortet diese Frage so klar es nur möglich ist:

> Oder wisst ihr nicht, dass Ungerechte das Reich Gottes nicht erben werden? Irrt euch nicht! Weder Unzüchtige, noch Götzendiener, noch Ehebrecher, noch Wolllüstlinge, noch Knabenschänder, noch Diebe, noch Habsüchtige, noch Trunkenbolde,

> noch Lästerer, noch Räuber werden das Reich Gottes erben (1. Kor. 6,9;10).[21]

Diese Menschen werden eines Tages aus Gottes Reich hinausgeworfen werden, also müssen diese Leute – wenn sie nicht Buße tun und sich ändern –, wenn sie beanspruchen Gläubige zu sein, *heute* aus der Gemeinde geworfen werden.

Ebenfalls im ersten Brief des Paulus an die Korinther erklärte er ihnen die harte Realität, dass einige ihrer eigenen Freunde oder ihrer Familie *krank* waren oder *gestorben* waren, weil sie am Mahl des Herrn in einer unwürdigen Art und Weise teilgenommen hatten (s. 1. Kor. 11,28-32). Und das war unmittelbar nachdem er seine Leser gewarnt hatte, aus dem Beispiel zu lernen, wie Gott mit den Israeliten umging, die auf Grund ihrer Sünden in der Wüste umkamen (1. Kor. 10,1-12).

Aber im zweiten Brief an die Korinther gibt uns Paulus einen der schönsten Aufrufe zur Heiligkeit, die wir in der ganzen Bibel finden können. Dieser Abschnitt verbindet die Gläubigen mit Gerechtigkeit, Licht, Christus und dem Tempel des lebendigen Gottes, indem er uns mitteilt, dass wir eigentlich dieser Tempel *sind*. Wie sollten wir dann also leben? Lies die Worte des Paulus sorgfältig.

> Geht nicht unter fremdartigem Joch mit Ungläubigen! Denn welche Verbindung haben Gerechtigkeit mit Gesetzlosigkeit? Oder welche Gemeinschaft Licht mit Finsternis? Und welche Übereinstimmung Christus mit Belial? Oder welches Teil ein Gläubiger mit einem Ungläubigen? Und welchen Zusammenhang der Tempel Gottes mit Götzenbildern? Denn wir sind der Tempel des lebendigen Gottes; wie Gott gesagt hat: „Ich will unter ihnen wohnen und wandeln, und ich werde ihr Gott sein, und sie werden mein Volk sein." Darum geht aus ihrer Mitte hinaus und sondert euch ab, spricht der Herr, und rührt Unreines nicht an, und ich werde euch annehmen und werde euch ein Vater sein, spricht der Herr, der Allmächtige.
>
> Da wir nun diese Verheißung haben, Geliebte, so wollen wir uns reinigen von jeder Befleckung des Fleisches und des Geistes und die Heiligkeit vollenden in der Furcht Gottes (2. Kor. 6,14-7,1).

Und diese Verse stehen nur ein paar Kapitel hinter diesem berühmten Satz: „Der Buchstabe tötet." Offensichtlich war Paulus nicht für Zügellosigkeit. Stattdessen rief er uns dazu auf, die Heiligkeit in der Furcht des Herrn zu vollenden, uns selbst von allem zu reinigen, was den Körper oder den Geist verunreinigt. Das ist ganz schön heilig!

Also dann, wenn doch klar ist, dass Paulus sich nicht gegen Gottes Maßstäbe eines heiligen Lebens stellte, was meinte er dann, als er diesen Satz „Der Buchstabe tötet" schrieb? Ganz einfach, dass äußerlich aufgesetzte Religion den Tod bringt, während von innen geborene Religion das Leben bringt. Die eine ist auf Stein gemeißelt, ein Bündnis, das den Menschen verurteilt. Die andere ist in das Herz geschrieben, ein Bündnis, das den Menschen verändert.

Durch das dritte Kapitel des 2. Korintherbriefes hindurch bezieht sich Paulus auf das Werk des Geistes, genauso wie er es in Römer 8 tut, wo uns Paulus lehrt, dass wir durch das Werk des Geistes des Neuen Bundes die übernatürliche Fähigkeit haben, die Anforderungen des Gesetzes einzuhalten. Römer 8,4 sagt uns, dass Jesus am Kreuz für uns gestorben ist, „damit die Rechtsforderung des Gesetzes erfüllt wird in uns, die wir nicht nach dem Fleisch, sondern nach dem Geist wandeln". Das ist keine Gesetzlichkeit, das ist Freiheit! Die Sünde versklavte uns; der Geist hat uns emanzipiert. Das Fleisch brachte uns Bindung; der Geist hat uns befreit! Ein heiliges Leben ist ein befreites Leben.

Wenn wir Gottes Wort folgen, heißt das Friede, Freude und Segen. Das Wort Gottes zu befolgen bedeutet Harmonie mit unserem Schöpfer und Vertrautheit mit unserem Erlöser. Das Wort Gottes zu befolgen, ist der einzige sinnvolle Weg zu leben. Doch, wie Robert D. Brimstead beobachtete, „wurde die Idee, strikt nach Gottes Wort zu leben, als Gesetzlichkeit gebrandmarkt".[22]

Es ist an der Zeit, mein Freund, dass wir diese Behauptung zerstreuen. Es ist an der Zeit, dass wir Heiligkeit *predigen* (aber nicht mit gesetzlichen Verurteilungen) und Heiligkeit *leben*, aber von innen heraus. Es ist an der Zeit, dass wir der Welt das Bild unseres Erlösers zeigen – an Stelle des Bildes des Fleisches. Lass die Leute in der Kirche Christus sehen und nicht Fleischlichkeit.

Aber wie können wir mit ganzem Herzen nach Heiligkeit streben und doch frei von Gesetzlichkeit bleiben?

Hier einige hilfreiche Anmerkungen:

1. *Bemühe dich, deine erste Liebe zu erhalten.* Ein Herz, das mit Liebe für Jesus brennt, wird nicht so schnell in Gesetzlichkeit verfallen.
2. *Lebe ein Leben aus Dankbarkeit und Lob.* Sei ein Anbeter, nicht ein Murrender oder Klagender. Dies hilft dir dabei, dich auf das Richtige zu konzentrieren, indem du mit Dankbarkeit aufsiehst und nicht nach außen hin murrst. Tatsächlich wird ein befreiter Gläubiger von Dankbarkeit überfließen; ein gesetzlicher Christ dankt Gott in erster Linie, dass er nicht wie die anderen ist, sündig und unrein! (s. Luk. 18,9-14, wo Jesus ein Gleichnis sagte „zu einigen, die auf sich selbst vertrauten, dass sie gerecht seien und die Übrigen für nichts achteten“. Es ist eine Sache, heilig zu sein; es ist etwas anderes, überheblich zu sein.)
3. *Sei dir deiner eigenen Sünden und Fehler genau bewusst.* Sieh immer, dass du den Balken aus deinem eigenen Auge entfernst, bevor du auf den Splitter im Auge deines Bruders oder deiner Schwester zeigst (s. Matth. 7,5).
4. *Bete privat für die, mit denen du uneins bist* – und für die, die du nicht besonders magst! Dies wird in dir einen echten Wunsch hervorbringen, sie gesegnet und erhoben zu sehen, im Gegensatz zu dem fleischlichen, unreifen Wunsch, sie erniedrigt oder verletzt zu sehen. Du wirst nicht andere kritisieren, wenn du eine ausgefüllte Zeit damit verbringst, für sie einzutreten.
5. *Lerne, die Schönheit der Heiligkeit zu schätzen.* Erkenne, dass Heiligkeit einer der wundervollsten Aspekte unseres ewigen Schicksals ist und etwas, das durch den Charakter Jesu gekennzeichnet ist. Auf diese Weise wird es dir nicht gelingen, Heiligkeit auf ein bloßes System von Gesetzen und Vorschriften zu reduzieren. Du wirst Heiligkeit als eine wunderbare, reine Art des Lebens annehmen.
6. *Sei schnell, engstirnige Verurteilung zu erkennen, die in jedem Bereich deines Lebens auftritt*, wie negative Beurteilung von Gemeinden, die nicht so anbeten, wie deine Gemeinde anbetet, oder eine exklusive Meinung darüber, wie man sich

dem Geist öffnet, ein Annehmen von Lehrmaterial nur von Leuten innerhalb deines eigenen kleinen Lagers, als ob der Rest des Leibes irgendwie unter Niveau wäre und dir nichts zu bieten hätte. Fall nicht auf diese Falle herein!

7. *Benütze niemals die Bibel als eine Waffe gegen andere Gläubige.* Vermeide es, andere Leute mit Bibelstellen zu bombardieren und dabei deine Position mit dem Satz „Meine Bibel sagt …!“ zu stärken. Das ist eine übliche Taktik gesetzlicher Christen, da die Bibel für sie oft eher ein Textbuch für Referenzzwecke ist, als das lebendige Wort, das wir aufnehmen und annehmen sollen.

Und dann steh fest für die Heiligkeit! Ja, sogar wenn das nächste Mal jemand eine starke, biblische Berufung zur Heiligkeit ablehnt, indem er dir sagt, dass „der Buchstabe tötet“, kannst du ihm sagen, was der Vers wirklich bedeutet (äußerlich aufgesetzte Religion tötet!), ihn an die Gefahren und Schrecken der Sünde erinnern (Sünde tötet sogar noch mehr als „der Buchstabe“ tötet!), und ihn auf den Sinn des Kreuzes unseres Erlösers hinweisen (nämlich uns von Sünde zu erlösen).

Zitiere für ihn den Rest des Absatzes „Der Buchstabe tötet, der Geist aber macht lebendig“ (2. Kor. 3,6). Und dann lies ihm Paulus' Schlussfolgerung über seine Gedanken zu diesem Thema vor: „Wir alle aber schauen mit aufgedecktem Angesicht die Herrlichkeit des Herrn an und werden so verwandelt in dasselbe Bild von Herrlichkeit zu Herrlichkeit, wie es vom Herrn, dem Geist, geschieht“ (2. Kor. 3,18). Solch luftigen Höhen der Heiligkeit sind gesetzlichen Christen fremd und den Zügellosen verboten. Aber sie sind denen von uns bekannt, die von der Sünde befreit wurden und Sklaven der Gerechtigkeit wurden.

Die Grundaussage ist, dass der Allmächtige Gott in uns am Werk ist, um uns seinem Sohn ähnlich zu machen. *Das* ist keine Gesetzlichkeit.

9. Gottes Mittel gegen schmutzige Füße

Er, der gewaschen ist,
„der durch das Blut des Lammes gewaschen wird,
muss nur noch seine Füße waschen“,
um all seine Erkrankungen und Wünsche zu korrigieren;
und um durch den Glauben sein Gewissen von aller frischen Schuld
reinigen zu lassen, die er seit seiner Rechtfertigung
begangen haben könnte.

Adam Clarke

Genau wie der Straßenkehrer,
der den Hof säubert, selbst dabei schmutzig wird,
so kann jemand, der die Welt reparieren will, durch das Böse
verschmutzt werden.

Israel „Baal Shem Tov“
Ein Rabbi der Mystik aus dem 18. Jahrhundert

Hast du jemals 1. Johannes 1,7 betrachtet? Der Vers an sich scheint ganz einfach zu sein, denn er sagt uns: „Wenn wir aber im Licht wandeln, wie er im Licht ist, haben wir Gemeinschaft miteinander, und das Blut Jesu, seines Sohnes, reinigt uns von jeder Sünde.“ Aber da gibt es etwas, was viele von uns vermissen, wenn sie diesen Vers lesen. Wenn du ihn sogar noch einige Male liest, wird dir vielleicht daran noch immer nichts ungewöhnlich erscheinen. Also schau ihn dir noch einmal an. Fällt dir etwas auf? Immer noch nicht?

Dann hilft dir vielleicht diese Frage weiter: Wenn du im Licht wandelst, wie Gott im Licht ist, warum müssen wir dann von Sünde gereinigt werden? Schließlich heißt es nach dem vorangegangenen Vers: „Wenn wir sagen, dass wir Gemeinschaft mit ihm haben, und wandeln in der Finsternis, lügen wir und tun nicht die Wahrheit.“ Also wenn wir im Licht *wandeln*, dann *tun* wir die Wahrheit und wir *haben* Gemeinschaft mit Gott. Also wozu brauchen wir dann das Blut Jesu, um uns von den Sünden zu reinigen? Welche Sünden begehen wir, wenn wir im Licht wandeln?

Darauf kann es nur eine Antwort geben: Solange wir in dieser Welt leben, auch als wiedergeborenes, geisterfülltes Kind Gottes, bedeutet Wandeln im Licht nicht, dass wir ohne jegliche Sünde leben. Unser Leben wird niemals vollkommen perfekt sein. Wir werden immer der Reinigung bedürfen.

Natürlich ist das für uns kein Freibrief zu sündigen. Ganz im Gegenteil, wenn wir 1. Joh. 1,7 richtig verstehen, sollte uns dies tatsächlich zu tieferer Heiligkeit anspornen und uns zu noch ernsthafterer Hingabe treiben. Wie das? Wenn du also glaubst, der Wandel im Licht bedeutet, nicht ein einziges Mal mehr in Gedanken, Worten und Werken zu sündigen, könntest du daraus vielleicht schließen, dass du dahin wohl nie kommen wirst, und dass es eigentlich keinen Sinn hat, das überhaupt zu versuchen.

Aber wenn dir klar wird, dass du im Licht wandeln kannst – nämlich unter der Herrschaft des Geistes und nicht des Fleisches, in Harmonie mit dem Wort und nicht mit der Welt, mit einem Ja zu Jesus und nicht zum Teufel, in einem Leben, wo Gehorsam zur Gewohnheit wird, an Stelle von konsequentem Ungehorsam –, wirst du, *auch wenn du noch nicht perfekt bist*, an einen Ort der Freiheit, des Sieges und des Vertrauens gelangen. Ja, du kannst ein tadelloses Leben führen, auch wenn du es noch immer nötig hast, durch das Blut Jesu gereinigt zu werden. Wir wollen einmal zur Klärung und zum Verständnis das dreizehnte Kapitel des Johannesevangeliums betrachten.

Jesus wusste, dass er verraten werden sollte und dass er heimkehren würde, in seine Heimat bei Gott. Bevor er diese Welt verließ, wollte er seinen Jüngern den vollen Umfang seiner Liebe zeigen (Joh. 13,1-3). Also was tat er? „(Er stand) von dem Abendessen auf und legte die Oberkleider ab, und er nahm ein leinenes Tuch und umgürtete sich. Dann goß er in das Waschbecken und fing an, die Füße der Jünger zu waschen und mit dem leinenen Tuch abzutrocknen, mit dem er umgürtet war“ (Verse 4.5).

Das war zu viel für Simon Petrus. „Herr“, rief er aus, „du sollst nimmermehr *meine* Füße waschen!“

Aber Jesus gab nicht nach. „Wenn ich dich nicht wasche, so hast du kein Teil mit mir.“

Darauf hatte der impulsive Petrus nur eine Antwort: „Herr, nicht meine Füße allein, sondern auch die Hände und das Haupt“ (V. 9).

Amen, Petrus! Du bist mein Mann – alles oder nichts, beide Füße drinnen oder beide Füße draußen. Petrus sagte: „Wenn es so wichtig ist, dass ich mir meine Füße waschen lasse, um in der richtigen Beziehung zu dir zu bleiben, dann wasche mich doch ganz. Gib mir doch das Komplett-Paket, Herr!“

Jesus antwortete Petrus und sagte: „Wer gebadet ist, hat nicht nötig, sich zu waschen, ausgenommen die Füße, sondern ist ganz rein; und ihr seid rein, aber nicht alle“ (V. 10). Denn er wusste, welcher seiner Jünger ihn verraten würde, und darum sagte er, dass nicht alle rein wären (s. V.11).

Was meinte Jesus? Du musst dir zunächst die damalige Kultur vor Augen halten. Die Häuser hatten zu dieser Zeit kein fließendes Wasser oder Leitungen, und das bedeutet, dass es keine Duschen oder Bäder in den Privathäusern gab. Wenn man baden wollte, ging man entweder zum Fluss oder in ein öffentliches Badehaus. Dort wusch man seinen ganzen Körper und reinigte sich vom Kopf bis zu den Zehenspitzen.

Aber dann musste man zurück nach Hause laufen, und das hieß, auf schmutzigen, staubigen Straßen wandern. Egal, wie man es anstellte, die Füße wurden wieder schmutzig. Wenn man also bei jemandem zu Hause ankam, war es ein üblicher Akt der Freundlichkeit, dass man eine Wanne mit Wasser bereitgestellt bekam und ein Diener wartete, damit man die Füße gewaschen bekam. Man musste nur noch die Füße gewaschen bekommen.

Wie wendete Jesus diese Sitte geistlich an? Alle seine Jünger (außer Judas, der ja dabei war, ihn zu verraten) hatten ein gutes Verhältnis zu ihm. Er hatte sie als sein Eigen angenommen, ihre Sünden vergeben, und nach seinen Worten waren sie bereits „rein". (Siehe auch Joh. 15,3: „Ihr seid schon rein um des Wortes willen, das ich zu euch geredet habe.") Ihre Köpfe, ihre Hände und der ganze Körper waren gebadet. Sie mussten sich nur noch ihre Füße waschen lassen.

„Das ist ja toll", sagst du, „aber ich habe es immer noch nicht begriffen. Was hat das mit Joh. 1,7 zu tun?" Ganz einfach das: Wenn wir gerettet werden, werden wir von Kopf bis Fuß gebadet. Gott verwendet viel Zeit, uns zu reinigen und den angesammelten Dreck wegzuschrubben. Und da ist jede Menge Dreck, der weggewaschen werden muss! Bei einigen von uns haben sich dreißig, vierzig, fünfzig Jahre oder länger Sünde und Schmutz angesammelt – in anderen Worten, Jahrzehnte ohne zu baden. Kannst du dir vorstellen, wie schrecklich wir gestunken haben (geistlich gesprochen), als wir Gott zum ersten Mal um Gnade baten?

Ich muss sofort an die Bettler am Straßenrand denken, die wir jedes Jahr bei unseren Einsatzreisen nach Indien sehen. Es ist schwierig, die äußere Verkommenheit zu beschreiben, in der diese Menschen leben. Sie haben zerrissene Kleider an (manchmal nur schmutzige Lumpen), die aussehen, als hätte man sie in Motoröl getränkt, und ihr Körper ist mit Schmutz und Wunden übersät, ihr langes Haar ist steif und verfilzt (Gott allein weiß, welch kleines Getier in diesen Haaren lebt).

Einmal fragte ich einen meiner Freunde in Indien: „Warum rasieren sie ihr Haar nicht lieber ab? Wäre das nicht angenehmer?"

Er erklärte mir: „Nein, sie lassen ihre Haare so, damit sie beim Betteln mehr Geld bekommen." Ich kann wirklich nicht beschreiben, wie abstoßend und tragisch solch ein Anblick ist.

Und so sahen wir aus, als Gott uns gerettet hat! Wir waren total abstoßend, überzogen mit Schmutz, eine Menge von „Wunden und Striemen und frischen Schlägen, sie sind nicht ausgedrückt und nicht verbunden, noch mit Öl gelindert" (Jes.1,6). Aber in einem Augenblick, als wir unseren Glauben auf den Herrn Jesus setzten und ihn baten, uns von unserer Sünde zu erretten, heilte er unseren kranken Geist und machte uns weiß wie Schnee. Er machte uns rein und heilig. Er machte uns sauber!

Das ist es, was die Schrift uns sagt: „Ihr seid abgewaschen, aber ihr seid geheiligt, aber ihr seid gerechtfertigt worden durch den Namen des Herrn Jesus und durch den Geist unseres Gottes“ (1. Kor. 6,11).

Jesus reinigte uns „durch das Wasserbad im Wort“ (Eph. 5,26) und „errettete uns durch die Waschung der Wiedergeburt und Erneuerung des Heiligen Geistes“ (Titus 3,5). Jetzt können wir „hinzutreten mit wahrhaftigem Herzen in voller Gewissheit des Glaubens, die Herzen besprengt und damit gereinigt vom bösen Gewissen und den Leib gewaschen mit reinem Wasser“ (Hebr. 10,22).

Da gibt es nur ein Problem: Wir leben noch in *dieser* Welt! Wir müssen immer noch auf schmutzigen, staubigen Straßen laufen, und manchmal werden unsere Füße schmutzig, auch wenn wir gewaschen und gebadet wurden. Es ist einfach unmöglich, ständig allen Schmutz zu vermeiden. Es ist, wie wenn man einen Raum voller Zigarettenraucher betritt. Auch wenn man nicht selbst raucht, kommt man heraus und riecht nach Rauch – und ein Teil des Rauchs gelangt auch in die Lunge. Das ist ein Bild für die verschmutzende Kraft der Sünde.

Manchmal werden wir am Arbeitsplatz von Gotteslästerung umgeben, auch wenn wir selbst diese Worte niemals aussprechen würden. Und dennoch kannst du dich durch das bloße Hören von schmutzigen Dingen selbst unrein fühlen. Ein anderes Mal kommen wir mit Leuten in Kontakt, deren Kleidung und Verhalten anstößig und sinnlich ist, und wir fühlen uns durch ihre sündige Art heruntergezogen, auch wenn wir selbst moralisch anständig geblieben sind. Wir fühlen uns schmutzig. Aber das heißt nicht, dass wir noch einmal baden müssen. Wir müssen uns nur unsere Füße waschen lassen. „Vater, reinige mich von diesem Schmutz im Namen Jesu!“ Reinigung wurde in der Bibel sowohl für Unreinheit als auch für Sünde gefordert.[1]

Ein befreundeter Christ aus Israel sandte mir gestern eine E-Mail, in der er mir mitteilte, wie entsetzt er durch den dekadenten, unmoralischen Lebensstil einiger Israelis war. Er war kürzlich mit seiner Familie an einem abgelegenen Teil des Strands, als dort eine Frau ertrank. Als ihre Leiche vom Rettungswagen abtransportiert worden war, wollten seine Familie und er, die alle geschockt und erschüttert waren, den Strand verlassen. Und dann passierte etwas, das sie noch mehr erschütterte.

„Als der Rettungswagen sie eingeladen hatte und wir mit unserem Auto davonfuhren“, schrieb mein Freund, „gingen vor aller Augen drei Damen ohne jede Kleidung ins Wasser. Ich sagte: „Gott, wie weit sind wir gekommen? Das ist wie ein Inferno. Wir kommen ursprünglich aus dem ‚sündigen Schweden‘, aber so etwas habe ich noch nie gesehen.“

Gott sei Dank für das reinigende Blut! Dieser lieber Bruder, der im Licht wandelt, ließ sich auf der Stelle seine Füße waschen. Sündige Menschen marschierten schamlos vor seinen Augen auf und ab, aber er selbst sündigte nicht. Er wurde sofort durch das Blut gereinigt.

Ja, es gibt Zeiten, wo wir sündigen. Und das bedeutet, dass wir unsere Füße schmutzig machen, auch wenn wir im Licht wandeln und unser Leben nicht mehr von Ungehorsam und Eigenwilligkeit bestimmt ist. Tatsache ist, dass jeder von uns jeden Tag mehr oder weniger versagt. Vielleicht haben wir einen flüchtigen Gedanken des Neides oder des Wetteiferns. Oder vielleicht sprechen wir ein verurteilendes Wort über einen Mitgläubigen aus, oder wir konzentrieren uns nicht auf den Herrn, während wir beten. Vielleicht ist unser Problem eines Tages unser mangelndes Mitleid für ein Gemeindemitglied in Not oder vielleicht werfen wir einen flüchtigen, lustvollen Blick auf jemanden. Oder wir sind für einen Moment voller Stolz, weil der Herr uns gebraucht hat.

So oder so, auch als hingegebene, geweihte, abgesonderte Kinder Gottes haben wir immer noch momentane Makel und zeitlich begrenzte Flecken.[2] Aber das heißt nicht, dass wir immer wieder neu gerettet werden müssen, wenn wir versagen! Stattdessen wenden wir uns sofort an den Herrn, damit er uns reinigt, den Schmutz von unseren Füßen wischt, sobald wir ihn erkennen, und wir seine Gnade und sein Erbarmen aus seiner Hand empfangen.

Ein Zeichen dafür, dass wir in der Nachfolge unseres Vaters leben, ist, dass wir schnell zur Buße sind und sorgfältig über unseren Herzen wachen. Wenn wir dies nicht tun, wie können wir dann behaupten, dass wir im Licht wandeln? In welchem Sinne nehmen wir dann am Abendmahl mit unserem Gott teil? Wenn die Sünde unsere Stütze ist, wenn die Lust uns regiert, wenn der Stolz über uns herrscht, wenn Hass uns kontrolliert, wenn Materialismus uns lenkt, wo ist dann unsere Nachfolge und unsere Solidarität mit dem Heiligen Geist, unsere Vertrautheit und Nähe zu Jesus? Wie wandeln wir dann im Licht?

Das Licht ist herrlich, das Licht ist rein, das Licht ist voller Leben, und Gott trennt es immer von der Dunkelheit. Er trennt die, die im Licht wandeln, von denen, die in der Finsternis der Sünde wohnen. Wenn wir wirklich Gottes Kinder sind, *werden* wir in der Helligkeit seiner Gegenwart leben, in ihm bleiben und viel Frucht bringen (s. Eph. 5,8; Phil. 2,15; Joh. 15,7.8). Aber das heißt nicht, dass wir ohne jede Sünde leben. Es heißt, dass wir in Reinheit leben mit der Sünde als Irrtum, als Anomalie, als Kuriosität – nur Staub und Schmutz an unseren Füßen, während unser ganzer Körper rein ist.

Wandeln im Licht setzt regelmäßige, tägliche Buße voraus, denn „alles, was bloßgestellt wird, das wird durchs Licht offenbar" (Eph. 5,14), sodass jede Sünde hervorsticht. Wenn wir in der Gerechtigkeit Gottes und des Erlösers Jesus, dem Messias, gebadet und gewaschen sind, stellen wir Unreinheiten schnell fest und wenden uns, fast genauso schnell, durch das Blut von ihnen ab.

Dies steht in totalem Gegensatz zu denen, die die Gnade Gottes verachten und auf ihre alten Wege zurückkehren. „Es ist ihnen aber nach dem wahren Sprichwort ergangen: Der Hund kehrt wieder um zu seinem eigenen Gespei und die gewaschene Sau zum Wälzen im Kot" (2. Petr. 2,22). Darin werden nicht wir beschrieben! Sondern wir sind solche Menschen, „die [unsere] Kleider waschen, damit [wir] ein Anrecht am Baum des Lebens haben und durch die Tore in die Stadt hineingehen" (Offb. 22,14). Wir sind darauf bedacht, unsere Kleider sauber zu halten, und unser Ziel ist immer die vollkommene geistliche Reinheit.

Wie Paulus die Korinther ermahnte, im Licht des Versprechens des Vaters, uns als sein Eigentum anzunehmen: „Da wir nun diese Verheißungen haben, Geliebte, so wollen wir uns reinigen von jeder Befleckung des Fleisches und des Geistes und die Heiligkeit vollenden in der Furcht Gottes (2. Kor. 7,1).

Wir sind dazu berufen, uns frei von Schmutz zu halten. In anderen Worten, Gott gebietet uns, untadelig zu sein. Durch die Schrift hindurch werden die, die ohne Tadel sind, gesegnet. Diese Eigenschaft war es, auf die Gott achtete, wenn er auf der Erde nach Menschen suchte, die er gebrauchen wollte:

> Noah war ein gerechter Mann, untadelig war er unter seinen Zeitgenossen; Noah lebte mit Gott (1. Mose 6,9).
>
> Es war ein Mann im Lande Uz, sein Name war Hiob. Und dieser Mann war rechtschaffen und redlich und gottesfürchtig und mied das Böse (Hiob 1,1).
>
> Der Herr handelte an mir nach meiner Gerechtigkeit, nach der Reinheit meiner Hände vergalt er mir. Denn ich habe die Wege des Herrn eingehalten und bin von meinem Gott nicht gottlos abgewichen. Denn alle seine Rechtsbestimmungen waren vor mir, und seine Ordnungen wies ich nicht von mir (Ps. 18,21-23, geschrieben von David).[3]
>
> Ihr seid Zeugen und Gott, wie heilig und gerecht und untadelig wir gegen euch, die Glaubenden, waren (1. Thess. 2,10, geschrieben von Paulus).
>
> Und Abram war 99 Jahre alt, da erschien der Herr dem Abram und sprach zu ihm: Ich bin Gott, der Allmächtige. Lebe vor meinem Angesicht, und sei untadelig! (1. Mose 17,1).

Aber nicht nur die Superheiligen werden dazu aufgerufen, untadelig zu sein. Diese Berufung gilt für jeden von uns (vor allem für die Leiter! -- „Älteste ... wenn jemand untadelig ist ... ein Aufseher muss untadelig sein" – Titus 1,6;7). Das *erwartet* der Herr von uns.

> Du sollst dich ungeteilt an den Herrn, deinen Gott, halten (5. Mose 18,13).
>
> Herr, wer darf in deinem Zelt weilen? Wer darf wohnen auf deinem heiligen Berg? Der rechtschaffen wandelt und Gerechtigkeit übt (Ps. 15,1.2).
>
> Und um dieses bete ich, dass eure Liebe noch mehr und mehr überströme in Erkenntnis und aller Einsicht, damit ihr prüft, worauf es ankommt, damit ihr lauter und unanstößig seid auf den Tag Christi, erfüllt mit der Frucht der Gerechtigkeit, die durch Jesus Christus gewirkt wird, zur Herrlichkeit und zum Lobpreis Gottes (Phil. 1,9-11).
>
> Deshalb, Geliebte, da ihr dies erwartet, befleißigt euch, unbefleckt und tadellos von ihm im Frieden erfunden zu werden (2. Petr. 3,14).

Schau dir diesen letzten Vers noch einmal an. Der Schlüssel dafür, mit Gott im Frieden zu sein, ist ein unbeflecktes, tadelloses Leben. Es gibt sogar wunderbare Verheißungen für die Untadeligen – und nur für die Untadeligen:

> Gegen den Gnädigen verhältst du dich gnädig, gegen den vollkommenen Mann vollkommen (2. Sam. 22,26).
>
> Denn Gott, der Herr, ist Sonne und Schild. Gnade und Herrlichkeit wird der Herr geben, kein Gutes vorenthalten denen, die in Lauterkeit wandeln (Ps. 84,12).
>
> Glücklich sind, die im Weg untadelig sind, die im Gesetz des Herrn wandeln (Ps. 119,1).
>
> Er hält für die Aufrichtigen Hilfe bereit, ist denen ein Schild, die in Lauterkeit wandeln (Spr. 2,7).
>
> Ein Gräuel für den Herrn sind die mit verschlagenem Herzen; aber sein Wohlgefallen sind Menschen mit untadeligem Wandel (Spr. 11,20).
>
> Wer redlich lebt, findet Hilfe; wer aber krumme Wege geht, wird auf einem davon fallen (Spr. 28,18).
>
> Untadelig zu sein, ist unsere Bestimmung:
>
> Jesus Christus, der euch auch befestigen wird bis ans Ende, dass ihr untadelig seid an dem Tag unseres Herrn Jesus Christus (1. Kor. 1,8).
>
> … wie er uns in ihm auserwählt hat vor Grundlegung der Welt, dass wir heilig und tadellos vor ihm seien (Eph. 1,4).
>
> … wie auch Christus die Gemeinde geliebt und sich selbst für sie hingegeben hat, um sie zu heiligen, sie reinigend durch das Wasserbad im Wort, damit er die Gemeinde sich selbst verherrlicht darstellte, die nicht Flecken oder Runzel oder etwas dergleichen habe, sondern dass sie heilig und tadellos sei (Eph. 5,25-27).
>
> Er selbst aber, der Gott des Friedens, heilige euch völlig, und vollständig möge euer Geist und Seele und Leib untadelig bewahrt werden bei der Ankunft unseres Herrn Jesus Christus (1. Thess. 5,23).

„Aber“, wunderst du dich, „wie kann ich denn in dieser Welt ein untadeliges Leben führen?“ Denk’ nur an das Prinzip von 1. Johannes

1,7! Untadelig zu sein bedeutet nicht, total und vollkommen ohne Sünde zu sein; es bedeutet, ein verbindliches, hingegebenes, kompromissloses, beharrliches Leben im Herrn zu führen, sodass du vollständig in Ihm bist.[4] Und wir können so leben. Wir können unseren Leib als „lebendiges, heiliges, Gott wohlgefälliges Opfer darstellen“ (Römer 12,1). Unsere Füße können schmutzig werden, aber wir selbst können sauber bleiben. Bist du für diese Herausforderung bereit?

Jakobus beschreibt den Kern der wahren Religion so: „Waisen und Witwen in ihrer Drangsal zu besuchen, sich selbst von der Welt unbefleckt zu erhalten“ (Jak. 1,27). Wir müssen nicht befleckt werden! Wir können mit Gott wandeln, genauso wie Enoch, der es auf 300 Jahre brachte (s. 1. Mose 5,22). Und wenn er es 300 Jahre geschafft hat, können wir es doch bestimmt den Rest unseres relativ kurzen Lebens schaffen. Wir müssen erkennen, dass wir die Berufung der Gereinigten haben und den Wandel der Gewaschenen. Schmutz und Ruß sind nichts für uns. Es wird Zeit, dass wir beständig werden. Es wird Zeit, dass wir mit dem Herrn wandeln.

Das hebräische Verb, mit dem Enochs Wandel mit Gott beschrieben wird (ebenso der von Noah und Abraham)[5] drückt eine andauernde, ununterbrochene Aktivität aus, eine dauerhafte Tätigkeit. Sie wandelten und wandelten und wandelten mit Gott. Wenn man Enoch einmal gesehen hatte und dann 50 Jahre lang nicht mehr, hätte er noch immer dasselbe Leben geführt.

„Enoch, was hast du angestellt?“

„Ich wandelte mit Gott, vor und zurück, innen und außen, Tag für Tag, Nacht für Nacht, nur wandeln und wandeln im Herrn.“

Bekam er schmutzige Füße? Aber sicher! *Lebte* er in Sünde? Unmöglich!

War er gerecht und fromm? Absolut! War er perfekt? Ausgeschlossen!

War Enoch konsequent? Zweifelslos. Das Muster seines Lebens stand außer Frage. Er war fromm und wandelte mit Gott, unabhängig von seinen Gefühlen, unabhängig von den Umständen, unabhängig von den Versuchungen. So können wir auch leben!

Wir sollten die „Fastfood“-Mentalität ablegen und aufhören, geistliche Radikalkuren durchzuziehen. Wir brauchen die alltägliche Disziplin, die alltägliche Buße, die alltägliche Hingabe, die alltägliche

Reinigung.[6] (Das erinnert mich an eine Geschichte, die ich über den Präsidenten einer bekannten Bibelschule hörte. Eine seiner Studentinnen kam zu ihm am Tag vor ihrer Hochzeit. Sie war schlimm übergewichtig und wollte ein besonderes Gebet: „Würden Sie für mich beten, dass ich mein Gewicht vor der Hochzeit morgen verliere?“ Laut der Geschichte antwortete er: „Es tut mir Leid! Aber diese Art fährt nur durch Beten und Fasten aus!“) Der einzige Weg, wie du mit dem Herrn irgendwo hinkommst, ist ein Schritt nach dem anderen.

Und was ist mit den schmutzigen Füßen? Leider scheinen einige von uns, dies nicht in die Reihe zu bekommen. Entweder glauben wir, dass wir immer sündigen werden, wir werden es immer verderben, wir werden immer danebenliegen – und dann können wir genauso sündigen! Oder wir denken, dass, wenn wir nur ein einziges Mal sündigen, wir zum Kirchenaltar gehen müssen, weinen und heulen und uns elend fühlen müssen, und das Gebet des Sünders immer wieder beten müssen.

Eine Fußwaschung ist nur für die sinnvoll, die nicht in den Schlamm zurückkehren.

Wer den Wahlspruch vertritt: „Dann kann ich ja gleich sündigen“, sollte die folgenden Worte des Paulus genau betrachten:

> Denn dies sollt ihr wissen und erkennen, dass kein Unzüchtiger oder Unreiner oder Habsüchtiger – er ist ein Götzendiener – ein Erbteil hat in dem Reich Christi und Gottes. Niemand verführe euch mit leeren Worten! Denn dieser Dinge wegen kommt der Zorn Gottes über die Söhne des Ungehorsams (Eph. 5,5-7).

Eine Fußwaschung ist nur für die sinnvoll, die nicht in den Schlamm zurückkehren.

Andererseits müssen die mit dem Wahlspruch „Ich muss jede Woche wieder neu gerettet werden“ die folgenden Worte des Herrn neu annehmen und glauben: „Wer gebadet ist, hat nicht nötig, sich zu waschen, ausgenommen die Füße, sondern er ist ganz rein“ (Joh. 13,10). Es ist wichtig, dass du diesen Unterschied lernst.

Von Sündern umgeben zu sein, kann dir ein unreines Gefühl geben. Aber wenn du dich ihrer Sünde nicht anschließt, bist du nicht unrein. Wasch nur deine Füße! Wenn ungöttliche Wünsche dich versuchen, fühlst du dich vielleicht schmutzig. Aber wenn du diesen Gedanken nicht nachgegeben hast, bist du nicht schmutzig. Reinige dich einfach von dem Staub! Und wenn du für einen Moment nachgegeben hast (und wer von uns hat niemals nachgegeben?), dann bekenne deine Sünde, sage deiner Sünde ab und empfange Reinigung von deiner Sünde durch das Blut.[7] Beweise, dass du im Licht wandelst, indem du die Dunkelheit sofort verlässt.

„Und was ist, wenn mir die Dunkelheit *gefällt* und ich es mir angewöhne, dort zu leben?“ Gefahr! Diese Möglichkeit gibt es nicht für die Kinder Gottes.

Wir sind dazu aufgerufen, „die Werke der Finsternis abzulegen und die Waffen des Lichts anzuziehen“ (Röm. 13,12), denn die Menschen, deren Taten böse sind, ziehen die Finsternis dem Licht vor (vgl. Joh. 3,19). Tatsache ist, dass „wir nicht der Nacht noch der Finsternis gehören,“ weil „die da schlafen, schlafen bei Nacht, und die da trunken sind, sind bei Nacht trunken. Wir aber, die dem Tag gehören, wollen nüchtern sein, angetan mit dem Brustpanzer des Glaubens und der Liebe und als Helm mit der Hoffnung des Heils“ (1. Thess. 5,5.7.8)

Ja, es ist wahr, dass wir „einst Finsternis, jetzt aber“ – Ehre und Preis dem Herrn! – „Licht im Herrn“ sind (Eph. 5,8).

Wir sind nicht wie früher, und wir dürfen niemals vergessen, wie viel Gott für uns in der Vergangenheit getan hat und wie viel er für uns in der Gegenwart tut. Wie Matthew Henry sagte: „Die Vorkehrungen, die für unsere Reinigung getroffen wurden, sollten uns nicht dreist machen, sondern viel mehr vorsichtig. *Ich habe meine Füße gewaschen, wie sollte ich sie wieder beschmutzen?* (Hohelied 5,3). Die Vergebung von gestern sollte für uns ein Argument gegen die Versuchung von heute sein.“[8]

Tatsächlich war für Henry die Tatsache unserer Reinigung eine sehr ernste Ermahnung zu anhaltender Heiligkeit:

> Schau dir an, was die tägliche Pflege derer ist, die durch Gnade in einem Zustand der Gerechtigkeit sind, nämlich ihre Füße zu waschen; sich von der Schuld zu reinigen, die sie täglich durch mangelnde Festigkeit und ungewollt aufladen, durch die erneute Anspruchnahme der Buße, mit einer Anwendung im Glauben der heilenden Kraft des Blutes Jesu. Wir müssen auch unsere

> Füße waschen, indem wir ständig wachsam sind gegenüber allem, was uns verschmutzt, denn wir müssen unseren Weg säubern und unsere Füße reinigen, indem wir darauf achten (vgl. Ps. 119,9). Wenn die Priester geweiht wurden, wurden sie mit Wasser gewaschen, und auch wenn sie danach nicht mehr komplett gewaschen werden mussten, mussten sie sich doch, wann immer sie ihren Dienst versahen, ihre Füße und Hände im Waschbecken waschen, damit sie nicht sterben (s. 2. Mose 30,19.20).[9]

Aber wenn wir in demütiger Abhängigkeit vom Herrn wandeln, unser Herz frei von Anmaßung und willentlicher Sünde halten, können wir ruhen in unserer Reinigung, die ein für alle Mal und auf Lebenszeit geschah, sowie in unserer täglichen Reinigung, die wir so oft in Anspruch nehmen können, wie wir sie brauchen. Wir haben es nicht nötig, mehrmals die Woche wieder neu gerettet zu werden. Wir müssen nicht immer wieder neu getauft werden. Einmal reicht! Danach müssen wir nur unsere Füße sauber halten.

Als ich 1971 zum Herrn kam, gab es einen älteren Italiener, der von Zeit zu Zeit zum Gottesdienst kam. Da es eine italienische Pfingstgemeinde war, waren natürlich auch die meisten Besucher Italiener, und da ich erst sechzehn war, erschienen mir die meisten alt! Aber eine Sache fiel auf an diesem Mann: Wenn er zur Kirche kam, antwortete er immer auf den Altarruf, um gerettet zu werden – wirklich immer – und betete jedes Mal pflichtbewusst mit dem Pastor das „Gebet des Sünders". (Wir haben nie herausgefunden, warum auch der Pastor jedes Mal mit ihm gebetet hat, aber wir nahmen an, er wusste, was er tat. Schließlich waren wir nur ein Haufen unfertiger, unerfahrener Teenager! Dennoch erschien es uns merkwürdig.) Dieser liebe Mann wurde wohl fünfundzwanzig Mal „gerettet"!

„Wie pathetisch!", sagst du vielleicht. „Das ist ja offensichtlich, dass dieser Mann nicht verstanden hat, was es heißt, durch den Glauben gerecht zu sein, und er hat den Herrn wahrscheinlich nie getroffen. Das ist ja offensichtlich, dass irgendwo etwas gefehlt hat." Da gebe ich dir vollkommen Recht. Entweder konnte er nicht unterscheiden zwischen dem Zustand gebadet zu sein und seine Füße gewaschen zu bekommen, oder er hat nicht begriffen, was es heißt, eine persönliche Beziehung zum Herrn zu bekommen, und meinte, „gerettet zu werden“ sei etwas, was man jede Woche in der Kirche tut, wie wenn Katholiken jeden Sonntag zur Messe gehen. Es war wirklich traurig, zuzusehen.

Und doch sind einige von uns so. Wir scheinen zu denken, dass unser Stand bei Gott sich von Moment zu Moment verändert, dass er eine Sekunde auf uns herablächelt und die nächste Sekunde runzelt er die Stirn, eine Minute segnet er uns und die nächste vertreibt er uns aus seiner Gegenwart. Einige von uns denken tatsächlich, dass unsere Namen aus dem Buch des Lebens gelöscht werden, und dann wieder hineingeschrieben werden, und dann gelöscht und dann wieder eingetragen werden, und das mehrmals am Tag.[10] So ist es nicht!

Es ist eine Sache, Gott den Rücken zu kehren, sich von ihm abzukehren, ihm abzusagen und ihn zu verleugnen. Wenn du in diesem Zustand stirbst, wird er dir absagen und dich auch verleugnen (s. Matth. 10,33; Lukas 12,9; 2. Tim. 2,12). Und es ist eine ganz andere Sache, im Licht zu wandeln, mit dem Herrn ein und aus zu gehen, ein untadeliges Leben zu führen, und manchmal befleckt oder beschmutzt zu werden mit dem Schmutz der Welt und des Fleisches.

Freund, du musst die Tatsache annehmen, dass du vom Allmächtigen Gott angenommen bist durch das Blut seines Sohnes, und dass dieses Blut dich täglich reinigt, wenn du im Licht wandelst. Also lass dir mehrmals am Tag die Füße waschen und erkenne, wie rein der Herr dich gemacht hat. Und verdirb nicht diese weiße Leinenkleidung oder beflecke dieses Hochzeitskleid (s. Offb. 19,8.14). Denn einst warst du ein dreckiger Sünder. Aber jetzt bist du ein geheiligter Heiliger. Du warst verdammt und fleischlich. Jetzt bist du geweiht und rein. Du hast gebadet und es ist Zeit, heim zu gehen, in das Haus des Vaters.

Also steh auf und fang an zu gehen, wandle im Licht, wenn du in dieser Welt wandelst. Es gibt ein göttliches Mittel gegen schmutzige Füße.

10. Es gibt immer einen Fluchtweg

Denn wenn Gott Engel, die gesündigt hatten,
nicht verschonte, sondern sie in finstere Höhlen des Abgrundes
hinabgestürzt und zur Aufbewahrung für das Gericht überliefert hat;
und wenn er die alte Welt nicht verschonte,
sondern nur Noah, den Prediger der Gerechtigkeit,
als Achten neben sieben anderen bewahrte,
als er die Flut über die Welt der Gottlosen brachte;
und wenn er die Städte Sodom und Gomorra einäscherte und zur
Zerstörung verurteilte und denen ein Beispiel setzte,
die künftig gottlos sein würden;
und wenn er den gerechten Lot rettete,
der von dem ausschweifenden Wandel der Ruchlosen
gequält wurde – denn der unter ihnen wohnende Gerechte quälte
durch das, was er sah und hörte,
Tag für Tag seine gerechte Seele mit ihren gesetzlosen Werken –,
so wird deutlich: der Herr weiß die Gottseligen
aus der Versuchung zu retten,
die Ungerechten aber aufzubewahren auf den Tag des Gerichts,
wenn sie bestraft werden.

2. Petrus 2,4-9

Am 12. November 1971 antwortete ich zum ersten Mal auf einen Ruf zum Altar. Ich war erst zum zweiten Mal in einem echten Kirchengottesdienst gewesen und ich ging nur nach vorne, weil ich wusste, dass es für diese aufrichtigen „christlichen" Leute, die für mich gebetet hatten, viel bedeutete. Schließlich wusste ich, was sie von mir dachten und wie ich in ihren Augen aussah. Ich war der Schlimmste aller Sünder! Als ich das erste Mal die Kirche im August 1971 betreten hatte – mit dem ausdrücklichen Wunsch, meine beiden besten Freunde da herauszuholen –, schrieb tatsächlich eine der jungen Damen in ihr Tagebuch: „Heute Nacht kommt der Antichrist in die Kirche." Mein Ruf eilte mir voraus!

Aber an diesem Abend im November geschah etwas, und ich war davon genauso überrascht wie alle anderen. Als ich nämlich nach vorne ging, tat ich dies nicht mit der Absicht, mich zu ändern oder wirklich zu glauben. Ich dachte viel mehr bei mir: „Diese lieben alten Leute werden echt glücklich sein, wenn ich das mache, und es wird der Kirche viel bedeuten." Aber als ich mit dem Pastor laut betete, begann in meinem jüdischen Herzen der Glaube zu wachsen und ich glaubte tatsächlich, dass Jesus für mich gestorben und von den Toten auferstanden war. Da gab es nur ein Problem: Ich war nicht bereit, meine Sünde aufzugeben! Obwohl ich die Worte sagte: „Gott, ich verspreche, den Rest meines Lebens für dich zu leben", wusste ich, dass ich das nicht wirklich meinte.

Also hatte ich ein Gespräch mit dem Vater. „Gott", sagte ich leise, „du weißt, dass ich glaube, dass Jesus für mich gestorben ist. Aber ich bin nicht bereit, meine Drogen aufzugeben." Bis heute glaube ich, dass es gut ist, dem Herrn gegenüber im Gebet ganz ehrlich zu sein. Schließlich weiß er ja sowieso, was in deinem Herzen vorgeht.

Dann betete ich ein wirklich dummes Gebet. (Denk' dran, ich war nur ein dummes Kind, du musst also nachsichtig mit mir sein.) „Gott", betete ich, „du weißt, wenn ich heimgehe, werde ich Kokain nehmen." Das war für mich 1971 die neue Droge in der Szene, und ich hatte gerade genug gekauft, um meinen eigenen Konsum für ein paar Wochen abzudecken und um es an einige Freunde zu verkaufen. „Wenn du also nicht möchtest, dass ich es mir in meine Venen spritze, wenn ich heimgehe, dann lass doch bitte gar nichts passieren, wenn ich versuche high zu werden. Lass mich einfach gar nichts fühlen." (Ich sagte ja, es war ein dummes Gebet!)

Als ich die Kirche verließ und heimgehen wollte, um mein Gebet auszuprobieren, waren da zwei wunderbare Brüder im Herrn, die mir im Weg standen, jeder von ihnen etwa sechzig Jahre alt. Einer wurde Bruder Trixie genannt, ein Spitzname, den er als kleiner Junge bekam, weil er immer streunende Katzen zusammentrieb und sie während des Gottesdienstes in die örtliche Kirche warf. Der andere war Bruder Nick. Bevor er gerettet wurde, hatte er ständig Schwierigkeiten mit der Mafia. Er war auch festgenommen worden und arbeitete in einer Sträflingskolonne. Beide waren unglaublich eifrige, heilige Brüder.

Diese Männer waren so aufgeregt darüber, dass ich nach vorne gegangen war, um den Herrn an diesem Abend anzunehmen, und sie flossen über von Ermutigungen für mich. Ich brachte es nicht übers Herz, ihnen zu erzählen, dass ich nicht bereit war, jetzt von meinen Sünden umzukehren, und dass ich dabei war, nach Hause zu gehen und ein bisschen „Engelsstaub" (alias PCP) zu rauchen und mir danach eine große Dosis Kokain zu verpassen. Einer von ihnen sagte zu mir: „Egal, wie nahe der Teufel ist, Jesus ist immer noch näher." Ich verstand nicht, was er meinte. Aber ich würde es schon bald verstehen!

Auf jeden Fall ging ich mit meinen beiden Freunden von der Kirche nach Hause und wir rauchten zusammen Engelsstaub. Meine Freunde waren gerade dabei, mit Gott immer mehr „ernst zu machen", und wollten deshalb kein Kokain mit mir spritzen. Aber sie meinten, es könnte nicht schaden, den Engelsstaub nur mal zu „probieren" – eine bewusstseinserweiternde Droge, wesentlich stärker als Marihuana oder Haschisch –, also nahmen sie ein paar Züge. Welch große Geduld hatte der Herr doch mit uns in diesen Tagen der Unwissenheit!

Dann war ich an der Reihe. Ich hatte mich gerade an Kokain gewöhnt, und die beiden Male vorher erlebte ich kaum einen High-Zustand, wenn ich es nahm. Also rauchte ich diesmal eine ziemlich starke Droge vorneweg und setzte mir dann eine üppige Dosis „Coke" in meinen Arm – dabei fragte ich mich die ganze Zeit, was Gott tun würde. (Ich möchte dich dringend ermahnen, niemals so zu handeln, wie ich es tat. Es ist, als ob man eine Pistole an seinen Kopf hält und sagt: „Herr, wenn du nicht willst, dass ich mich umbringe, wenn ich den Auslöser betätige, dann lass mir doch nichts passieren." Ich wusste es wirklich damals nicht besser. Jeder von uns weiß es heute sicherlich besser.)

Ich erinnere mich an meine große Erwartung, als ich das Kokain heiß machte und es zum Fixen vorbereitete. Ich sehnte mich ja nach Momenten wie diesen, wenn ich harte Drogen in meinen Kreislauf pumpte. Nichts kam an diesen Anfangsrausch heran und jetzt war es wieder so weit. Ich zog die Spritze ein oder zwei Mal auf, mein Herz begann zu schlagen, als die Droge ihre Wirkung entfaltete … Ich stellte mich auf die erwarteten Gefühle ein … aber nichts geschah! Einige schnelle Schläge meines Herzens und das war's. Nach einem Augenblick war alles wieder normal. Ich fühlte keinen Unterschied zu vorher, und es gab kein Anzeichen dafür, dass ich gerade einen große Menge Kokain genommen oder gar Engelsstaub geraucht hatte. Nichts!

In diesem Moment wusste ich, dass Gott real war und dass er nicht wollte, dass ich weiterhin Drogen nahm. Mein Wille war aber noch schwach und mein Entschluss irgendwie unsicher, und sechs Wochen lang schwankte ich, ging an einem Abend zur Kirche und spritzte mir am nächsten Heroin oder rauchte Gras. Ich war komplett gespalten.

Aber Gott war fest entschlossen, mich zu ihm zu bringen, und hier fing ich an, die Realität der Worte zu sehen, die mir an dem Abend, als ich zum ersten Mal glaubte, zugesprochen worden waren: „Egal, wie nahe der Teufel ist, Jesus ist immer noch näher."

Erst war er da, um den Auswirkungen einer starken Droge namens Kokain entgegenzuwirken. Einige Wochen später war er da, um mit mir über das Trinken zu sprechen, indem er mich am Morgen, nachdem ich eine lächerliche Menge harten Schnaps getrunken hatte, tief überführte. Dann, in der Nacht vom 17. Dezember 1971, war er so real bei mir im Gottesdienst, dass ich ausrief: „Herr, ich will mir nie mehr eine Nadel in den Arm setzen!" Sofort war ich frei! Ich ging nach Hause, nahm alle meine Nadeln und mein Kokain, und warf alles von einer nahen Brücke. Zu diesem Zeitpunkt und an diesem Ort war eine versklavende Gewohnheit unter meinen Füßen, die mir wie ein Berg erschienen war, zu hoch, als dass ich ihn hätte besteigen können. Gottes Gnade hatte über meine Sturheit triumphiert und seine Fähigkeit, zu retten, triumphierte über meine Neigung, abzuweichen. Wie treu er doch ist! Von diesem Tage an habe ich nie mehr eine Nadel in meinen Arm gesetzt.

In diesen sechs Wochen, vom 12. November bis zum 17. Dezember, sah ich zu, wie er mich von Sünde überführte und mich zur Buße leitete. Ich sah zu, wie er mich von meiner eigenen Dummheit befreite und seine Furcht in mich legte. Ich sah zu, wie er mir Worte der Ermutigung gab, wenn ich sie brauchte, und mich über die Versuchungen stellte. Ich sah zu, wie er für mich einen Fluchtweg schuf!

Dann, am 19. Dezember 1971, zwei Tage nachdem ich den Drogen für immer abgeschworen hatte, sagte ich dem Herrn, ich würden nie mehr auf irgendeine Weise ein High-Gefühl haben. Und dann kam die Prüfung.

Etwa zwei Wochen später war ich eifersüchtig und niedergeschlagen, weil ein Mädchen in der Kirche, das mir ein bisschen gefiel, anfing, einen meiner besten Freunde zu mögen. (Erinnerst du dich an die, die geschrieben hatte: „Heute Abend kommt der Antichrist in die Kirche“. Die war es.) Ich war richtig zornig und beschloss, dass ich den Druck eines Lebens für Gott nicht mehr aushalten könnte. (Wie du siehst, war ich noch nicht komplett geheiligt und hatte noch immer ein fürchterliches Temperament.)

Also rief ich einen befreundeten Junkie namens Mike an und fragte ihn, ob er mir helfen könnte, mir etwas Heroin von einem anderen „befreundeten“ Junkie namens Richie zu beschaffen. Richie hatte mir vorher Geld gestohlen, während er vorgab, für mich einen Drogendeal auszuhandeln, und es war mir nie gelungen, das Geld zurückzubekommen. Mike erzählte mir, dass dies die Nacht war, in der ich alles zurückgezahlt bekommen könnte – in Form von Heroin.

Ich war wirklich am Boden und deprimiert, und ich wollte dem Fleisch nachgeben. Und doch konnte ich nicht glauben, was ich da tat, und in mir war ein innerlicher Schrei, mich aus diesem Schlamassel zu befreien. Aber Richie war voll mit Heroin, und der Nachrichtendienst hatte mir gesagt, dass diese Lieferung unglaublich stark war.

„Gott, bitte hilf mir“, betete ich sogar noch, als ich mich auf den Weg machte, um mich mit Mike zu treffen. Er half mir wirklich – aber nicht so, wie ich es erwartet hatte.

Ich fühlte mich total elend, ich fand Mike und dann Richie und wusste, ich würde bald wieder eine Nadel in meinem Arm haben. Was tat ich da? Das war verrückt und ich wusste es. Dann tat Gott etwas, was mir Ehrfurcht einjagte. Er ließ alles zusammenbrechen!

Als wir in ein Geschäft gingen, um uns etwas zu essen zu kaufen, trafen wir ein junges Mädchen, das ich als „Foxy“ kannte. Sie hatte überhaupt keine Moralvorstellungen und sie war auf so niedrigem Niveau, dass die meisten Männer nicht daran dachten, sie für attraktiv zu halten. Sogar in meiner weltlichsten Zeit hielt ich diese arme Kreatur für vulgär, wirklich unterste Schicht. Aber jetzt war ich mit ihr und zwei anderen Junkies in einem Taxi unterwegs zu ihrer Wohnung, und die Hässlichkeit der Situation stieß mich mehr und mehr ab. Sie und die beiden anderen fingen sofort an Pläne für die Nacht zu machen. Ich fühlte mich total angeekelt. „Gott, das bin doch nicht ich! Das bin ich doch nicht mehr!"

Bald kamen wir an der Wohnung an, und ich kann die Szene kaum beschreiben. Da war ein anderes junges Mädchen mit zwei Männern und einer Anzahl kleiner Babys. Wem gehörten überhaupt diese Babys. Waren es weiße Babys oder schwarze Babys oder Mischlinge? Wer waren die Eltern? Waren es einige Kinder und ein paar Kleinkinder? Oder waren es Zwillinge und Drillinge? Die ganze Szene war sehr seltsam, und von Minute zu Minute ging es weiter bergab. Marihuana wurde herumgegeben, aber in dem Augenblick, als ich zum Rauchen dran war, wusste ich, dass ich aufhören musste.

In meinem Kopf überschlug sich alles: „Gott, was tue ich hier? Dieser Ort ist ein Sündenpfuhl. Diese Mädchen sind schamlose Schlampen, die Männer in der Wohnung scheinen wie Sklaven ohne Rückgrat, die Jungs, die mich hierher mitgenommen haben, sind gesetzlose Junkies – ich bin in einer Falle!" (Ganz sicher hatte mein Gebet nicht diese poetische Ausdrucksweise, aber ich versichere dir, das waren genau meine Gefühle.)

Ich fühlte mich, als ob die Wände über mich hereinbrächen und ich musste schleunigst hinausgehen. Dort habe ich die Sünde so gesehen, wie sie wirklich war. Ich war in einer Lasterhöhle, und sie war für mich so abstoßend, wie eine Wunde voll mit Eiter, so widerlich für meine Sinne, wie ein Becken voller Erbrochenem. (Bitte entschuldige das plastische Bild, aber so eklig ist die Sünde.) Irgendwie schaffte ich es, die Wohnung ohne Aufsehen zu verlassen.

Aber jetzt waren meine Taschen voll mit Pillen, die ich gerade bekommen hatte. Ich ging in eine Telefonzelle, rief einen Freund an und bat ihn, mich eilig abzuholen. Als er ankam, entledigte ich mich der Pillen, stieß einen Seufzer der Erleichterung aus und kehrte der schmutzigen Welt den Rücken. Von diesem Augenblick an sah ich nie mehr zurück. Ein Leben lang keine Drogen und kein Alkohol mehr!

Der Herr hatte mir einen Fluchtweg geschaffen und seitdem hat er mir viele geschaffen – obwohl sie, Gott sei Dank, bei weitem nicht mehr so dramatisch waren wie die schreckliche, entwürdigende Szene in dieser Wohnung an diesem Abend. Tatsache ist, dass es für die Kinder Gottes immer einen Fluchtweg gibt. Keiner von uns muss fallen – jemals. Das Wort ist klar: „Wirf auf den Herrn deine Last, und er wird dich erhalten; er wird nimmermehr zulassen, dass der Gerechte wankt" (Ps. 55,22). Und nimmermehr heißt nimmermehr, so sicher wie Gott Gott ist.

Und was, wenn wir ein bisschen wanken, wenn uns Versuchung und Widrigkeiten hart treffen? Sogar dann haben wir ein Versprechen:

> Vom Herrn her werden eines Mannes Schritte gefestigt, und seinen Weg hat er gern; fällt er, so wird er doch nicht hingestreckt, denn der Herr stützt seine Hand (Ps. 37,23.24).

Wir müssen nicht zu Boden gehen, egal, wie schlimm uns der Feind angreift. Wenn du „die ganze Waffenrüstung Gottes ergreifst", dann kannst du „an dem bösen Tage widerstehen, und wenn du alles ausgerichtet hast", kannst du stehen (Eph. 6,13). Du kannst stolpern. Du kannst wanken. Aber du musst niemals zu Boden gehen.[1]

Im Lichte dieser Zusicherungen – und zweifelsohne auch auf der Grundlage persönlicher Erfahrungen – konnte Judas von Gott als dem einen sprechen, „der euch ohne Straucheln zu bewahren und vor seine Herrlichkeit tadelos mit Frohlocken hinzustellen vermag" (Jud. 24). Anstatt den Tag zu fürchten, an dem wir vor Gott stehen werden – als ob das eine Zeit von elendem Schrecken wäre, sodass wir unsere Köpfe in großer Schande hängen lassen müssen –, können wir dieser Zeit mit großer Freude entgegensehen. Welch eine herrliche erhaltende Macht! Gott kann zu Ende führen, was er angefangen hat (s. 1. Kor. 1,8, Hebr. 12,1), und er kann sein Eigentum erhalten und befreien.

Wie Petrus es ausgedrückt hat: „... der Herr weiß die Gottseligen aus der Versuchung zu retten" (2. Petr. 2,9). Das hat er schon ziemlich lange gemacht. Aber er wird es nicht ohne unsere aktive Mitarbeit tun. Er wird uns nicht zwingen, zu fliehen.

Wenn wir natürlich unser Vertrauen auf uns selbst setzen, uns auf unsere eigene Stärke und unsere Fähigkeiten verlassen, steuern wir möglicherweise auf einen Zusammenbruch zu. Paulus warnte die

Korinther vor dieser Gefahr, indem er sie an die Geschichte Israels erinnerte: „Daher, wer zu stehen meint, sehe zu, dass er nicht falle" (1. Kor. 10,12). Selbstgefälligkeit und Stolz sind Zwillingssünden, die jeden Riesen zu Fall bringen, egal, wie groß und stark er ist. Sie sind auch für selbstgefällige Christen tödlich! Aber wenn wir uns auf die Treue des Herrn verlassen, können wir uns darüber sicher sein:

> Keine Versuchung hat euch ergriffen als nur eine menschliche; Gott aber ist treu, der nicht zulassen wird, dass ihr über euer Vermögen versucht werdet, sondern mit der Versuchung auch den Ausgang schaffen wird, sodass ihr sie ertragen könnt (1. Kor. 10,13).[2]

Verstehst du, was dieser Vers dir sagen will? Manchmal brauchen wir gar keinen Fluchtweg. Wir müssen nur widerstehen: „Unterwerft euch nur Gott! Widersteht aber dem Teufel, und er wird von euch fliehen" (Jak. 4,7). In diesen Zeiten der dämonischen Versuchung stellen wir uns selbst unter die Autorität Gottes und sagen „nein" zu Satan. Und er wird rennen. Er wird aufstehen und gehen. Und wir *werden* fest stehen – das heißt, wir müssen nicht der Versuchung nachgeben. Wir müssen nicht in die Falle gehen. Zu fallen, ist *nicht* ein bereits gefasstes Schicksal. Nachzugeben und zu versagen ist *nicht* der erwartete Gang der Dinge. Wir werden nicht über das hinaus versucht, was wir ertragen können.

Natürlich *fühlen* wir uns nicht immer so. Manchmal überfällt uns die Versuchung mit der Heftigkeit eines peitschenden Sturms, und das Verlangen der Sünde wirft uns hin und her und streitet in uns. In diesen Augenblicken scheinen uns die dämonischen Kräfte so viel näher zu sein als der Heilige Geist. Und doch ist das Wort wahr: Wenn wir uns Gott unterworfen haben, *können* wir dem Feind widerstehen, und die Stärke dieser Versuchung kann gebrochen werden. Noch bevor wir es merken, gibt es Ruhe an Stelle des Sturms und Frieden an Stelle von Qual. Das ist die Kraft des Evangeliums!

Als Mose und die Israeliten in der Krise ihres Lebens steckten – die Ägypter waren hinter ihnen, und das Rote Meer lag vor ihnen –, befahl der Herr Mose, die Autorität anzuwenden, die er ihm gegeben hatte. Schließlich hatte er den Stab Gottes in seiner Hand: „Mose, warum schreist du nach mir? Erhebe diesen Stab, strecke deine Hand aus und teile das Meer. Du tust es, Mose! Und sieh zu, dass diese Israeliten vorwärts kommen. Jetzt ist keine Zeit, stehen zu bleiben und ein Gebetstreffen abzuhalten. Jetzt ist die Zeit, vorwärts zu gehen!"[3] (s. 2. Mose 14,15.16).

Das muss auch uns eine Lehre sein! Manchmal schreien wir nach Gott, damit er uns hilft, wo er uns doch schon die ganze Hilfe, die wir brauchen, gegeben hat. Manchmal möchten wir, dass er für uns kämpft, wo er uns schon die nötige Waffenrüstung gegeben hat, um den Feind zu schlagen. Tatsache ist, dass wir in Jesus die Autorität besitzen, um den Feind unserer Seelen unter unsere Füße zu treten (s. Luk. 10,19)[4]. Wir sind berufen zu überwinden und auch dafür gerüstet.

Andererseits gibt es Zeiten, wo wir einen Fluchtweg brauchen, und statt zu widerstehen, müssen wir um Hilfe rufen. „Die Gerechten schreien, und der Herr hört, aus allen ihren Bedrängnissen rettet er sie." (Ps. 34,18, diese Bedrängnisse schließen auch Versuchungen ein).[5] Manchmal hört sich unser Fluchtweg ungefähr so an, „JESUS! Hilf mir …! Jetzt! Bitte!"

Hast du auch schon einmal ähnliche Gebete gebetet – nicht unbedingt schöne, gut ausgedrückte, redegewandte oder wohlklingende Gebete, aber bestimmt wirkungsvolle Gebete? Irgendwie finden sich diese Gebete in keinem Gebetsbuch. Sie kommen aus einem verzweifelten Herzen. Sie kommen in verzweifelten Zeiten – und es wird verzweifelte Zeiten geben.

Das sind die Zeiten, wenn sich Druck aufbaut und wir uns in Bedrängnis befinden, für den Moment überfordert. Und obwohl uns die Autorität des Wortes Gottes zur Verfügung steht, die Autorität des Namens Jesu, und die Autorität des innewohnenden Geistes, kann Satan ganz gerissen sein und eine Situation erfinden, die genau auf unser Versagen zugeschnitten ist. Plötzlich befinden wir uns in der „perfekten" Versuchung. Unablässig starrt sie uns an, damit wir schwach werden, und blockiert jeden Gedanken an geistliche Autorität oder Sieg. Wir können uns nicht an eine einzige Schriftstelle erinnern, die wir zitieren könnten, allein der Gedanke, den Teufel zurückzuweisen, kommt uns lächerlich vor, und all unsere Weisheit und Reife scheint sich in Luft aufgelöst zu haben. Was können wir jetzt tun? „Hilf mir, Herr! Befreie mich, Gott! Bitte hol' mich raus aus diesem Schlamassel! Zeig mir den Weg!"

Er kann es! Er hat es getan! Er wird es tun!

*Gott ist Spezialist
für übernatürliche Befreiungen. Schliesslich ist er
der Befreier.*

Er wird einen Fluchtweg schaffen, wenn es nötig ist, oder er wird uns helfen, unsere Sinne wieder zu erlangen, oder er wird dafür sorgen, dass uns die Versuchung verlässt. So oder so, er wird einen Weg finden, auch wenn es keinen gibt. Er ist Spezialist für übernatürliche Befreiungen. Schließlich ist er der Befreier.

Hör' dir diesen Siegespsalm an. David hat ihn geschrieben, nachdem er eine mächtige Befreiung aus einer Krise auf Leben und Tod erlebt hatte:

> „Gepriesen!" rufe ich zum Herrn, so werde ich vor meinen Feinden gerettet. Es umfingen mich Bande des Todes, und Bäche des Verderbens erschreckten mich. Fesseln des Scheols umgaben mich, ich stand vor den Fallen des Todes. In meiner Bedrängnis rief ich zum Herrn, und ich schrie zu meinem Gott. Er hörte aus seinem Tempel meine Stimme, und mein Schrei vor ihm drang an seine Ohren (Ps. 18,4.7).

Erst war David in großer Not. Er schrie zum Herrn – und dann waren Davids Feinde in Not! Der allmächtige Gott hatte geantwortet:

> Da wankte und bebte die Erde, die Grundfesten der Berge erzitterten. Rauch stieg auf von seiner Nase, und Feuer fraß aus seinem Mund, glühende Kohlen brannten aus ihm. Er neigte die Himmel und fuhr hernieder, und Dunkel war unter seinen Füßen. Er fuhr auf einem Cherub und flog daher, so schwebte er auf den Flügeln des Windes (Ps. 18,8-11). Hilfe – und ich meine wirklich *Hilfe* – ist unterwegs!
>
> Und er schoss seine Pfeile und zerstreute sie, er schleuderte Blitze und verwirrte sie … Er griff aus der Höhe, erfasste mich, zog mich heraus aus großen Wassern. Er rettete mich vor meinem starken Feind und vor meinen Hassern, denn sie waren

> mächtiger als ich. Sie ereilten mich am Tage meines Unglücks, aber der Herr wurde mir zur Stütze (Ps. 18,15.17-19).

Das gilt auch für uns: Der Herr ist unsere Stütze! Wenn auch die Mächte der Hölle gegen uns aufmarschieren, wenn die Umstände uns erdrücken, wenn gottlose Leute sich verbünden, um uns niederzumachen. Gott wird uns aus der Not erretten! Er wird unseren Grund sicher machen.

Ja, der Herr fordert uns auf, nach ihm zu schreien, wenn er uns sagt: „Und rufe mich an in der Not; ich will dich erretten, und du wirst mich verherrlichen!“ (Ps. 50,15). Wir sollten niemals davor zurückschrecken, Gott in einer Notlage um Hilfe zu bitten oder ihn in Zeiten von Schwierigkeiten um Erbarmen zu ersuchen. Und wenn wir nach ihm schreien, wenn wir eigentlich kämpfen sollten, so ist doch das Schlimmste, was uns der Herr antworten könnte, das, was er zu Mose gesagt hat: „Schrei nicht nach mir! Tu *du* doch etwas. Du hast die ganze Autorität, die du dafür brauchst.“

Mit dieser Art der göttlichen Zurechtweisung kann ich umgehen! Diese Art von Ermahnung baut mich auf. Sie bewirkt, dass ich mich zum Teufel und seinen Dämonen umdrehe und ihnen sage: „Du bist der Verlierer, Satan! Ich weigere mich, dir nachzugeben. Verschwinde jetzt!“ *Und das wird er tun!*

„Aber“, sagst du, „ich kenne einige Leute, die längerfristige Hilfe benötigen. Die einfachen Lösungen scheinen bei denen nicht zu wirken. Sie weisen zurecht. Sie beten. Sie widerstehen. Sie rufen um Hilfe. Was ist mit denen?“ Auch für sie gibt es einen Fluchtweg! Gott ist auch Spezialist für Langzeit-Kuren, nicht nur für Befreiungen aus momentanen Krisen. Er weiß, wie die Dinge dauerhaft gut werden.

Jesus sagte zu seinen Judengenossen, die auch gläubig waren: „Wenn ihr in meinem Wort bleibt, so seid ihr wahrhaft meine Jünger; und ihr werdet die Wahrheit erkennen, und die Wahrheit wird euch frei machen“ (Joh. 8,31.32). Darin ist die Rede von einer dauerhaften Beziehung zum Herrn und von der andauernden Freiheit im Herrn. Es ist die Rede von einem Prozess (im Wort bleiben) und einem Endergebnis (Freiheit). Das kann Gottes Fluchtweg aus lebenslangen Gewohnheiten und Bindungen sein. Das kann der göttliche Ausweg sein.

Wie also? Für einige Drogenabhängige kann ein schriftgetreues diszipliniertes Rehabilitationsprogramm wie Teen Challenge der Weg zur vollkommenen Wiederherstellung sein.[6] Das kann genau das sein, was sie brauchen, und um diesen Nöten zu begegnen, hat der Herr auch diesen Dienst aufgebaut (wie auch viele ähnliche Dienste). Für andere Menschen in Nöten kann eine fürsorgliche christliche Familie Gottes heilender Balsam für die Wunden in ihrer Seele sein, während für andere ein solides Kirchenheim auf der Basis der Bibel all die notwendigen Kleinigkeiten für das Wohlbefinden bietet. So oder so, wenn wir wirklich nach Gott rufen, wird er uns herausführen.

Anfang 1998 suchte eine verzweifelte Mutter aus Chicago den Herrn wegen ihrer Tochter im Teenageralter. Das Mädchen war bereits schwer drogenabhängig und beschaffte sich sogar eine Zeit lang als Prostituierte in England Geld. Sie war zurück in den Vereinigten Staaten, aber ihre Mutter, die wir hier „Angie" nennen wollen, wusste nicht, wo sie war. Doch durch das Gebet war sie überzeugt, dass der Herr ihre Tochter zurückbringen würde und ihre Seele retten würde. (Wir nennen das Mädchen Louise.) Angie rief bei einer örtlichen Teen-Challenge-Stelle an und bat sie, ein Bett für Louise zu reservieren, wobei sie ihnen versicherte, dass ihre nicht sesshafte Tochter bald zurückkehren würde – und sie sollte Recht behalten!

Einige Tage später rief Louise zu Hause an und erzählte ihrer Mutter, dass sie gerade dort, wo sie wohnte, ausziehen musste. Sie sagte sogar, sie würde es einmal mit Teen Challenge probieren, obwohl sie noch nicht gerettet war. Als sie nach Hause kam, beschlossen ihre Mutter und ihr Stiefvater, sie nach Florida zu bringen, um ihre Großeltern zu besuchen, bevor sie in das Rehabilitationsprogramm einsteigen sollte. Als sie fuhren, hatte Angie das Gefühl, dass der Herr zu ihr sagte: „Fahr nach Pensacola." Also sagte sie ihrem Ehemann, was sie von Gott gehört hatte, und sie beschlossen, einen kleinen Umweg zu machen und nach Pensacola zu fahren. Es waren schließlich hunderte Kilometer quer durch den Bundesstaat!

Aber jetzt kommt der faszinierende Teil der Geschichte. Als sie in einem Hotel in der Stadt ankamen, fragte Angie den Rezeptionisten: „Findet hier gerade irgendetwas Religiöses statt?" Sie wusste nicht, dass die größte Erweckung der Ortskirche in der Geschichte Amerikas schon seit den vorangegangenen zweieinhalb Jahren in Pensacola stattfand![7] Natürlich erzählte der Rezeptionist der Familie von der Erweckung – die örtlichen Hotels in Pensacola besitzen Stadtpläne zur Erweckung vorne an der Rezeption – und sie kamen zu den Veranstaltungen. Louise erlebte eine dramatische Bekehrung und wurde getauft und sie ging zu Teen Challenge als komplett neue Person. Durch die Gebete ihrer Mutter hatte Gott für sie einen Fluchtweg bereitet, indem er sie von England zurück in die Staaten brachte, sie dann von Illinois nach Pensacola führte, dann von der Erweckung zu einem bewährten christlichen Rehabilitationsdienst. Er wird alles tun, was nötig ist!

Und doch müssen wir immer wachsam und aufmerksam bleiben. Anders gesagt, Gott erwartet, dass wir alles uns Mögliche tun, um frei zu bleiben. Er wird uns nicht dazu zwingen, mit der Sünde aufzuhören! Wir müssen unseren Lebensstil wählen. Wir müssen unseren Standpunkt einnehmen. Wenn wir uns wissentlich in die Versuchung begeben, wenn wir mit dem Feuer der Sünde spielen, wenn wir unsere Überzeugungen verletzen und genau in eine Falle marschieren, haben wir sonst keine Garantie, dass ein übernatürlicher Fluchtweg für uns vorhanden sein wird. Der einzige Ausweg ist vielleicht, um unser Leben zu rennen. Wir können den Satan so viel wir wollen gebieten, aber er wird nirgendwo hingehen. Wir haben uns genau auf sein Gebiet begeben und in seine Hand gespielt! Wir sind diejenigen, die aufstehen und abhauen müssen. Oder, um es einfach zu sagen, es ist nicht an der Zeit zu kämpfen, sondern zu fliehen.

Paulus drängte die Korinther, der sexuellen Unmoral und dem Götzendienst zu entfliehen (vgl. 1. Kor. 6,18; 10,14) und er ermahnte Timotheus, vor der Habgier und dem Bösen, vor jugendlichen Wünschen zu fliehen, (s. 1. Tim. 6,10.11; 2. Tim. 2,22). „Halte dich da heraus! Wenn du dich mit diesen Dingen umgibst, wirst du in große Schwierigkeiten kommen." Wer kann versprechen, dass Gott uns dann herausholt?

Jeder von uns muss bekannte Orte und Quellen der Versuchung vermeiden, auf jede Weise und um jeden Preis. Wenn wir das nicht tun, laufen wir genau in den geistlichen Treibsand, in dem wir kein Recht haben, zu erwarten, dass Gott uns ein Seil zuwirft, wenn wir untergehen. Vielleicht lässt er uns einfach das ernten, was wir gesät haben. Es war eine Sache, als mich der Herr gnädig vor meiner Dummheit bewahrt hat, als ich wissentlich als neugeborenes Baby im Herrn kopfüber ins Unheil stürzte. Es wäre eine andere Sache, wenn ich von ihm erwarten würde, die nächsten fünfzig Jahre genau dasselbe für mich zu tun.[8] Ein Grund dafür, dass ich so schnell von den Drogen loskam, war, dass ich mich von der ganzen Drogenszene fern hielt. Keine Partys mehr, auf denen Drogen gesetzt und gesoffen wurde.

Einer der auffälligen Slogans, die im Kampf gegen Trunkenheit am Steuer eingesetzt werden, ist: „Bleib am Leben. Trink nicht am Steuer." Als Gläubige gibt es für uns einen ähnlichen Slogan im Kampf gegen die Sünde: „Bleib stark. Halt dich von Falschem fern." Wie die Sprüche in exaktem und starkem Hebräisch sagen: „Den Pfad der Gottlosen betritt nicht, beschreite nicht den Weg der Bösen! Lass ihn liegen, geh nicht darauf, weiche von ihm und geh vorbei!" (Spr. 4,14.15). Das ist die Formel für Leben: Wenn du weißt, dass etwas sündig ist, vermeide es, lass dich nicht darauf ein, wende dich davon ab, und schlag den entgegengesetzten Weg ein. Tu, wozu Gott dich berufen hat, und nähere dich nicht solchen Dingen, die verschmutzen und zerstören.

Einige christliche Männer sagen: „Ich weiß nicht, was mit mir los ist. Ich muss doch echt schwach sein. Wenn ich an den Strand gehe und all diese Frauen im Bikini sehe, fühle ich mich so unrein. Und ich schaffe es anscheinend nicht, meine Augen und meine Gedanken unter Kontrolle zu halten. Ich bin so schwach!"

Mein Bruder, bitte unterscheide doch. Du bist nicht schwach, du bist dumm! Warum begibst du dich in so eine lustbetonte Umgebung? (Wenn du der Meinung bist, sie ist nicht lustbetont, bitte ich dich, den Herrn zu fragen, ob dein Herz hart geworden ist und ob du durch diese Welt so beeinflusst wurdest, dass du nicht einmal mehr merkst, wie weit deine Maßstäbe gesunken sind – und das sage ich zu Männern und zu Frauen. Denk einmal einen Augenblick darüber nach: Wenn die übliche Bademode an unseren Stränden nicht sündig und verführerisch ist, warum gehört es sich dann nicht für eine christliche Schwester, in einem aufreizenden Badeanzug vor der Gemeinde aufzustehen und den Lobpreis zu leiten?) Gottes Rat an die, die an den Strand oder in Bäder gehen und spüren, wie sie mit Lust erfüllt werden, ist einfach: Renne um dein Leben!

Ebenso als ob ein ehemaliger Alkoholiger zu mir sagen würde: „Ich bin so schwach. Jedes Mal, wenn ich in eine Bar gehe, bin ich versucht zu trinken." Dann würde ich ihm antworten: „Du bist nicht schwach, du bist dumm! In Bars hast du nichts mehr zu suchen. Schau, dass du da heraus kommst und geh nie wieder hin. Du kannst dich an anderen Orten um deine verlorenen Freunde kümmern, als in

Cocktailbars und Kneipen.“ Wir haben nicht das Recht, Gott für Fallen die Schuld zu geben, in die wir willentlich hineintappen:

> Niemand sage, wenn er versucht wird: Ich werde von Gott versucht. Denn Gott kann nicht versucht werden vom Bösen, er selbst aber, versucht niemand. Ein jeder aber wird versucht, wenn er von seiner eigenen Lust fortgezogen und gelockt wird. Danach, wenn die Lust empfangen hat, gebiert sie die Sünde; die Sünde aber, wenn sie vollendet ist, gebiert den Tod. Irret euch nicht, meine geliebten Brüder! Jede gute Gabe und jedes vollkommene Geschenk kommt von oben herab, von dem Vater der Lichter, bei dem keine Veränderung ist noch eines Wechsels Schatten (Jak. 1,13-17).

Oft werden wir versucht, weil wir dem Klopfen der Sünde die Tür öffnen, oder schlimmer, wir öffnen die Tür ohne ein Klopfen und schauen nach, wo wir eine Gelegenheit zu sündigen finden. Auch hier lautet der Spruch für uns: „Fliehe! Renne! Setze deine Füße in Bewegung und schau nicht zurück!“ All das Binden und Befreien, das Gebieten und Widerstehen, das Austreiben und Niederschlagen wird nicht so wirkungsvoll sein, als sich einfach herumzudrehen und fern zu bleiben. Es ist wirklich ganz einfach! Hier stehen wir und bedienen uns unserer Autorität über den Teufel, wenn wir in Wirklichkeit nur die Autorität über unser eigenes Fleisch haben müssten. Hier stehen wir und verwünschen die geistliche Dunkelheit über einem bestimmten Ort, wenn wir in Wirklichkeit nur diesen Ort verlassen müssten.

Ja, Bruder, es ist bedrückend, vor einem Stripperklub Schlange zu stehen. Aber der Weg, um diese Bedrückung zu brechen, ist einfach hinauszugehen. Du wirst dich wundern, wie schnell die Freiheit kommt, wenn du einfach aufstehst und gehst. Manchmal ist der Fluchtweg so einfach, dass man nur „ade“ sagen muss – ade zu Partys mit sündigen Freunden, ade zu alten Stammlokalen, wo du immer in Schwierigkeiten kommst, ade zu eingefleischten Gewohnheiten, die dem Teufel die Tür öffneten (wie Flirten oder lustbetonte Kleidung oder verführerisches Auftreten oder Faulheit oder Trägheit), ade zu allem, von dem du weißt, dass es dem Herrn nicht gefällt.

Du wirst sehen, dass frei sein viel leichter ist als frei zu werden, und dass es viel leichter ist, den Feind von deinem Zuhause fern zu halten, als ihn dazu zu bringen, dein Haus zu verlassen, wenn du ihn erst einmal hereingelassen hast. Und wenn die Versuchung kommt und an dich herantritt, dann denk daran: Gott ist kein Lügner, und er versichert uns, dass es Versuchungen sind, „wie sie allen Menschen begegnen". In anderen Worten, sie sind nicht ungewöhnlich oder einzigartig; viele Versuchungen sind nicht so groß, dass du nicht mit ihnen fertig werden könntest, und es wird immer einen Fluchtweg im richtigen Moment geben.

Also, weiche nicht von der Stelle, widerstehe dem Teufel, weigere dich, zu sündigen, rufe nach Hilfe, wenn du sie brauchst, und halte Abstand zu willentlicher Sünde. Wenn die Versuchung vorbei ist und du nicht nachgegeben oder kapituliert hast, wirst du über das ganze Gesicht lachen. Es ist ein so gutes Gefühl, rein zu sein. Oder nicht?

11. Hau deine Hand ab und reiß dein Auge aus

Den schuldigen Körperteil abzuhauen oder auszureißen,
ist eine Art auszudrücken, dass die Jünger Jesu mit Sünde radikal
umgehen müssen. Die Vorstellungskraft
ist eine von Gott geschenkte Gabe,
aber wenn sie mit schmutzigen Dingen genährt wird,
wird sie schmutzig werden. Jede Sünde, nicht zuletzt sexuelle Sünde,
beginnt mit der Vorstellung. Deshalb ist das,
was die Vorstellung nährt, im Kampf
um Gerechtigkeit des Königreichs von größter Wichtigkeit
... Nicht jeder reagiert auf die gleichen Dinge in gleicher Weise.
Aber wenn ... dein Auge dich zur Sünde verführt, reiße es aus;
oder zumindest schau nicht hin ...
Die Alternative ist Sünde und Hölle, der Lohn der Sünde.
Der Punkt ist so grundlegend,
dass Jesus ihn ohne Zweifel zu vielen
Gelegenheiten wiederholt hat.

D. A. Carson

Jeden Freitagnachmittag in Saudi Arabien geschieht bei der Feier des muslimischen Sabbathfestes ein einmaliges Ereignis an einem Ort, der allgemein als „Chop Square“ bekannt ist. Eine große Menge interessierter Zuschauer kommt zusammen und vor ihren Augen werden überführte Kriminelle einer nach dem anderen aufgeführt, einige von ihnen nackt, alle gedemütigt.

Ein Erst-Straffälliger, der nur Delikte von geringerer Schwere begangen hat – wie dass er in trunkenem Zustand auf der Straße aufgegriffen wurde oder ein Stück Obst gestohlen hat – wird gepeitscht. Ein Ehebrecher oder eine Ehebrecherin werden enthauptet. Ein Mann, der wiederholt gestohlen hat, wird nach vorne gebracht, seine rechte Hand wird auf einen Block gelegt, und – zack! – wird diese Hand am Handgelenk abgehauen. Dann wird der verstümmelte Arm von einem Doktor behandelt, der sich um das Stillen der Blutung kümmert. (Augenzeugen sagen, dass der Arm früher in einen Bottich mit siedendem Öl getaucht wurde, um ihn zu kauterisieren.)

Was für eine groteske Szene! Wie primitiv! Jemandem die Hand abschlagen, der ein Verbrechen begangen hat? Ist das nicht ein bisschen extrem? Jesus hat nicht so gedacht – zumindest geistlich gesprochen. Die Evangelien überliefern uns diese strengen Warnungen zu drei verschiedenen Gelegenheiten. Und vergiss nicht, sie kommen aus dem Mund unseres wundervollen Retters. Das genau hat er gesagt und das berichtet auch die Schrift, nicht einmal, nicht zweimal, sondern dreimal:

> Wenn aber dein rechtes Auge dir Anlass zur Sünde gibt, so reiß es aus und wirf es von dir; denn es ist dir besser, dass eins deiner Glieder umkommt und nicht dein ganzer Leib in die Hölle geworfen wird. Und wenn deine rechte Hand dir Anlass zur Sünde gibt, so hau sie ab und wirf sie von dir; denn es ist dir besser, dass eins deiner Glieder umkommt und nicht dein ganzer Leib in die Hölle geworfen wird (Matth. 5,29.30).
>
> Wehe der Welt der Verführungen wegen! Denn es ist notwendig, dass Verführung kommt! Wenn aber deine Hand oder dein Fuß dir Anlass zur Sünde gibt, so hau ihn ab und wirf ihn von dir! Es ist besser für dich, lahm oder als Krüppel in das Leben einzugehen, als mit zwei Händen oder mit zwei Füßen in das ewige Feuer geworfen zu werden. Und wenn dein Auge dir

> Anlass zur Sünde gibt, so reiß es aus und wirf es von dir! Es ist besser für dich, einäugig in das Leben einzugehen, als mit zwei Augen in die Hölle des Feuers geworfen zu werden (Matth. 18,7-9).
>
> Und wenn deine Hand dir Anlass zur Sünde gibt, so hau sie ab! Es ist besser für dich, als Krüppel in das Leben einzugehen, als mit zwei Händen in die Hölle zu kommen, in das unauslöschliche Feuer. Und wenn dein Fuß dir Anlass zur Sünde gibt, so hau ihn ab! Es ist besser für dich, lahm in das Leben einzugehen, als mit zwei Füßen in die Hölle geworfen zu werden. Und wenn dein Auge dir Anlass zur Sünde gibt, so wirf es weg! Es ist besser für dich, einäugig in das Reich Gottes einzugehen, als mit zwei Augen in die Hölle des Feuers geworfen zu werden, wo „ihr Wurm nicht stirbt und das Feuer nicht erlischt“ (Mark. 9,43-48).

Es gibt kaum etwas Radikaleres als eine Amputation. Ärzte schneiden Hände, Füße oder Beine nur als allerletztes Mittel ab, wenn alles andere versagt hat. Sie tun es, weil sie keine andere Wahl haben. Wenn sie es nicht tun, wird sich die Infektion ausbreiten und den ganzen Körper zerstören. Also muss entweder ein Glied sterben oder der ganze Körper. Und wenn die Amputation erst einmal durchgeführt wurde, kann sie nicht mehr rückgängig gemacht werden. Wenn das Glied erst einmal abgetrennt worden ist, wird es nie mehr zu gebrauchen sein. Und doch sagt uns Jesus, unsere Hand oder unseren Fuß abzuschlagen, wenn sie uns zur Sünde Anlass geben.

Natürlich ist das eine *geistliche* Vorstellung, die plastisch die rücksichtslose Art und Weise erklärt, mit der wir mit den sündigen Neigungen und Gewohnheiten umgehen sollen; du kannst also erst mal das Fleischbeil oder die Hacke weglegen. Aber wir wollen die Kraft der Worte Jesu auch nicht abschwächen. Sie sind absolut radikal, total extrem, vollkommen endgültig: „Schlage diese Hand ab und wirf sie von dir“ – auch wenn es die Hand ist, auf die du dich in deiner täglichen Arbeit stützt, die Hand, mit der du schreibst, deine starke Hand. Auch diese Hand muss gehen, wenn sie dich in die Sünde führt.

Dasselbe gilt für deine Augen. Er sagte, dass, wenn unser Auge uns zur Sünde verführt, wir es ausreißen und es von uns werfen sollen. Denk daran! Soldaten im Nahkampf stechen dem feindlichen Soldaten nur dann ein Auge aus, wenn kein anderer Weg da ist, ihn zu überwältigen oder aufzuhalten. Selbst wenn er überlebt, so ist er doch sein Leben lang blind. Aber Jesus sagte, es ist für einen Menschen besser, mit Gott im Reinen zu sein – auch wenn das bedeutet, blind oder verkrüppelt zu sein –, als zwei Hände, zwei Füße und zwei Augen zu haben und geradewegs in die Hölle zu fahren, „wo ihr Wurm nicht stirbt und ihr Feuer nicht verlöscht".

Es ist auch wichtig, dass Jesus über drei Körperteile sprach: unsere Hände als Symbol für unser Tun; unsere Füße als Symbol dafür, wohin wir gehen; unsere Augen als Symbol für alles, was wir sehen und wünschen. Was heißt das, eine Hand, einen Fuß oder ein Auge zu haben, die uns zur Sünde Anlass geben? Und was heißt es, sie abzuschlagen oder auszureißen und von sich zu werfen?

Nehmen wir an, du bist ein Computergenie und verbringst zehn Stunden am Tag mit der Entwicklung neuer Programme. Die Hälfte der Zeit stellst du Nachforschungen im Internet an und lädst dir Informationen über technische Fortschritte auf deinem Gebiet herunter. Aber du verbringst auch jede Woche Zeit damit, im Internet zu surfen und nach pornografischen Seiten zu suchen und gehst sogar in ausdrücklich sexuelle Chatrooms. Für dich ist das Internet wie deine rechte Hand, weil es dich mit der Außenwelt über E-Mail und Websites verbindet und dir als Stütze deines Lebens und als Schlüssel zu deinem Lebensunterhalt dient. Aber es verleitet dich auch zur Sünde.

Also was tust du? Wenn du deine sündige Angewohnheit nicht brechen kannst, dann musst du mit dem Internet brechen, egal, wie viel es dich kostet, diesen Bruch zu vollziehen und ungeachtet der Unbequemlichkeiten und Verluste. Sag' deinem Arbeitgeber, dass du nach wie vor am Computer arbeiten kannst, aber nicht wenn er ein Modem und einen Internetzugang hat. Wenn das nicht möglich ist, oder wenn du dich immer noch ertappst, wie du ins Internet gehst, wenn du auch nur in der Nähe eines Computers bist, dann musst du vielleicht deine Verbindung zu Computern ganz lösen. Schlag die Hand ab, die dir Anlass zur Sünde gibt, auch wenn es deine rechte Hand ist. Dann wäre es besser, du arbeitetest als Hausmeister und verdientest Zehntausende weniger im Jahr als den hoch bezahlten Technik-Job zu behalten und deine Seele zu verlieren. Das hat Jesus gemeint.

Vielleicht gibt dir auch dein Fuß Anlass zur Sünde. Nehmen wir an, du bist eine junge Frau, die auf dem Weg dazu ist, in der christlichen Musikszene ein Star zu werden. Deine Stimme ist toll, du hast ein schönes, wohl tuendes Lächeln, und du besitzt eine Ausstrahlung, etwas Besonderes. Das Problem ist, der Weg, auf dem du bist, ist ein Weg der Selbstverherrlichung, ein Weg, auf dem du – und nicht Jesus – der Mittelpunkt aller Aufmerksamkeit geworden bist, ein Weg, auf dem du gefragt bist, Musik zu machen, um Geld zu machen, ein Weg, auf dem das äußere Auftreten wichtiger wird als die innere Reinheit. Nach und nach merkst du, wie du abrutschst, deine Vertrautheit mit dem Herrn verlierst, die Realität der Worte dir abhanden kommt, über die du doch so professionell singst.

Vielleicht hast du versucht, mit verschiedenen christlichen Agenturen zu arbeiten, aber jedes Mal, egal, was sie dir auch versicherten, fällst du wieder auf die gleiche Falle herein. Und vielleicht ist es gar nicht ihr Fehler. Vielleicht liegt das Problem bei dir. Jedes Mal, wenn du hinausgehst vor die Menge, merkst du, dass der Lobpreis Gottes gar nicht mehr dein Ziel ist. (Wurdest du nicht als Lobpreisleiterin entdeckt?) Jetzt ist dein Ziel ein wundervolles Konzert. Es stimmt, das Geld ist toll, der Lebensstil aufregend, die Zukunftschancen fast unbegrenzt, aber innerlich stirbst du. Was tust du also? Schlag deinen Fuß ab und wirf ihn von dir. Geh zurück als Lobpreisleiterin in deine alte Heimatgemeinde und sag der großen Gospelkarriere ade – wenn es das ist, was du tun musst, um deine Beziehung zum Herrn aufrecht zu erhalten.

Ja, das ist – menschlich gesehen – ein sehr hoher Preis, der zu bezahlen ist, aber sich von Gott zu entfernen, kommt bei weitem teuerer. Und das wollte Jesus uns auch klar machen. In dieser Welt eine Hand oder einen Fuß zu verlieren, ist tragisch. Aber in der kommenden Welt deine Seele zu verlieren, ist millionenfach tragischer.

Dasselbe Prinzip gilt auch, wenn wir das Auge, das uns Anlass zur Sünde gibt, ausreißen – und auch wegwerfen – sollen. Vielleicht gehst du wirklich gerne schwimmen. Das ist deine liebste Freizeitbeschäftigung und unter deinen Sportarten die Nummer eins. Jahrelang bist du mehrmals die Woche schwimmen gegangen, aber jetzt bist du umgezogen, und der einzige Strand oder das einzige Bad in deiner Nähe ist jedes Mal besetzt mit beinahe nackten Badegästen. Das ist

Gift für deine Augen, infiziert deinen Geist und lässt geistliche Verwesung durch deine Seele jagen. Diese verführerischen Bilder tanzen vor dir, wenn du nachts versuchst einzuschlafen, verleiten dich zu Fantasien und Gelüsten. Also reiß dein Auge aus und wirf es von dir – was in diesem Fall bedeuten würde, vom Strand oder Bad fernzubleiben, wenn es sein muss – und beschließe so, lieber in diesem natürlichen Leben etwas Besonderes aufzugeben, als dein geistliches Leben einzuschränken oder gar ganz zu verwirken.

Ja, das ist radikal, aber es ist auch vernünftig. Wenn wir die Dinge aus der Sicht der Ewigkeit betrachten könnten, wäre es wirklich sinnvoll.

Da ich viele Reden in der Öffentlichkeit an allen Plätzen auf der ganzen Welt halte, übernachte ich oft in Hotels, und jahrelang ist es jetzt schon meine Gewohnheit, darum zu bitten, dass der Fernseher aus meinem Zimmer entfernt wird. Warum? Erstens verschwendet man nur zu leicht wertvolle Zeit – Anbetungszeit, Gebetszeit, Zeit für das Studieren der Bibel, oder Ausruhzeit – mit einigen Stunden „harmlosen" Spätfernsehens, wie Sport oder Nachrichten. Zweitens wirft man nur zu leicht einen Blick auf etwas Ungeeignetes, während man die Kanäle wechselt. Drittens – und ich sage das als ein Mensch, der nie auch nur einen Pfennig für einen kostenpflichtigen Film in einem Hotel ausgegeben hat – ist es nur zu leicht, tatsächlich nach etwas Sündigem Ausschau zu halten, das man ansehen könnte, wie Pornofile, die gegen Bezahlung in den meisten Hotels in Amerika und Europa erhältlich sind.

Für mich ist es wesentlich einfacher, das Hotel zu bitten, meinen Fernsehapparat zu entfernen, als mich selbst in eine Lage zu bringen, in der ich vielleicht kostbare Zeit verschwende oder zufällig durch ein vorübergehendes, unsauberes Bild verschmutzt werde, oder noch schlimmer, der Versuchung widerstehen muss, willentlich zu sündigen. Sicherlich gibt es Zeiten, wo ich eine Stunde mit einem späten Imbiss und einem spannenden Sportereignis echt genießen würde, aber es ist ein Opfer, das ich bereit bin zu bringen, um mich von der Versuchung fern zu halten.

Wenn dir das extrem vorkommt, bist du vielleicht noch nie auf Dienst- oder Geschäftsreisen gewesen, wo man einem anspruchsvollen und ermüdenden Zeitplan unterworfen ist. Nachdem du deinen Freunden und Mitarbeitern Gute Nacht gesagt hast, bist du plötzlich allein in deinem Zimmer, Tausende Kilometer von zu Hause entfernt, müde und ausgebrannt, und deine einzige Gesellschaft ist der Großleinwandfernseher. Die Versuchung, dir Gesellschaft zu verschaffen, auch wenn es der Nachrichtensprecher einer Weihnachtssendung ist, ist groß. Das Problem ist natürlich, dass nur allzu oft aus ein paar Minuten harmlosem oder gar auferbauendem Programm Minuten oder Stunden von schädlichem, zerstörerischem Fernsehen werden. Wenn ich jedenfalls reise und das Hotel entfernt den Fernseher nicht, bitte ich an der Rezeption, alle bezahlungspflichtigen Filme auszuschalten, um gegenüber dem Hotel ein Zeugnis abzulegen und um mich selbst zu schützen.

Eines Tages, als ich über dieses ganze Thema des Fernsehens in Hotels nachdachte, stellte ich mir selbst eine Frage: „Warum sollte ich das Hotel nicht bitten, dass ich den Fernseher entfernt haben wollte? Doch nur, um mir die Möglichkeit offen zu halten, fernzusehen, wenn ich ankomme." Davon habe ich ein einfaches Prinzip abgeleitet: Wenn ich die Möglichkeit habe, der Versuchung von vorneherein die Tür zu verschließen, und ich das nicht tue, fordere ich die Schwierigkeiten heraus. Oder um es anders auszudrücken: Wenn ich mich nicht von der Sünde entferne, dann laufe ich direkt in sie hinein.

Der Weg, die Sünde zu vermeiden und den Drang des Fleisches zu überwinden, schaut also oft so aus: Entschließe dich, deinen Lebensstil zu ändern und schwierige Entscheidungen zu treffen, wenn du rein und nüchtern bist: Dann wird die Tür, wenn die Versuchung kommt, von vorneherein verschlossen sein.

Wenn du und dein Verlobter, zum Beispiel, vorab vereinbart habt, niemals allein miteinander in deine Wohnung zu gehen, wird es wesentlich einfacher sein, euch von sexueller Sünde frei zu halten. Die Schlacht ist gewonnen, bevor sie überhaupt beginnt. Wenn du aber weißt, dass es nicht unbedingt klug ist, sich in der Wohnung gemeinsam aufzuhalten, du aber dennoch nicht bereit bist, dich darauf festzulegen, dass ihr nicht hingeht, dann hast du den Versucher schon zu dir eingeladen.

Und wenn ihr erst einmal so weit seid, dass ihr miteinander ein paar Stunden in dieser Wohnung verbracht habt, habt ihr vielleicht nicht mehr den Willen, der Versuchung der Sünde zu widerstehen. Schließlich habt ihr bereits euren Willen geschwächt, indem ihr eure Überzeugungen übergangen habt, und ihr habt doch schon ja gesagt zum Fleisch, indem ihr euren fleischlichen Wünschen nachgegeben habt. Du hättest besser daran getan, die Hand abzuschneiden, die dir Anlass zur Sünde gab – das heißt in diesem Fall, weniger Zeit in intimer Umgebung miteinander zu verbringen.

Natürlich wissen wir, dass nicht die Hände, Füße oder Augen uns Anlass zur Sünde geben. Wir sündigen, weil wir den Wünschen unseres Herzens und unseres Geistes nachgeben. Wie Jesus sagte:

> Denn von innen aus dem Herzen der Menschen kommen die bösen Gedanken hervor: Unzucht, Dieberei, Morde, Ehebruch, Habsucht, Bosheit, Arglist, Ausschweifung, Neid, Lästerung, Hochmut, Torheit; alle diese bösen Dinge kommen von innen heraus und verunreinigen den Menschen (Mark. 7,21-23).

Diese Wahrheit macht uns wieder klar, dass wir nicht wörtlich eine Hand abschlagen, die stiehlt, oder ein Auge ausreißen, das neidvoll blickt. Aber der Herr wollte uns in seiner Lehre einen besonderen Punkt vermitteln, und dieser Punkt ist, dass mit der Sünde rücksichtslos umgegangen werden soll. Trenne sie ab von deinem Leben, amputiere sie von deiner Seele, reiße sie aus deinem Herzen – unabhängig von Kosten und Konsequenzen. Wenn es um Sünde geht, müssen wir sorgfältig und wachsam sein. Trägheit kann bösartig sein.

Wir müssen uns radikal
von allem trennen, was uns verunreinigt
und nach unten zieht.

Lass uns einmal ganz real darüber nachdenken. Brand ist laut Nachschlagewerk „Tod und Verwesung von Körpergewebe, verursacht durch unzureichende Blutzufuhr, üblicherweise als Folge von Unfall oder Krankheit“.[1] In gewissen schweren Fällen kann ein Versäumnis, dieses vom Brand betroffene Glied abzutrennen, zur Folge haben, dass sich Tod und Verwesung durch den ganzen Körper verbreiten. Ein Körperteil zu verlieren – eine schreckliche, extreme Vorstellung – kann jedoch eine attraktive Alternative werden, verglichen mit der Vorstellung, sein Leben zu verlieren. Und im Lichte der Ewigkeit wird der Verlust des Lebensunterhalts oder der Vergnügen unwichtig, verglichen mit dem Verlust der Seele.[2] Wieder sagt Jesus: „Es ist besser für dich, lahm oder als Krüppel in das Leben einzugehen, als mit zwei Händen oder mit zwei Füßen in das ewige Feuer geworfen zu werden“ (Matth. 18,8).

Aber es ist unsere Aufgabe, die geistliche Verstümmelung und Verkrüppelung vorzunehmen. Wir müssen uns radikal von allem trennen, was uns verunreinigt und uns nach unten zieht. Ich höre den Retter wieder sagen: „Schlag es ab, schneide es heraus und wirf es weg. Ich gebe dir die Kraft, zu überwinden.“

Wie Petrus schrieb:

> Da seine göttliche Kraft uns alles zum Leben und zur Gottseligkeit geschenkt hat durch die Erkenntnis dessen, der uns berufen hat durch seine eigene Herrlichkeit und Tugend, durch die er uns die kostbaren und größten Verheißungen geschenkt hat, damit ihr durch sie Teilhaber der göttlichen Natur werdet, die ihr dem Verderben, das durch die Begierde in der Welt ist, entflohen seid (2. Petr. 1,3.4).

Aber Petrus hat uns nicht angewiesen, uns einfach zurückzulehnen und die Segnungen in Anspruch zu nehmen. Stattdessen wies er uns an, „allen Fleiß aufzuwenden“ (V. 5), um in unserem Wandel mit dem Herrn zu wachsen, und er sagte: „… befleißigt euch umso mehr, eure Berufung und Erwählung fest zu machen; denn wenn ihr diese Dinge tut, *werdet ihr niemals straucheln*. Denn so wird euch reichlich gewährt werden der Eingang in das ewige Reich unseres Herrn und Heilandes Jesus Christus“ (2. Petr. 1,10.11).

Da ist das Versprechen wieder – „ihr werdet niemals straucheln“ – und noch einmal gibt es etwas für uns zu tun. So steht es im Wort geschrieben.

Wenn wir den Richtlinien des Herrn folgen und seinen Gesetzen gehorchen, müssen wir keinen tödlichen Fall erleben. Aber wir müssen allen Fleiß aufwenden – mit seiner Hilfe und seiner Gnade –, um uns vor Dummheiten zu bewahren. Wir müssen allen Fleiß aufwenden, um uns im Voraus auf den Kampf vorzubereiten, wenn wir den Krieg gewinnen wollen. (Es gibt ein Sprichwort: „Wer vorgewarnt ist, ist vorbewaffnet.“) Und wenn die Versuchungen und Prüfungen dann kommen, können wir unseren Mann stehen, oder dem Feind widerstehen, oder nach Hilfe rufen, oder einfach fliehen. Es wird einen Fluchtweg geben!

Im letzten Kapitel haben wir gesehen, dass es manchmal in der Zeit der Versuchung nötig ist, zu „fliehen“, im Sinne von einen Fluchtweg zu verfolgen. Zu anderen Zeiten ist es nötig zu „fliehen“, im Sinne von rein bleiben von der Quelle der Versuchung. Das ist ein Teil davon, die Hand abzuschlagen und das Auge auszureißen. Und manchmal warnt uns der Herr schon vorher, wenn wir in die falsche Richtung laufen, genauso wir er auf übernatürliche Weise Jona gewarnt hat, als er versuchte, vor dem Ruf Gottes wegzulaufen.[3] Das ist der Punkt, an dem wir besser schleunigst gehorchen. Das ist der Punkt, an dem wir besser Vernunft annehmen und eine Kehrtwende um hundertachtzig Grad vollführen. Bestimmt ist die Katastrophe schon ziemlich nah. Ein riesiger Laster rast über die nächste Kreuzung, und das Einzige, was zwischen dir und einem tödlichen Zusammenstoß liegt, ist die große rote Ampel. Lerne solche Signale zu befolgen!

Diese Warnung muss noch einmal wiederholt werden: Eine der wichtigsten geistlichen Lektionen, die du jemals lernen kannst, ist, Gottes Stoppschilder zu erkennen und darauf zu reagieren. Überfahre sie nicht! Geh’ nicht leichtfertig darüber hinweg! Sie stehen zwischen dir und dem geistlichen Selbstmord. Die Versuchung legt einen Hinterhalt und wartet auf der anderen Seite der Kreuzung. Gottes Stoppschilder sind alles, was zwischen dir und einer Verabredung mit dem Teufel steht.

Es ist wichtig, dass wir dieses Prinzip verstehen. *Wir dürfen niemals gegenüber dem offenbarten Licht sündigen.* Anders gesagt, wenn Gott dich schon deutlich gewarnt hat, warnt er dich vielleicht nie wieder. Ja, er *muss* dich *nicht* noch einmal warnen, er hat sich schon deutlich ausgedrückt.

Er hat deutlich durch sein Wort oder seinen Geist gesprochen, da gibt es nichts mehr, worüber man beten müsste. Weil dir zum Beispiel das Wort sagt: „Du sollst nicht ehebrechen“, musst du als verheirateter Mensch nicht mehr über die Möglichkeit beten, wie es wäre, eine Beziehung mit dem wirklich hübschen Jungen oder Mädchen anzufangen, den/das du gerade getroffen hast. Du bist verheiratet, und Ehebruch ist verboten. Sündige nicht gegen das offenbarte Licht des klaren Willen Gottes. Denn wenn du weißt, was richtig ist, und setzt dich darüber hinweg, landest du vielleicht in den größten

Schwierigkeiten und deine Hilferufe bleiben ungehört (s. Spr. 1,22-33). Und wenn dir dein himmlischer Vater gnädigerweise Steine in den Weg legt – wie einen sprechenden Esel, der den Propheten Bileam tadelte –, tust du gut daran, dich umzudrehen und die andere Richtung einzuschlagen.

Es ist eine Sache, den Kurs zu kennen, von dem Gott möchte, dass du ihn einschlägst, und übernatürlichen Widerstand entlang dieses Weges zu erfahren. Es ist eine andere Sache, ein klares Wort von Gott zu haben und einen bestimmten Weg nicht zu gehen und dann auf übernatürlichen Widerstand zu treffen, wenn du gehst. Im ersten Fall kann es der Teufel sein (s. 1. Thess. 2,18). Im zweiten Fall kann es der Herr sein. In einem Fall ist es Satan, der dich davon abhalten will, den Willen Gottes zu tun; im anderen Fall ist es Gott, der versucht, dich davon abzuhalten, den Willen Satans zu tun!

Als ich gerade gerettet war, schaute ich mir gerne Boxkämpfe an, trotz ihrer Gewalt und Brutalität. Ich saß auf der Kante meines Sessels vor dem Fernseher, wartete auf den Beginn des Kampfes und mein Herz klopfte. (Es war richtig pathetisch!). Als Nancy und ich heirateten, ging sie immer aus dem Haus, wenn ein Boxkampf gezeigt wurde. Sie hasste es, mit anzusehen, wie ich mich aufarbeitete, wenn ich diesen „Sport" sah. Und doch sah ich nichts Falsches dabei und sah mir jahrelang weiter Boxkämpfe an.

Im November 1982 arbeitete der Herr ernsthaft an meinem Herzen und brachte mich in eine Situation der Buße und des tiefen geistlichen Hungers. Eines Nachts, als ich gerade mit einem Freund einen Meisterschaftskampf ansah, verlor unser „Held" in einem bösen Kampf. Seine Niederlage schmetterte uns nieder! Wir waren tatsächlich so niedergeschlagen über den Kampf, dass wir uns sagten: „Vielleicht ist es falsch, dass wir uns das überhaupt anschauen. Es sollte keine solche Wirkung auf uns haben dürfen und uns so stark nach unten ziehen."

Also machten wir ein Abkommen, dass wir den großen Kampf nicht sehen wollten, der am nächsten Tag im Fernsehen übertragen wurde, mit dem Leichtgewichtchampion Ray „Boom Boom" Mancini und seinem Herausforderer aus Korea, Duk Koo Kim. Ray Mancini war ein wirklich netter junger Mann, und ich fragte mich oft, wenn er kämpfte: „Was wäre wohl, wenn er jemals jemanden ernsthaft im Ring verletzen würde? Wie würde sich das auf ihn auswirken?"

An diesem Sonntag beschloss ich also den Kampf nicht zu sehen und betete stattdessen: „Herr, versuchst du mir etwas über das Boxen zu sagen? Ist das wieder ein Bereich in meinem Leben, den du reinigen und verbessern willst?“

Am nächsten Tag ging ich in die Gemeinde und redete mit den anderen Leitern, die auch alle regelmäßig Boxkämpfe ansahen. „Was war denn los in dem Boxkampf?“, fragte ich.

Einer der Dekane antwortete: „Vierzehn Runden lang lagen sie Kopf an Kopf, und dann schlug Mancini Kim k.o. – und man brachte ihn bewusstlos aus dem Ring. Jetzt ist er hirntot.“

Mein Gott! Diese Nachricht traf mich wie ein Hammer. Ich war niedergeschmettert. Ausgerechnet an dem Tag, an dem ich über das Boxen betete! Ausgerechnet an dem Tag, an dem ich den Herrn gefragt hatte, wie er darüber dachte, dass ich diesen Sport ansah! Ausgerechnet dieser Boxer war betroffen. Die Überführung in meiner Seele war umwerfend, ich wusste, Gott wollte, dass ich damit aufhörte, mir das anzuschauen. (Das Ende der tragischen Geschichte war, dass Kim an die lebenserhaltenden Maschinen angeschlossen wurde, bis seine Mutter eintraf, um ihn zu sehen. Dann wurden die Apparate abgeschaltet und er wurde für tot erklärt. Ein christlicher Freund in Korea sagte mir, dass der Tod des Boxers eine landesweite Tragödie war. Seine Mutter fuhr nach Hause und brachte sich um, indem sie Waschmittel trank. Innerhalb eines Jahres beging auch der Schiedsrichter des Kampfes Selbstmord, wenn auch berichtet wurde, dass dies in keinem Zusammenhang mit dem Mancini-Kampf stand.)

Jetzt, von damals an bis heute, hat Gott nicht mehr über den Boxsport zu mir geredet. Er muss auch nicht! Er hat doch schon laut und deutlich mit mir geredet. Hie und da war ich in der Nähe eines Fernsehgeräts, wenn gerade ein Kampf lief, und ich habe seit 1982 ein paar Minuten Boxen gesehen. Ich schaue mir es weder an, noch übt es auf mich dieselbe Faszination aus, die es einmal hatte. Aber die wenigen Minuten, in denen ich eine oder zwei Runden gesehen habe, fühlte ich keine Überführung darüber. Gott hatte einmal mit mir darüber gesprochen, und er war sehr bestimmt. Warum sollte ich nochmal davon überführt werden?

Ich müsste ein Dummkopf sein, zu glauben, dass die mangelnde Überführung auf eine Änderung des Herzens Gottes hinweist, genau wie ein Christ, der über das Stehlen nachdenkt, dumm wäre, wenn er sagte: „Also, ich glaube, der Herr hat seine Meinung über Diebstahl geändert, denn ich fühle mich gar nicht mehr schlecht, wenn ich es tue." Unsinn! Wenn er zu einem Thema deutlich etwas sagt, braucht er nie mehr darüber zu sprechen.

Denk doch an Bileam. In 4. Mose 22,12 hatte er doch schon ein endgültiges Wort von Gott empfangen, nicht hinzugehen und Israel zu verfluchen: „Und Gott sprach zu Bileam: Du sollst nicht mit ihnen gehen; du sollst das Volk nicht verfluchen! Denn es ist gesegnet." Das ist doch ziemlich deutlich! Aber als man ihm noch mehr Geld anbot, damit er Gottes Volk verfluchte, fragte er den Herrn noch einmal, als ob eine größere Entlohnung seinen Willen ändern würde. (Deshalb nennt ihn das Neue Testament einen geldgierigen Propheten. Siehe 2. Petr. 2,14-16; Jud.11.)[4] Und als er zum zweiten Mal darüber betete, erlaubte ihm der Herr zu gehen – aber in Wirklichkeit war er darüber zornig mit ihm und sandte einen Engel, um ihn aufzuhalten (s. 4. Mose 22,20-35).

In welch schlimme Situation bringen wir uns selbst, wenn wir gegen das geoffenbarte Licht sündigen! Anstatt, dass Gottes Engel uns schützen, stehen sie uns entgegen. Anstatt uns zu helfen, behindern sie uns. Warum? Weil wir auf dem falschen Weg sind! Und wenn wir auf diese göttlichen Stoppschilder zufahren, dann wissen wir, was wir tun müssen: Sofort umdrehen! Gefahr ist im Anmarsch. Schlag den Fuß ab und wirf ihn von dir. Verlasse den Pfad der Sünde und nimm Verluste und Schande hin, egal, wie groß sie sind. Ignoriere die Stoppschilder nicht!

Du junger Angestellter, vielleicht tut dir dein Chef einmal wirklich Unrecht, und in deiner großen Wut beschließt du, zu seinem Haus zu fahren und ihm die Meinung zu sagen … aber aus irgendeinem Grund springt dein nagelneues Auto nicht an. Und als du es endlich schaffst, es anzulassen, indem du dir ein Starterkabel von deinem Nachbarn geliehen hast, sind plötzlich zwei Reifen platt, noch bevor du dein Wohnviertel verlassen hast. Du bist gerade auf Gottes Straßensperren getroffen! Kehr jetzt um, bevor du etwas tust, was du noch jahrelang bereuen wirst. Vielleicht hat der Herr gesehen, dass dein Ärger in Gewalttaten enden würde. Vielleicht wäre es Gewalt gegen dich gewesen! Deshalb hat Gott so gnädig eingegriffen. (Er hätte es nicht tun müssen.) Deshalb hat er dir das Sündigen so schwer gemacht. Und deshalb ist es der Gipfel der Dummheit, Dickköpfigkeit und Fleischlichkeit, wenn wir uns entschließen, diese göttlichen Stoppschilder zu ignorieren.

Wenn wir das tun, provozieren wir nicht die Schwierigkeiten, wir bitten darum. Die Aussichten dieser leichtsinnigen geistlichen Härte sind äußerst unerquicklich.

Du christlicher Leiter, vielleicht ist deine Familie für eine Nacht verreist und du fühlst einen schrecklichen Drang, ein sexuell freizügiges Video auszuleihen. Du bist gerade dabei, ins Auto zu steigen, als das Telefon klingelt, und zu deiner Überraschung erhältst du einen Anruf auf deiner geheimen Privatnummer von jemandem, den du nicht einmal kennst und der dir die traurigen Nachrichten über einen anderen Pastor erzählt, der gerade im Ehebruch erwischt wurde. Gefahr! Du könntest der Nächste sein, wenn du jetzt nicht aufhörst.

Oder du junge Mutter mit drei Kindern, bist vielleicht am Ende deiner Weisheit mit deinem zweijährigen Sohn angelangt. Du willst ihm gerade ins Gesicht schlagen und den Tag verfluchen, an dem er geboren wurde, als aus heiterem Himmel der Radio von alleine angeht und Dr. Dobson über die anhaltenden Auswirkungen von Kindesmisshandlung spricht. Na ja, es klingt vielleicht wie Dr. Dobsons Stimme, aber Gott spricht mit dir. Stop! Du bist dabei, etwas Schlimmes in Gang zu setzen, das nur noch schlimmer wird.

Danke Gott für seine Stoppschilder! Sie zu befolgen, wird uns unaussprechliche Nöte ersparen. Sie zu befolgen, wird unser Leben retten – und das Leben vieler, mit denen wir Kontakt haben. Sie zu bekämpfen, wäre fatal. Wir dürfen die Warnungen nicht ignorieren! Wenn der Herr uns wiederholt und unmissverständlich zeigt, dass etwas sündig oder zerstörerisch ist, müssen wir damit ernsthaft umgehen – bevor es mit uns ernsthaft umgeht.

In Amos 4 schalt der Herr das Volk Israel, weil es nicht auf seine Gerichte reagierte. Er hatte Hungersnöte, Braunfäule, Mehltau, Heuschrecken, Plagen, alle Arten von Zerstörung gesandt. Dennoch wollten sie nicht von ihren Sünden umkehren. Er griff sogar auf höchst ungewöhnliche Ereignisse zurück, um ihre Aufmerksamkeit zu erhalten:

> Und auch ich habe euch den Regen vorenthalten, als noch drei Monate bis zur Ernte waren. Und ich habe auf die eine Stadt regnen lassen, und auf die andere Stadt ließ ich nicht regnen, das

> eine Feld wurde beregnet, und das Feld, auf das es nicht regnete, verdorrte. Und zwei drei Städte wankten zu einer Stadt hin, um Wasser zu trinken, und wurden nicht satt. Und doch seid ihr nicht zu mir umgekehrt, spricht der Herr (Amos 4,7.8).

Dies sind auch Gottes Stoppschilder. Dies sind auch Gottes heilige Sirenen. Durch sie sagt uns Gott: „Wach auf! Pack es an! Der Weg, den du gehst, missfällt mir und beschmutzt dich. Das Zittern, das du fühlst, sind Zeichen, dass ein Erdbeben nahe ist. Gefahr lauert um die Ecke. Kehr um, ändere dich, mach es richtig. Du steuerst auf eine steife Brise zu, und bald wird sie dich wegwehen. Stopp! Deine Hand gibt dir Anlass zur Sünde. Dein Fuß führt dich auf Abwege. Dein Auge bringt dir den Tod für deine Seele. Amputiere sie! Haue die schuldigen Glieder ab und reiße sie aus, bevor die Sünde wie Brand sich in deinem Geist ausbreitet, bevor die Verschmutzung dein Leben erstickt."

Noch einmal sagt uns unser herrlicher Retter: „Es ist dir besser, dass eins deiner Glieder umkommt und nicht dein ganzer Leib in die Hölle geworfen wird" (Matth. 5,30). Ich denke, er hat sich deutlich ausgedrückt.

12. Es ist Gnade allein!

Liebe, die nach oben geht, ist Anbetung;
Liebe, die nach außen geht, ist Zuneigung;
Liebe, die sich herabbeugt, ist Gnade.

Donald Grey Barnhouse

Während einer britischen Konferenz
über vergleichende Religionswissenschaft diskutierten Experten
aus der ganzen Welt, was am christlichen Glauben einmalig ist,
wenn es überhaupt eine einmalige Eigenschaft gibt.
Sie fingen an, die verschiedenen Möglichkeiten auszuschließen.
Wiedergeburt?
Andere Religionen hatten verschiedene Versionen
über ein Auftreten Gottes in menschlicher Gestalt.
Auferstehung?
Auch hier besaßen andere Religionen Berichte
über die Wiederkehr aus dem Tod. Die Diskussion setzte sich einige
Zeit lang fort, bis C.S. Lewis ins Zimmer kam.
„Worum geht's denn?", fragte er und hörte, dass seine Kollegen
diskutierten, welchen einzigartigen Beitrag
der christliche Glaube unter den Weltreligionen leistet.
Lewis antwortete: „Ach, das ist leicht. Das ist die Gnade."
Nach einigen Diskussionen mussten die
Konferenzteilnehmer zustimmen.

Philip Yancey

Einigen von euch brummt vielleicht noch der Kopf von der brutalen Realität des letzten Kapitels. „Mann", wirst du sagen, „das ist starker Tobak! Ich fühle mich im Moment etwas überwältigt. Ich glaube, ich muss jetzt etwas von der Gnade Gottes hören."

Da gebe ich dir ganz Recht! Es gibt nichts Ermutigenderes, nichts, was mehr zu Herzen geht, nichts Erfrischenderes als die Gnade Gottes.[1]

Im März 1996, mitten in einer von Diensten vollgepackten Reise in Indien, nahm ich an einem Taufgottesdienst in der Bucht von Bengali teil. Es war ein wundervoller Tag, als die frisch Bekehrten untergetaucht wurden und ältere Gläubige anbeteten und Fürbitte taten. Die Mitarbeiter sprudelten über vor Freude und keiner von uns hatte es eilig, aus dem Wasser herauszukommen. Also wateten wir tiefer hinein und sprangen und frohlockten und ließen uns von den Wellen tragen. Ich fühlte mich, als ob ich den ganzen Weg nach Indien gemacht hätte, nur um ein paar Minuten totale Entspannung zu bekommen, als ob ich in einem Meer von Gnade schwimmen würde – unendlich, erfrischend, kraftvoll, friedlich. Worte können die Schönheit des Augenblicks und das Gefühl der Liebe Gottes, wie wir es empfanden, nicht ausdrücken. Aber so ist die Gnade Gottes: Sie ist mehr, als Worte ausdrücken können.

Ein Meer von Gnade wartet auf uns und lädt uns ein, einzutauchen und zu schwimmen. Seine Tiefe und Länge ist unendlich, und sogar durch die endlose Zeit der Ewigkeit werden wir in Ehrfurcht vor dem Wunder dieser Gnade stehen. Die Tragödie ist, dass viele Prediger und Lehrer heute Gottes Gnade unbeabsichtigt falsch ausgelegt haben und sie praktisch in eine Lizenz zur Sünde umgewandelt haben. Und damit haben sie ihre Kraft herabgesetzt und ihren Wert gemindert. Sie haben den heiligen Strom beschmutzt, der von Gottes Thron fließt.

Darf ich ganz ehrlich sein? Ich glaube, dass die Gnade eines der am meisten falsch verstandenen Themen der heutigen Kirche ist. Auf der einen Seite gibt es gesetzliche Christen, die anscheinend vergessen, dass die Erlösung durch Gnade im Glauben geschieht und nicht durch Werke. Sie machen aus dem christlichen Glauben eine leblose Religion, gequält durch Sinnlosigkeit und gekennzeichnet durch ständiges Versagen der menschlichen Bemühungen.[2]

Auf der anderen Seite gibt es Leiter, die anscheinend vergessen, dass Erlösung durch Gnade das Freisein von der Sünde ebenso einschließt wie Vergebung der Sünden. Sie machen aus dem christlichen Glauben eine Religion, die „erlöst", aber nicht verwandelt. Beide Standpunkte sind falsch. Komplett falsch.

Wenn du so bist wie ich, fragst du dich natürlich: „Wenn so viele gute Lehrer der Schrift falsch liegen, wie kann ich mir dann der Wahrheit sicher sein? Wie kann ich den richtigen Standpunkt finden?"

Ich werde also versuchen, wieder vollkommen ehrlich zu sein. Ich glaube nicht, dass die meisten Gläubigen – einschließlich der Mitarbeiter – das Thema der Gnade Gottes gewissenhaft für sich studiert haben, sondern stattdessen das weitergegeben haben, was sie von anderen gehört haben, entweder aus Büchern, die sie lesen, oder aus Lehren oder Predigten, die sie gehört haben. Sie nehmen einen kleinen Ausschnitt aus dem großen Bild („Gnade bedeutet unverdiente Gunst") und verpassen den Rest.

Jetzt könnte ich einfach sagen: „Ich habe das ursprüngliche Hebräisch und Griechisch studiert und ich weiß, was die Schrift wirklich sagt", aber was würde dir das bringen? Was ist, wenn du nicht die Fähigkeit hast, die Richtigkeit meiner Studien zu überprüfen? Wie kannst du dir dann sicher sein? Ich will dir weiterhelfen. Es ist doch so, dass jeder gut die Bibel studieren kann, auch wenn er die Originalsprachen nicht kennt. Du kannst sogar ein kleines Spiel aus deinem Bibelstudium machen mit dem Namen „Füll die Lücke" oder „Einsetzen".

Hier ein Beispiel, wie es funktioniert, wenn wir das deutsche Wort „hart" verwenden. Dieses Adjektiv kann mehrere Bedeutungen haben, einschießlich „schwierig" und „fest", aber der Zusammenhang bestimmt, welche Bedeutung die richtige ist. Wenn wir den Satz nehmen: „Der Fels ist hart", werden wir herausfinden, was „hart" bedeutet, wenn wir die Lücke mit dem passenden Synonym füllen: „Der Fels ist ___ ." Was ist hier also die Bedeutung von „hart"? Sicherlich ist der Fels nicht „schwierig", der Fels ist „fest". Aber in dem Satz „Die Prüfung ist ___ (wo die Lücke für „hart" steht), ist klar, dass das richtige Synonym „schwierig" im Gegensatz zu hart ist.

Also kannst du die Bedeutung eines Wortes klären, indem du herausfindest, welches Synonym dieses Wort ersetzen kann. Einfach, oder? Genauso kann man biblische Worte studieren. Mache eine Liste der Verse, in der bestimmte hebräische oder griechische Wörter in deiner deutschen Übersetzung vorkommen, und du kannst sehen, auf welche verschiedenen Arten die Worte in verschiedenen Zusammenhängen verwendet werden.[3] Dann beginnst du, das große Bild zu sehen, das dich dann oft in die Lage versetzt, den Weg zu verfolgen, auf dem ein Wort seine verschiedenen Bedeutungen entwickelte.[4]

Als ich vor einigen Jahren sorgfältig das Konzept der Gnade in der Bibel studierte, schlug ich in meinen hebräischen und griechischen Konkordanzen nach und untersuchte jeden Verweis, wo ich die Schlüsselworte für „Gnade" finden könnte.[5] Dann ordnete ich sie in verschiedenen Kategorien an und analysierte im Gebet ihre Verwendung.[6] Ich war erstaunt über das, was ich dabei fand, vor allem im Neuen Testament!

Du siehst also, Gnade ist mehr als „unverdiente Gunst" (obwohl unverdiente Gunst nichts ist, was man verabscheuen sollte). Sie ist mehr als „Gottes nie endende Allmacht dank des Erlösers", obwohl dieser Satz alles zusammenfasst, was wir je in Gott haben oder erfahren werden. Gottes Gnade ist mehr als ein Wort oder ein Konzept, mehr als die Art und Weise, wie Gott mit uns umgeht (wie in „Durch Gnade bin ich errettet, und alles, was ich tue, geschieht durch Gnade"). Es ist mehr als das.

Gnade ist seine gütige, befähigende Hilfe. Seine andauernde Bevollmächtigung, sein andauerndes Arbeiten für uns. Sie spricht von dem, was der Herr in der Vergangenheit, in der Gegenwart und in der Zukunft an uns getan hat, und drückt aus, was Jesus für uns *tut* und nicht nur was er für uns *getan hat*. Wie A. M. Hunter es beschrieb, „Gnade meint in erster Linie die freie, vergebende Liebe Gottes in Christus zu uns Sündern und das Tätigwerden dieser Liebe im Leben der Christen."[7]

Lass uns die Gnade genauer betrachten. Bist du dazu bereit, sie mit mir zu studieren?

Wir fangen an mit Versen, wo Gnade (im Griechischen *charis*, gesprochen chäris) nicht unverdiente Gunst bedeutet. Hier einige deutliche Beispiele:

„Vielmehr glauben wir, durch die Gnade des Herrn Jesus in derselben Weise errettet zu werden wie auch jene" (Apg. 15,11). Im Zusammenhang wird hier Errettung durch Gnade der Errettung durch die Werke gegenübergestellt.

„Ich mache die Gnade Gottes nicht ungültig; denn wenn Gerechtigkeit durch Gesetz kommt, dann ist Christus umsonst gestorben" (Gal. 2,21).

„Darum ist es aus Glauben, dass es nach Gnade gehe" (Röm. 4,16). In jedem dieser Verse könnte man „unverdiente Gunst" für „Gnade" einsetzen und die Bedeutung bliebe gleich. Also können wir feststellen, dass wir uns hier auf sicherem Boden bewegen.

Die Betonung der Gnade wurde eine Grundlage der Botschaft des Evangeliums (s. Joh. 1,17 „Denn das Gesetz wurde durch Mose gegeben; die Gnade und die Wahrheit ist durch Jesus Christus geworden"), und so wurde die Botschaft bekannt als das Evangelium der Gnade.

> Sie [Paulus und Barnabas] verweilten nun lange Zeit und sprachen freimütig in dem Herrn, der dem Wort seiner Gnade Zeugnis gab, indem er Zeichen und Wunder geschehen ließ durch ihre Hände (Apg. 14,3).
>
> Aber ich achte mein Leben nicht der Rede wert, damit ich meinen Lauf vollende und den Dienst, den ich von dem Herrn Jesus empfangen habe: das Evangelium der Gnade Gottes zu bezeugen (Apg. 20,24; siehe auch Vers 32).

Wie wunderbar ist doch dieses Evangelium der Gnade! So dreckig wie wir waren, so unwürdig wie wir waren, so verdammenswert und undankbar wie wir waren, starb Jesus für uns. Der Vater investierte seine Liebe in uns – obwohl wir raue Rebellen waren – und adoptierte uns als seine eigenen Söhne und Töchter, und machte uns tatsächlich mit seinem Sohn zu gemeinsamen Erben des Universums. Halleluja! Das ist die beste Nachricht, die ein sterbliches Ohr jemals hören kann, und sie bringt Güte über menschliches Verstehen hinaus zum Ausdruck. Wir hatten riesige, ewige Schulden, die unsere Seele verdammten. Jesus, der uns nichts schuldete, hat sie alle bezahlt! Deshalb konnte Paulus schreiben, dass „wir umsonst gerechtfertigt sind durch seine Gnade" (Röm. 3,24). Gott kann, wegen der Tat, die sein Sohn vollbracht hat, über uns das Urteil „nicht schuldig" sprechen.

Aber hier ist die überraschende Nachricht: Das Wort „Gnade" im Neuen Testament hat *nicht* die grundlegende Bedeutung „unverdiente Gunst". Seine Grundbedeutung umfasst Gunst (jeder Art) zusammen mit Güte, aber auch Befähigung und Begabung, wichtige Konzepte, die wir oft übersehen.[8]

Du siehst, Gottes Gnade hat nicht nur etwas Erstaunliches für uns getan – sondern seine Gnade tut auch *weiterhin* Erstaunliches für uns: sie befähigt uns, für ihn zu leben.[9] Dabei war an dem Konzept des Neuen Testaments, in dem Gnade „Gunst“ oder „Gabe“ bedeutet, gar nichts Revolutionäres. Was wirklich revolutionär war, war das Ausmaß von Gunst, die uns durch das Kreuz entgegengebracht wurde und die andauernde Wirkung dieser Gunst in unserem Leben. Gnade bringt das zu Ende, was sie begonnen hat.

Warum ist es so wichtig, das zu verstehen? Weil viele Gläubige wissen, dass Gott sie durch seine Gnade gerettet hat und dass er auf der Grundlage seiner Gnade auch weiterhin mit ihnen umgeht, aber sie wissen nicht, dass seine Gnade *momentan* in ihnen *am Wirken* ist. Es ist eine Sache, zu sagen: „Alles, was ich tue, tue ich aus Gottes Gnade“, das heißt, ich verdiene weder Ansehen noch Ehre (was wahr ist). Es ist eine andere Sache, zu sagen: „Die Gnade Gottes wirkte mächtig in mir“, das heißt, ich erfuhr übernatürliche Hilfe von Gott, um sein Werk zu tun. Siehst du den Unterschied?

Ich bin befähigt,
seinen Willen zu tun, weil er selbst
in mir am Werk ist.

Es ist eine Sache, zu sagen: „Ich komme zu Gott durch seine Gnade“, das heißt, ich habe Zugang zu Gott durch das Blut seines Sohnes (Amen!). Es ist eine andere Sache, zu sagen: „Ich diene Gott täglich durch seine Gnade“, das heißt, ich bin befähigt, seinen Willen zu tun, weil er selbst in mir am Werk ist. Hier ist ein Unterschied.

Der Gläubige sagt: „Ich bin nicht unter dem Gesetz, ich bin unter der Gnade“ (siehe Röm. 6,14), und versteht die Bedeutung (falsch) so: „Gott versteht meine Sünden und verdammt mich nicht dafür. Er nimmt mich so an, egal, wie ich lebe.“

Ein anderer Gläubiger sagt: „Ich bin nicht unter dem Gesetz, ich bin unter der Gnade“, und versteht die Bedeutung (richtig) so: „Durch Gnade sind mir nicht nur meine Sünden vergeben, sondern ich kann über der Sünde stehen. Während das Gesetz meine Verfehlungen nur hervorheben kann, kann Gottes Gnade mein Wesen verändern." Das ist die Macht der Gnade![10]

Lass uns noch einmal auf die Schrift sehen. Ich will dir sogar eine biblische Statistik geben. Von den 155 Malen, die das Wort *charis* im Neuen Testament auftaucht, beziehen sich nicht einmal die Hälfte der Stellen auf „unverdiente Gunst". Also müssen wir etwas tiefer in unser Studium gehen. Wir wenden das Einsetz-Prinzip an, das wir schon gelernt haben, und spielen diesmal „Ersetze das griechische Wort". Ich gebe einen Vers mit dem griechischen Wort *charis* vor, das unübersetzt bleibt, und du setzt die richtige Bedeutung ein:

1. „Das Kindlein [Jesus] aber wuchs und erstarkte, erfüllt mit Weisheit, und Gottes *charis* war auf ihm" (Luk. 2,40).

Was bedeutet *charis* hier? Einfach „Gunst", in diesem Fall aber verdiente. Der Vater freute sich über seinen Sohn und zeigte ihm besondere Gunst, und in diesem Sinne von „besonderer Gunst" verwenden wir das Wort auch heute (wie in: „Gott gab uns wirklich Gnade mit diesen Leuten. Sie haben uns mit offenen Armen empfangen!").[11] Also bedeutet *charis* manchmal ganz einfach „Gunst", und Paulus hat unter anderem auch daran gedacht, wenn er für seine Gemeinden um „Gnade und Frieden" bat (z. B. siehe Röm. 1,7). Er sagte: „Möge die Gunst Gottes mit euch sein!"[12]

2. Stephanus aber voll *charis* und Kraft, tat Wunder und große Zeichen unter dem Volk" (Apg. 6,8).

Es ist ganz klar, dass *charis* hier nicht „unverdiente Gnade" bedeutet. Ganz und gar nicht. Sondern es bedeutet, „göttliche Fähigkeit, Befähigung, Begabung" und in diesem Sinne wird es durch das Neue Testament hindurch verwendet.[13] Hier nur einige von vielen Beispielen. Laut Römer 1,5 empfing Paulus *charis* (göttliche Befähigung) und das Apostelamt durch Jesus, und er schrieb den Römern durch die ihm verliehene *charis* (Fähigkeit, Befähigung) (s. Röm. 12,3) und erzählte ihnen, dass sie verschiedene Gaben besitzen (*charismata*), gemäß ihrer *charis* (Fähigkeit, Befähigung), die ihnen gegeben ist (siehe Röm. 12,6).[14] Also steht Gnade manchmal für Gottes Befähigung und Bevollmächtigung (die Gaben des Geistes sind übernatürliche Befähigungen), und dieses Konzept ist manchmal direkt mit dem Konzept der Gunst verbunden: „Und mit großer Kraft legten die Apostel das Zeugnis von der Auferstehung des Herrn Jesus ab; und große *charis* (Gunst, Bevollmächtigung) war auf ihnen allen" (Apg. 4,33). Kannst du mir noch folgen? Gut. Also weiter.

3. „Euer Wort sei allezeit in Gnade, mit Salz gewürzt; ihr sollt wissen, wie ihr jedem Einzelnen antworten sollt" (Kol. 4,6).

Was bedeutet *charis* hier? Einfach „Güte", im gleichen Sinne, wie wir das Wort „gnädig" verwenden würden. („Sei gnädig mit ihr. Bring' ihr ein wenig Güte entgegen. Sie ist ganz neu im Glauben und sie muss noch viel lernen.") Der Gedanke, dass die Bedeutung hier „unverdiente Gunst" sein könnte, steht vollkommen außer Frage. Fülle doch nur einmal die Lücke mit dieser Wendung: „Euer Wort sei allezeit in unverdienter Gunst, mit Salz gewürzt …" Das funktioniert nicht!

Jetzt wollen wir einen längeren Abschnitt ansehen. Der größte Teil hat nichts mit Erlösung von Sünde zu tun, aber das Wort *charis* kommt häufig darin vor. Wir lesen die ersten vier Verse, damit wir den Zusammenhang verstehen:

4. „Wir teilen euch aber mit, Brüder, die *charis* Gottes, die in den Gemeinden Mazedoniens gegeben worden ist, dass bei großer Bewährung in Drangsal der Überschwang ihrer Freude und ihre tiefe Armut übergeströmt ist in den Reichtum ihrer Freigebigkeit. Denn nach Vermögen, ich bezeuge es, und über Vermögen waren sie aus eigenem Antrieb willig und baten uns mit vielem Zureden um die Gnade und die Beteiligung am Dienst für die Heiligen" (2. Kor. 8,1-4).

Paulus spricht über die gnädige, übernatürliche Hilfe (*charis*), die Gott den Gemeinden in Mazedonien gegeben hat, und sie so befähigt hat, mit enormer Großzügigkeit inmitten ihrer Armut zu geben. Und deshalb fordert er die Korinther auf, dieses Werk der *charis* (2. Kor. 8,6) zu vollenden und nötigt sie, „in diesem *charis*-Werk überströmend zu sein" (V. 7), und erinnert dabei an Jesus, der alles aufgegeben hat, was er hatte, damit wir durch ihn reich werden konnten (s. V. 9). Und es gehört auch ein Versprechen zu dieser aufopfernden Großzügigkeit:

> Gott aber vermag auf euch überströmen zu lassen jede *charis*, damit ihr in allem allezeit alles Genüge habt und überströmt zu jedem guten Werk (2. Kor. 9,8).

„Ja", sagte Paulus, „Gott hat euch Korinthern überschwängliche *charis* gegeben" (V. 14). Siehst du, welch ein Reichtum das ist?[15]

Natürlich weiß ich, dass ich dir jetzt viel Stoff zum Nachdenken gegeben habe. Aber einige Sachen sollten jetzt deutlich werden. Erstens, an vielen Stellen bedeutet das Wort *charis* nicht „unverdiente Gunst". Zweitens, *charis* steht oft für Gottes gnädige Hilfe, seine gütigen und mächtigen Taten für uns, seine Befähigung. Deshalb konnte der Herr zu Paulus sagen: „Meine *charis* genügt dir, denn meine Kraft kommt in Schwachheit zur Vollendung" (2. Kor. 12,9). Der Herr sagte zu Paulus: „Wenn ich in dir wirke, dir helfe, dich unterstütze und dir meine Gunst zeige, was brauchst du dann mehr? Meine Gnade ist genug!"

Auf dieser Grundlage ist es an der Zeit, dies auch praktisch anzuwenden. Wenn wir zusammenfassen, was wir bisher gelernt haben, könnten wir Folgendes sagen: Gottes *charis* ist seine gnädige Hilfe für uns. Im Hinblick auf unsere Errettung steht sie für seine Hilfe für die Hilflosen (= unverdiente Gunst). Im Hinblick auf unseren Wandel mit ihm steht sie für seine Hilfe für die, denen bereits geholfen wurde (= Gunst und Bevollmächtigung). Kannst du mir folgen?

Wir wollen die folgenden Verse betrachten:

- „Du nun, mein Kind, sei stark in der *charis*, die in Christus Jesus ist" (2. Tim. 2,1). Timotheus sei stark in der Bevollmächtigung Gottes!
- „Oder meint ihr, dass die Schrift vergeblich rede: ‚Eifersüchtig sehnt er sich nach dem Geist, den er in uns wohnen ließ?' Er gibt aber größere *charis*. Deshalb spricht er: ‚Gott widersteht den Hochmütigen, den Demütigen aber gibt er *charis*'" (Jak. 4,5.6). Gott gibt Gnade – also Hilfe, Bevollmächtigung, Unterstützung – den Demütigen. Jeder von uns braucht mehr davon!
- „Wie jeder eine Gnadengabe (*charisma*) empfangen hat, so dient damit einander als gute Verwalter der verschiedenartigen *charis* Gottes" (1. Petr. 4,10). Uns werden durch den

Geist göttliche Gaben gegeben und wir müssen diese Befähigung gut einsetzen.

- „Der [Barnabas] freute sich, als er hingekommen war und die *charis* Gottes sah, und ermahnte alle, mit Herzensentschluss bei dem Herrn zu verharren" (Apg. 11,23). Barnabas freute sich, den Beweis für Gottes gnädiges Wirken in den Herzen dieser Menschen zu sehen, und so ermutigte er sie, im Glauben zu bleiben. Er konnte die „Gnade" bei ihnen am Werk sehen!

Jetzt wollen wir in unserem Studium noch einen Schritt weitergehen und es direkt auf das Thema der Errettung aus der Sünde anwenden. Was genau tut Gottes Gnade? Schau dir Titus 2,11-14 genau an:

> Denn die *charis* Gottes ist erschienen, heilbringend allen Menschen, und unterweist uns, damit wir die Gottlosigkeit und die weltlichen Lüste verleugnen und besonnen und gerecht und gottesfürchtig leben in dem jetzigen Zeitlauf, indem wir die glückselige Hoffnung und Erscheinung der Herrlichkeit unseres großen Gottes und Heilandes Jesus Christus erwarten. Der hat sich selbst für uns gegeben, damit er uns loskaufte von aller Gesetzlosigkeit und sich selbst ein Eigentumsvolk reinigte, das eifrig sei in guten Werken.

Achte darauf, was der Text sagt: Gottes *charis* bringt nicht nur Heil, sonder lehrt uns, zu allem, was unheilig ist, nein zu sagen, und ja zu allem, was heilig ist. Das stimmt überein mit dem Sinn, warum der Herr für uns gestorben ist: um uns von allem Bösen zu erlösen und für sich selbst ein gerechtes und frommes Volk zu reinigen. (Erinnere dich, Jesus reinigt ein Volk für *sich selbst*. Wie soll die Braut aussehen, die er heiraten will?)

Gottes Gnade ist umfassend und vollständig. Sie erlöst und heiligt, rettet und stellt wieder her, indem sie uns von durch die Hölle gebundene Sünder in Heilige mit einem heiligen Leben umwandelt. Das ist die Gnade Gottes! Und genau wie es die übernatürliche, unendliche Gnade des Herrn war, die uns erlöste, ist es seine übernatürliche, unendliche Gnade, die uns *hält*. Wie ich schon sagte, es ist ein Meer der Gnade!

Blicke zurück und sieh dir an, wie der Herr angefangen hat, an dir zu arbeiten. Du warst ein hoffnungsloser Sklave der Sünde, ein abgelehnter Schuft, ein Gefangener des Willens des Fleisches. „Gott aber, der reich ist an Barmherzigkeit, hat um seiner vielen Liebe willen, womit er uns geliebt hat, auch uns, die wir in den Vergehungen tot waren, mit dem Christus lebendig gemacht – durch *charis* seid ihr errettet“ (Eph. 2,4.5). Wer kann Gottes Gnade ermessen?

Aber das ist nur der Anfang. Seine Gnade ist bei uns gerade in diesem Moment, hilft uns, erhält uns, bevollmächtigt uns. Deshalb können wir auch „mit Freimütigkeit hinzutreten zum Thron der *charis*, damit wir Barmherzigkeit empfangen und *charis* finden zur rechtzeitigen Hilfe“ (Hebr. 4,16).[16] Sind das nicht ermutigende Worte! Für seine Kinder ist Gottes Thron ein Ort der Hilfe, Güte und Gunst, und an diesem Thron finden wir alles, was wir brauchen. Gott sei gepriesen für den Gnadenstrom, der vom Thron der Gnade fließt![17]

Und da ist immer noch mehr. Wir können auch auf die künftige Gnade blicken:

> Er hat uns mitauferweckt und mitsitzen lassen in der Himmelswelt in Christus Jesus, damit er in den kommenden Zeitaltern den überschwänglichen Reichtum seiner *charis* in Güte an uns erwiese in Christus Jesus (Eph. 2,6.7).

In diesem Licht – wer kann sich vorstellen, wie es sein wird? – drängt uns Petrus: „… und hofft völlig auf die *charis*, die euch gebracht wird bei der Offenbarung Jesu Christi“ (1. Petr. 1,13). Was wird das für ein Tag sein! Gnade, mehr Gnade und endlose Gnade. Die unsere Vergangenheit, Gegenwart und Zukunft in Jesus zusammenfasst. Verstehst du, was das bedeutet?

Es bedeutet, dass wir im Vertrauen auf die Güte unseres Gottes ruhen können, in dem Wissen, dass dasselbe Blut, das uns am Anfang abgewaschen hat, uns auch in diesem Moment weiter abwäscht, und dass dieselbe Gnade, die uns in der Vergangenheit geholfen hat, uns auch in der Gegenwart weiterhin hilft. Gott hat uns begünstigt, indem er seine Liebe auf uns gelegt hat, und er begünstigt uns, indem er seine Liebe auf uns ruhen lässt.

Wie wurden wir gerettet? Durch Gnade durch den Glauben. Wie hält er uns? Durch Gnade durch den Glauben. Was ist unsere ewige

Hoffnung? Gnade durch Glauben. Feiere es, freue dich darüber, genieße es, bade darin. Der Herr ist unsere Stärke, der Herr ist unsere Hilfe, der Herr ist es, der uns erhält, der Herr ist unser Erlöser. Ja, Erlösung gehört dem Herrn, durch den Herrn, im Herrn, und vom Herrn. Von Anfang bis Ende ist sie komplett Gnade.

Aber die Schrift hört hier nicht auf. Es gibt noch mehr zu sagen, und wieder ist es ernüchternd. Das tolle Konzept kann missbraucht werden. Erinnerst du dich, dass wir vorhin Römer 6 lasen? Nachdem Paulus im vierten und fünften Kapitel des Römerbriefs die Bedeutung der Gnade erklärt hat, fragt er: „Was sollen wir nun sagen? Sollten wir in der Sünde verharren, damit die Gnade überströme?" (Röm. 6,1).[18] Auf keinen Fall! Gottes Gnade trennt uns von der Sünde. Wie könnte jemand anders denken? Gnade, die uns nicht heilig macht, hat diesen Namen nicht verdient.

Auch Judas warnt uns eindringlich: „Denn gewisse Menschen haben sich heimlich eingeschlichen, die längst zu diesem Gericht vorher aufgezeichnet sind, Gottlose, welche die Gnade unseres Gottes in Ausschweifung verkehren und den alleinigen Gebieter und unseren Herrn Jesus Christus verleugnen" (Jud. 4). Siehst du die Bedeutung darin? Weil ein richtiges Verständnis von Gnade bedeutet, dass Erlösung *nicht* durch Werke geschieht, verdrehen „gottlose" Menschen die Lehre von der Gnade in eine Lizenz für unmoralisches Handeln, und indem sie dies tun, verleugnen sie den Herrn Jesus.[19] Das sollte uns einiges über ähnliche Lehren der heutigen Zeit erzählen, auch wenn sie von frommen Männern kommen. Diese Art Lehre ist gefährlich, um es noch harmlos auszudrücken, und sie führt dazu, Jesus als Herrn in unserem Leben zu verleugnen.

Und es gibt noch eine andere eindringliche Warnung bezüglich Gnade in der Schrift: Man kann sie verpassen!

> Jagt dem Frieden mit allen nach und der Heiligung, ohne die niemand den Herrn schauen wird; und achtet darauf, dass nicht jemand an der Gnade Gottes Mangel leide, dass nicht irgendeine Wurzel der Bitterkeit aufsprosse und euch beunruhige und die vielen durch diese verunreinigt werden, dass nicht jemand ein Hurer oder ein Gottloser sei wie Esau, der für eine Speise sein Erstgeburtsrecht verkaufte, denn ihr wisst, dass er auch nachher, als er den Segen erben wollte, verworfen wurde, denn er fand

keinen Raum zur Buße, obgleich er sie mit Tränen eifrig suchte (Hebr. 12,14-17).[20]

Der Kommentator des Neuen Testaments William Barcley traf den Nagel auf den Kopf, als er schrieb:

> Gnade ist nicht nur eine Gabe; sie ist auch eine Verantwortung. Ein Mensch kann sein Leben nicht so weiterleben, wie er es tat, bevor er Jesus Christus traf. Er muss in einer neuen Reinheit und einer neuen Heiligkeit und einer neuen Güte gekleidet sein. Die Tür ist offen, aber die Tür ist nicht offen für Sünder, damit sie kommen und Sünder bleiben, sondern damit die Sünder kommen und zu Heiligen werden.[21]

Auf Gottes Gnade muss eine menschliche Antwort folgen. Als wir die Botschaft der Gnade hörten, war es an uns, zu glauben. Wie Paulus schrieb: „Darum ist es aus Glauben, dass es nach Gnade gehe" (Röm. 4,16).[22] Nicht zu glauben wäre die Verdammnis wert (z. B. siehe Apg. 13,44-50).

Die Botschaft des Evangeliums geht ebenfalls mit einem Aufruf zur Buße einher (siehe Matth. 3,2; 4,17; Mark. 6,12.13; Luk. 5,31.32; 13,3; 15,7.10; 24,47; Apg. 2,38; 3,19; 5,31; 11,18; 17,30; 20,21; 26,20; Hebr. 6,1; 2. Petr. 3,9).[23]

„Aber wie können Sünder umkehren?", fragst du. Durch Gnade! Gott gibt ihnen die Kraft, von ihren Sünden umzukehren.

Aber die Erlösung durch Gnade durch Glauben sagt dem Sünder: „Es gibt nichts, was du tun könntest, um dich selbst von Gottes Urteil zu erretten oder um dich selbst für ihn annehmbar zu machen. Jesus ist die einzige Hoffnung! Setze dein Vertrauen auf ihn, und kehre um von deiner Sünde durch die Macht seines Blutes. Er hat alle Übertretungen für dich bezahlt, ist für deine Sünde gestorben und er ist wieder auferstanden, um dich zu rechtfertigen. Er wird dir vergeben, dich frei machen und dich verändern. Er wird aus dir ein Kind Gottes machen und dich von der Sklaverei unter Satan befreien. Rufe jetzt nach seinem Erbarmen! Kehre um und glaube."

Das ist das Evangelium der Gnade!

Aber ich sage dir noch einmal: Nach der Schrift kann diese Gnade verpasst werden. Lass mich einen Vergleich ziehen. Du lebst in

New York, als du eine dringende Nachricht erhältst, dass du innerhalb von 24 Stunden in London sein sollst. Natürlich kannst du nicht mit dem Auto über den Atlantik fahren (und wenn du es könntest, würde es Tage dauern) und kein Schiff kann schnell genug dorthin gelangen. Also, was kannst du tun? Du kannst in ein Flugzeug steigen und rechtzeitig in London eintreffen. Das Flugzeug tut das, was du nicht kannst. Es fliegt! Es steigt 10 km hoch in die Luft bei einer Geschwindigkeit von 900 km pro Stunde. Ist das nicht atemberaubend! Aber wenn du nicht in das Flugzeug einsteigst, wird es dir nichts nützen, und wenn du beschließt, während des Fluges vom Flugzeug zu springen, bist du tot.

So ist es mit der Gnade. Gnade tut das, was wir nicht können. Sie befreit uns von Sünde! Sie spricht uns gerecht! Sie erhebt uns, bringt uns in himmlische Höhen, macht uns heilig. Aber wir müssen mit Gottes Gnade kooperieren, die Bevollmächtigung glauben und empfangen, damit wir von unserer Sünde umkehren, und wenn wir während des Fluges abspringen, sind wir verloren.

Du sagst: „Aber so wie ich gelehrt wurde, ist es keine Gnade, wenn ich nicht abspringen kann!"

Darf ich noch einmal offen antworten? Die Lehre, die du erhalten hast, ist nicht richtig! Studiere jeden einzelnen Vers in der Bibel, der von Gnade handelt, und zeige mir einen, der deinen Standpunkt deutlich unterstützt. Du kannst es nicht. Im Gegenteil, du wirst Verse finden wie Hebr. 12,15, der *Gläubige* vor den schlimmen Folgen warnt, wenn sie Gottes Gnade verschmähen.

Aber die Quintessenz ist die: Wenn du wirklich dem Herrn dienen willst, kannst du dich in ihm sicher fühlen. Nur ein Narr würde mitten in der Luft aus einem Flugzeug springen.

Nur ein Narr würde Gottes Gnade verwirken. Nur ein Narr würde die Gabe des ewigen Lebens und der ewigen Liebe dem Einen ins Gesicht werfen, der sie ihm geschenkt hat.

Was mich anbetrifft, so werde ich im Meer der Gnade schwimmen, solange ich lebe, mich an der unverdienten Güte erfreuen, die er mir erzeigt hat, mich täglich durch seine Gunst und Bevollmächtigung erfrischen, und ich freue mich auf den Tag, an dem seine Gnade vollkommen in mir enthüllt wird. Toll!

Gottes Gnade ist seine gütige Hilfe uns gegenüber, und seine liebende. Hand hat uns nicht nur aus der Grube gezogen, sondern hält uns jeden Moment fest. Warum nicht voll und ganz der Kraft dieser Gnade vertrauen, bis du ihn von Angesicht zu Angesicht siehst, fehlerlos und schuldlos an diesem Tag?

Von Anfang bis Ende ist es nur Gnade. Du wirst durch sie erlöst. Du wirst durch sie erhalten. Jetzt steige durch sie auf. Seine Gnade ist genug für dich.

13. Hast du die erste Liebe verlassen?

Zeige mir einen frisch Bekehrten,
solange sein Herz warm ist und die Liebe Gottes von seinen Lippen glüht. Was kümmert ihn die Welt?
Lenke seine Aufmerksamkeit darauf, zeige ihm ihre Reichtümer, ihre Freuden und ihre Ehre und versuche ihn dazu zu bringen, ihren Freuden nachzujagen, und er wird es verabscheuen.
Aber lass ihn ein Geschäftsmann werden und ein Jahr lang auf den Prinzipien der Welt seine Geschäfte abwickeln, und du wirst das Glühen der Liebe Gottes nicht mehr in seinem Herzen finden, und seine Religion ist eine Religion des Gewissens geworden, trocken, mager, ohne Einfluss – alles, nur nicht die glühende Liebe Gottes, die ihn zu Wohltaten bewegt hatte.
Ich appelliere an jeden Mann in diesem Haus, und wenn meine Stimme laut genug wäre, würde ich an jeden Theologieprofessor in der ganzen Stadt appelieren … Und wenn irgendjemand sagen würde: „Nein, so ist es nicht", wäre das für mich ein Beweis, dass er niemals wusste, wie es ist, das Glühen der ersten Liebe eines Bekehrten zu spüren.

Charles Finney

Sicherlich haben sie nur kalte Liebe zu Jesus, die nicht mit dem Verlangen brennt, die gerechte Braue zu sehen, die mit Dornen gekrönt war.

Robert Murray M'Cheyne

Und einer der Schriftgelehrten, der gehört hatte,
wie sie miteinander stritten, trat hinzu, und da er wusste,
dass er ihnen gut geantwortet hatte, fragte er ihn:
Welches Gebot ist das erste von allen?
Jesus antwortete ihm: Das erste ist:
„Höre Israel: Der Herr, unser Gott, ist allein Herr;
und du sollst den Herrn, deinen Gott, lieben aus deinem ganzen
Herzen und aus deiner ganzen Seele und aus deinem ganzen
Verstand und aus deiner ganzen Kraft."
Das zweite Gebot ist dies:
„Du sollst deinen Nächsten lieben wie dich selbst."
Größer als diese ist kein anderes Gebot.

Markus 12,28-31

Nichts ist wichtiger als deine Beziehung zum Herrn. Nichts. Aber die Sünde stellt in ihrem Wesen einen Angriff auf diese Beziehung dar. Deshalb muss die Sünde aus deinem Leben ausgerottet werden. Deshalb muss die Festung der Sünde gebrochen werden. Deshalb müssen wir die Sünde hassen und ablehnen. Ihr Ziel ist es, genau das zu stehlen, ohne das du nicht leben kannst: vertraute Gemeinschaft mit Gott. Das Ziel der Sünde ist es, dich von unserem Erlöser zu trennen. Lass es nicht zu, dass sie das schafft!

Du kannst deine Freunde verlieren und trotzdem gesegnet sein. Du kannst deinen Besitz verlieren und dennoch reich sein. Du kannst sogar deine Gesundheit verlieren und dennoch fruchtbar sein. Aber wenn du deine Beziehung zu Jesus verlierst, wenn du deine Gemeinschaft mit ihm verlierst, geben dir alle Besitztümer, jede körperliche Stärke der Welt nicht für einen Moment Freude oder wahre Zufriedenheit. Denn deine Wurzel verdorrt! Bald werden die Blätter an deinen Zweigen austrocknen und absterben. Du hast die Quelle des Lebens verlassen! Und eines Tages – Gott behüte, dass es so weit kommt –, wenn der Wind der Versuchung weht, wird er ein Haus ohne Fundament oder einen Baum ohne Wurzeln aufdecken. Das Haus wird mit einem Krach zusammenbrechen, der Baum wird mit einem entsetzlichen dumpfen Geräusch umfallen.

Wir sind geschaffen, damit wir den Herrn kennen und ihm dienen, um mit ihm zu wandeln, ihn zu lieben, uns an ihm zu freuen, für ihn zu arbeiten. Aber wir Menschen haben uns stattdessen entschlossen, unsere eigenen Wege zu gehen, Ausschau zu halten nach Befriedigung und Erfüllung durch Geld, Leistungen, Essen, Sex, Bildung, Sport, Musik, Kunst, Familie, Arbeit, Religion – die Liste ist fast endlos. Aber in unserem Geist bleibt trotzdem ein klaffendes Loch, eine Wunde, die nicht heilen kann, ein Herzensschrei, der keine Antwort findet. Nur Gott kann das Loch füllen! Nur Gott kann die Wunde heilen! Nur Gott kann den Schrei beantworten!

Und deshalb hat unser Vater in seiner unendlichen Liebe seinen Sohn gesandt, damit er uns suchte und errettete, der sein eigenes Leben als Brücke hergab, die sich über den Golf unserer Sünden erstreckt und so den Weg für uns bahnt, auf dem wir heimkehren zu Gott. Und wir sind bereits auf dem Weg! Wir wurden schon zu seinen Söhnen und Töchtern gemacht, wir wurden bereits auf den wahren Weinstock aufgepfropft, wir können den Schöpfer aller Dinge schon „Abba" rufen. Bald werden wir den Schmutz dieser Welt verlassen und vor unserem Schöpfer stehen, für immer frei, perfekt für die Ewigkeit, ohne Makel oder Flecken durch die kommenende Zeit. In Jesus wird unser Schicksal erfüllt. In Jesus werden wir vollkommen – total. Die Realität dieser Dinge ist mir so nahe; wenn ich mich ausstrecke, kann ich sie praktisch greifen. Es ist näher, als wir denken!

Aber jetzt fühlen wir uns in dieser Welt eingeschlossen, und es gibt einfach keinen Weg, auf dem wir ihren schlimmen Umständen vollständig entrinnen könnten. Jeder von uns müht sich mit mehr als genug Auseinandersetzungen, Problemen, Ablenkungen, Versuchungen, Kämpfen und Schwierigkeiten ab. So ist es einfach, ob es uns gefällt oder nicht, und der Teufel lässt uns nur in Ruhe, bis er wieder einen günstigeren Augenblick findet, um uns anzugreifen (siehe Lukas 4,13; 1. Petr. 5,8.9). Wir werden ihn nicht los, solange wir in unserem irdischen Leib stecken, und obwohl wir ihm widerstehen können und ihn in die Flucht schlagen können, wird er früher oder später zurückkommen. Es gibt keine Zeichen, dass dieser Krieg nachlässt.

Was können wird dann tun? Wie sollen wir dann leben? Die Antwort ist einfach: *Wir müssen der Vertrautheit mit dem Herrn nachjagen.*

Ihn zu kennen und mit ihm zu gehen, muss unser erstes Ziel

sein, bei unseren Prioritäten die Nummer eins, das, worauf sich unsere Energie und Aufmerksamkeit konzentriert.[1] Jedes geistliche Amt und jede geistliche Aktivität und alle Gaben und alle Kraft können nicht die feste Beziehung zu Gott ersetzen. Geistliche Ämter und „Salbung" und Dienst ohne Vertrautheit sind sogar nur Theater oder Show oder Religiosität oder gute Arbeit – wenn es nicht aus unserem Herz für Gott fließt. Wie Vance Havner sagte: „Die Hauptqualifikation für einen Missionar ist nicht die Liebe zu Seelen, wie so oft gesagt wird, sondern die Liebe zu Christus."[2]

Alles, was wir tun – beten, studieren, Seelen gewinnen, nachfolgen, anbeten, predigen, lehren, Vater/Mutter sein, dienen, geben –, muss aus unserer Liebe zu Gott fließen. Er ist die Quelle, er ist die Motivation, er ist der Grundstein.

Schau dir an, wie der Herr Ephesus in Offenbarung 2 tadelt. Das war eine Gemeinde, die sich hervortat, eine Kirche, die hart arbeitete, eine Gruppe von Gläubigen, die falsche Lehren hasste, eine Gemeinschaft, die ausdauernd war. In vielerlei Hinsicht waren sie eine Vorzeigegemeinde, reich an guten Werken, aufmerksam gegenüber den Warnungen des Paulus, ihres geistigen Vaters (siehe Apg. 20,28-31; Offb. 2,2), und willig, um Jesu willen Leid zu ertragen. Und sie taten alles, ohne dabei müde zu werden. Was könnte der Herr sich noch wünschen? Die Gläubigen in Ephesus waren sicherlich den meisten von uns überlegen.

„Aber", sagte Jesus zu ihnen, „ich habe gegen dich, dass du deine erste Liebe verlassen hast. Denke nun daran, wovon du gefallen bist, und tue Buße und tue die ersten Werke! Wenn aber nicht, so komme ich dir und werde deinen Leuchter von seiner Stelle wegrücken, wenn du nicht Buße tust" (Offb. 2,4.5).[3] Welch ernste Warnung!

Harte Arbeit genügte nicht. Opfer genügten nicht. Reinheit der Lehre genügte nicht. Gute Beaufsichtigung durch den Pastor genügte nicht. Beharrlichkeit im Leid genügte nicht. Diese Gemeinschaft hatte die erste Liebe verlassen, und wenn sie nicht Buße tat – achte darauf, das ist ein gemeinschaftlicher Aufruf –, würde sie der Herr tatsächlich von ihrem Platz stoßen. Sie würden keine Gemeinde von Ephesus mehr sein! *Siehst du jetzt, wie wichtig es in den Augen des Herrn ist, dass wir unsere erste Liebe erhalten?*[4]

Denk nur:

Es ist möglich, dass eine ganze Gemeinde von der Vertrautheit und Hingabe zu Jesus abfällt, während hart für ihn gearbeitet wird und Lehre und Moral rein gehalten wird.

Es ist für den einzelnen Gläubigen möglich, aus der Vertrautheit und Hingabe zu Jesus abzurutschen, während er hart für ihn arbeitet und seine Lehre und Moral rein hält.

Der Herr spricht von unserer ersten Liebe wie von einer Höhe – einer herrlichen, wunderbaren Höhe –, aus der wir herunterfallen können. Er ruft uns dazu auf, auf diese Höhe zurückzukehren.[5]

Wir verlassen – nicht „verlieren“ – unsere erste Liebe, was heißt, dass wir den Platz der geistlichen Leidenschaft verlassen, durch die Entscheidungen, die wir treffen, und den Lebensstil, den wir annehmen. Unsere „erste Liebe“ ist nicht etwas, das wir versehentlich verlegt haben.[6]

Der Herr ruft uns dazu auf, Buße zu tun für die Sünde, dass wir unsere erste Liebe verlassen haben, das heißt, dass wir an diesen Platz der geistlichen Leidenschaft wieder eingesetzt werden können, durch die Entscheidungen, die wir treffen, und den Lebensstil, den wir annehmen.

Welche Entscheidungen sind das also und wie sieht dieser Lebensstil aus? Was müssen wir tun, damit wir wiederhergestellt werden, damit wir diese Umkehr vollziehen, damit wir unsere erste Liebe wiedergewinnen?

Jesus gibt uns die Antwort: „Tut Buße“ – das heißt, mach’ eine 180°-Wende – „und tue die ersten Werke“ (Offb. 2,5). Es gibt Dinge, die wir tun können, um die Vertrautheit wiederherzustellen!

Hast du schon einmal ein christliches Buch darüber gelesen, wie man das Feuer der Liebe in einer kaputten Ehe neu entfacht? In solch einem Buch wird dir nicht nur gezeigt, wie du eine Diagnose über die Art deiner Eheprobleme stellen kannst, sondern es werden dir auch spezifische, praktische Schritte an die Hand gegeben, die dir dabei helfen werden, deine Probleme in den Griff zu bekommen.

Beispielsweise wird ein für Männer geschriebenes Buch vielleicht den Ehemann an die frühen Tage seiner Beziehung zu seiner Verlobten/Frau erinnern. Damals rief er sie mehrmals am Tag an, schickte ihr einmal die Woche Blumen, ging jeden Samstag mit ihr ganz besonders aus, war aufmerksam gegenüber ihren unausgesprochenen Bedürfnissen und Wünschen, stellte sie immer an die erste Stelle, hinterließ ihr kleine Liebesbriefchen und gab ihr das Gefühl, dass sie etwas ganz Besonderes war. Aber das ist lange her – fünf Kinder, drei Wohnungen, ein Haus, vier Umzüge, sechs Arbeitsstellen und etwa 10 Kilo für ihn und 20 für sie – um es ganz genau zu nehmen! Die Dinge haben sich geändert.

Was muss dieser Ehemann tun? Er muss die ersten Werke tun. Er muss die Romantik neu beleben und sich anstrengen, die Beziehung zu erneuern und zu vertiefen. Er muss sich gute Zeit für seine Frau und mit seiner Frau nehmen und ihr Glück zur ersten Priorität erklären. Er muss sie wissen lassen, wie wichtig sie ihm immer noch ist und um ihretwillen aus seiner Routine ausbrechen. Er muss sie wieder als seine Braut lieben!

Das ist genau das, was wir tun müssen, wenn unsere Liebe für Jesus kalt wird. Wir müssen unser Verhältnis zu ihm erneuern! Wie? Wir nehmen uns Einheiten qualitativ guter Zeit, um ihn zu treffen, schütten ihm unser Herz im Gebet aus, teilen unsere innersten Gedanken und Lasten. Wir erheben unsere Stimmen zu ihm in Lob und Anbetung, singen die Lieder, die uns über die Jahre so wertvoll waren, drücken unsere Liebe zu ihm mit Danksagung ind Lobpreis aus. Wir füllen unseren Geist und unser Herz mit seinem Wort, meditieren über seiner Wahrheit, lernen von ihm, empfangen von ihm, wachsen in Wissen und Gnade. Wir denken zurück an die Ehrfurcht und Bewunderung dieser frühen Tage und wir strecken uns danach aus, dieses Gefühl der göttlichen Nähe wiederzuerlangen. Und wenn wir uns gefordert fühlen, teilen wir unseren Glauben mit denen, die den Herrn nicht kennen.

Laut Matthew Henry müssen Gläubige, die ihre erste Liebe verlassen haben,

> umkehren und die ersten Werke tun. Sie müssen so tun, als ob sie noch einmal neu anfingen, Schritt für Schritt zurückgehen, bis sie an die Stelle kommen, wo sie ihren ersten falschen Schritt taten; sie müssen sich bemühen, ihren ersten Eifer, ihre erste Zärtlichkeit und Ernsthaftigkeit neu zu beleben und wiederzufinden und müssen so ernsthaft beten und so sorgfältig aufpassen, wie sie es taten, als sie sich zum ersten Mal mit Gott auf den Weg machten.[7]

Wenn wir dann eine Zeit lang diese Dinge getan haben – nicht mit einer Stoppuhr-Mentalität, nicht als geistliche Leistung oder aus religiöser Gewohnheit, nicht um Pluspunkte zu sammeln oder irgendwie seine Gunst zu verdienen, sondern weil wir ihn lieben und uns nach ihm sehnen und unsere Nachfolge für ihn vertiefen wollen – sein Geist wird anfangen, unsere Herzen zu überfluten, und noch bevor wir es merken, wird er wieder der Wertvollste in unserem Leben sein. Er wird der Grund werden für alles, was wir tun, das Zentrum unserer Aufmerksamkeit, das höchste Ziel unserer Zuneigung. Dann werden alle unsere guten Werke – ihm dienen, unseren Glauben mitteilen, Opfer bringen – Ausdruck von Liebe sein, ein überfließendes Herz, das in den Meister verliebt ist.[8]

Das heißt es, die „ersten Werke zu tun". Das heißt es, zu der Höhe zurückzukehren, aus der wir gefallen sind, Buße zu tun und zur ersten Liebe zurückzukehren. Gott erwartet sehnsüchtig unsere Schritte zurück zu ihm! Er erinnert sich noch daran, wie unsere Beziehung einmal war, und er drückt es wie ein trauernder Ehemann in lebhaften Worten aus:

> Und das Wort des Herrn geschah zu mir: Geh und rufe in die Ohren Jerusalems: so spricht der Herr: Ich erinnere mich – dir zugute – an die Treue deiner Jugendzeit, an die Liebe deiner Brautzeit, wie du hinter mir hergingst in der Wüste, im unbesäten Land (Jer. 2,1.2).

Und er drückt seine Sehnsucht zu uns als ein Vater aus und denkt zurück an die Tage unserer Kindheit, als wir komplett von ihm abhängig waren. Im Folgenden drückt Gott sein Herz gegenüber seinem Volk Israel aus:

> Als Israel jung war, gewann ich es lieb, und aus Ägypten habe ich meinen Sohn gerufen. Sooft ich sie rief, gingen sie von meinem Angesicht weg. Den Baalim opferten sie, und den Gottesbildern brachten sie Rauchopfer dar. Und ich, ich lehrte Ephraim laufen – ich nahm sie immer wieder auf meine Arme –, aber sie erkannten nicht, dass ich sie heilte. Mit menschlichen Tauen zog ich sie, mit Seilen der Liebe, und ich war ihnen wie solche, die das Joch auf ihren Kinnbacken anheben, und sanft zu ihm gab ich ihm zu essen (Hos. 11,1-4).

Aber jetzt hatten sie sich weit von ihm entfernt! Und doch liebte der Herr sie immer noch:

> Wie sollte ich dich preisgeben, Ephraim, wie sollte ich dich ausliefern, Israel? Wie könnte ich die preisgeben wie Adma, dich Zebojim gleichmachen? Mein Herz kehrt sich in mir um, ganz und gar erregt ist all mein Mitleid … Ist mir Ephraim ein teurer Sohn oder ein Kind, an dem ich Freude habe? Denn sooft ich auch gegen ihn geredet habe, muss ich doch immer wieder an ihn denken. Darum ist mein Innerstes um ihn erregt. Ich muss mich über ihn erbarmen, spricht der Herr (Hos. 11,8; Jer. 31,20).

Wie er durch Jeremia sagte: „Kehrt um, ihr abtrünnigen Kinder! Ich will eure Treulosigkeiten heilen" (Jer. 3,22). Das ist das Wort des Herrn!

Am Montag, den 1. Januar 1750, nahm John Wesley den folgenden Eintrag in sein Tagebuch vor:

> An einigen Tagen dieser Woche appellierte ich an viele, die ihre „erste Liebe" verlassen hatten, aber keiner von ihnen hat sich gerechtfertigt. Alle plädierten „Schuldig vor Gott". Deshalb gibt es Grund zur Hoffnung, dass er zurückkehren wird und über die Maßen Vergebung schenken wird.[9]

Ja, Gott wird uns reichlich vergeben. Der Herr wird dich wieder annehmen und keine Fragen stellen.

Gibt es etwas, das dich abhält? Gibt es etwas, das dich daran hindert, deine Beziehung mit dem Herrn zu erneuern.? Er hat versprochen, sich denen zu nähern, die sich ihm nähern (s. Jak. 4,8), und wie es John Bunyan originell formuliert hat: wenn wir einen Schritt auf Gott zu machen, macht er einen Schritt auf uns zu – aber seine Schritte sind größer als unsere! Jetzt ist die Zeit, den Herrn mit unserem ganzen Sein zu suchen.

Es ist die Suche nach unserer Heiligkeit. Wie Oswals Chambers es ausdrückte: „Heiligkeit ist die Eigenschaft des Menschen nach Gottes eigenem Herzen."[10] Wir wurden für ihn geschaffen, und in ihm gedeihen wir. Der letztendliche Faktor, der uns von der Sünde abhält, ist sogar die Nähe des Herrn in unserem Leben. Wenn Gott uns nah ist

– und wir uns dieser Tatsache bewusst sind –, wird die Sünde uns fern sein. In diesem Licht konnte M. P. Horban sagen: „Wirkliche Heiligkeit ist, die Freundschaft mit Gott zu lernen.“[11]

Das ist der Schlüssel zu all unserem Wachstum an Gnade, Wissen, Gehorsam und Dienen. Alles fließt daraus, dass wir ihn kennen. *Gott zu kennen*, ist sogar der eigentliche Kern des ewigen Lebens: „Dies aber ist das ewige Leben, dass sie dich, den allein wahren Gott, und den du gesandt hast, Jesus Christus, erkennen“ (Joh. 17,3).

Ich denke an die leidenschaftliche Lyrik in dem Lied von Keith Green: „You Love the World and You're Avoiding Me“ (Du liebst die Welt und du gehst mir aus dem Weg), in dem der Herr uns fragt: „Wenn du am Ende mich verlierst, was tust du dann?“ Was tun wir, wenn wir die Nähe zum Herrn verlieren? Was ist für uns in dieser Welt übrig – oder in der Ewigkeit –, wenn wir den verlassen, den wir einmal geliebt haben?

Wenn wir ihn kennen, werden wir ihm dienen. Aber wenn wir versuchen, ihm zu dienen, ohne ihn zu kennen, beleidigen wir den eigentlichen Zweck, zu dem er uns geschaffen hat, und nehmen unserem Dienst seine Bedeutung. Er machte uns nicht zu Robotern oder Puppen, sondern zu Söhnen und Töchtern.

Ja, es ist in wunderbarer Weise wahr, dass wir dem Herrn für immer dienen werden, und unter seiner Regentschaft werden wir regieren (siehe Offb. 22,3-5). Aber genau mitten in dem Absatz, der uns dies verspricht, steht geschrieben:

> Und sie werden sein Angesicht sehen; und sein Name wird an ihren Stirnen sein. Und Nacht wird nicht mehr sein, und sie bedürfen nicht des Lichtes einer Lampe und des Lichtes der Sonne, denn der Herr, Gott, wird über ihnen leuchten (Offb. 22,4.5).

Er wird unser alles in allem sein! Er wird unser Teil sein. Sein Angesicht wird unser Licht sein. Wie es der Heilige Robert Murray M'Cheyne ausgedrückt hat:

> Christus selbst wird der größte Lohn seines Volkes sein … Jeder Ort würde der Himmel sein, wenn wir bei Christus wären. Kein Ort wäre der Himmel ohne ihn … Oh, mit ihm zu sprechen wie

> Mose und Elia es auf dem Berge der Verklärung taten, ihn Worte der Gnade sprechen zu hören, unseren Kopf dort anzulehnen, wo Johannes ihn angelehnt hat, ihn zu halten und nicht gehen zu lassen, sein Angesicht zu sehen, das so ist wie der Libanon, herausragend wie die Zedern, wie er seine Augen voller göttlicher Zärtlichkeit und heiliger Liebe auf uns richtet – das wird eine Belohnung sein.[12]

Und so sollte alles, was wir in dieser Welt tun, letztendlich in Erwartung des Tages getan werden, an dem wir ihn von Angesicht zu Angesicht sehen werden. Das ist der eigentliche Sinn des Ganzen. Lebst du, damit du siehst, dass er Anerkennung ausdrückt, wenn eure Augen sich zum ersten Mal treffen? Wie wunderbar wird es sein, ihn lächeln zu sehen!

Es wäre keine größere Freude möglich und keine größere Befriedigung vorstellbar. In diesem unbeschreiblichen Augenblick – der Augenblick, der alle Augenblicke beendet - werden aller Schmerz, alles Leid, alle Enttäuschung, aller Kummer, alle Mühe, alle Qual, alle Fragen in Vergessenheit geraten – wenn wir das Gesicht des Erlösers sehen. Und das ist es, woran wir jeden Tag unseres Lebens denken müssen: Bald gehen wir, um den Herrn persönlich zu treffen, und wir sollten uns jede Stunde, die wir atmen, für diesen Moment bereit machen.

Gott selbst – nicht so sehr seine Belohnung, oder sein Segen, oder seine Salbung, sondern der Herr selbst – muss unser Ziel sein. Deshalb muss jeder von uns seine Beziehung zu ihm pflegen. Jeder von uns muss ein für alle Mal in seinem Herzen festmachen, dass alles, was wir an ewig Gutem tun können, in ihm geboren ist, und dass alles wirklich Gute in uns von ihm geboren ist.

Warum also verbringen wir so viel Zeit damit, aus unserer eigenen Stärke und Weisheit uns abzumühen, zu planen und herumzurennen? Warum haben wir nicht mehr Gemeinschaft mit ihm im Gebet und verbringen mehr Zeit zu seinen Füßen in Anbetung und beraten uns mehr mit ihm durch sein Wort? Warum?

Wie er zu werden –
der Kernpunkt der Heiligkeit – erfordert, bei ihm zu sein
und zu kommen, um ihn kennen zu lernen.

Und wie können wir nur daran denken, heilig zu sein, ohne vorher den Heiligen zu kennen? Wie können wir einen Maßstab oder eine Norm für Heiligkeit haben, wenn wir den eigentlichen Standard für Heiligkeit verlassen haben? Und wie können wir Stärke empfangen, damit wir heilig werden, wenn wir den Heiligen Geist verlassen haben, der uns bevollmächtigt? Wie er zu werden – das ist der Kernpunkt der Heiligkeit – erfordert, bei ihm zu sein.

Tragischerweise können wir all die äußerlichen Zeichen christlichen Eifers und Dienstes besitzen, ohne dabei eine dynamische Beziehung mit dem Herrn zu führen. Gemäß dem neutestamentlichen Gelehrten Robert Mounce, „hatten in Ephesus der Hass gegenüber Ketzerei und die intensive Einbindung in glaubensgemäße Arbeiten zugelassen, dass das Glühen der Liebe zu Gott und untereinander nachließ“[13]. In anderen Worten: „Jede Tugend trägt in sich den Samen ihrer eigenen Zerstörung.“[14]

So kann es sein, dass genau unser Eifer nach Wahrheit und Reinheit in Verbindung mit unserer Neigung zu harter Arbeit und Opfer uns unserer Liebe sowohl zu Gott als auch zu den Menschen berauben kann. Charles Finney hat sich dazu geäußert und erklärt, dass ein Gläubiger sogar mit einem abgefallenen Herzen aktiv im christlichen Dienst bleiben kann.

Für Finney bestand Abfallen aus: (1) „die Weihe für Gott und seinen Dienst zurückzunehmen, die wahre Bekehrung ausmacht“; (2) „das Verlassen der ersten Lieben“; (3) „der Christ zieht sich selbst aus jenem Zustand der gesamten und umfassenden Hingabe an Gott zurück, der wahre Religion ausmacht, und kommt wieder unter die Kontrolle eines selbstgefälligen Geistes.“

Finney bemerkte, dass sogar in diesem Zustand

> es ein abgefallenes Herz geben kann, wenn die Formen der Religion und des Gehorsams gegenüber Gott beibehalten werden. Da wir aus Erfahrung wissen, dass Menschen dieselben oder ähnliche Taten aus sehr unterschiedlichen oder oft sogar aus gegensätzlichen Motiven vollbringen, sind wir sicher, dass Menschen alle die äußeren Formen und Erscheinungen der Religion aufrecht erhalten können, wenn sie doch im Herzen eigentlich abgefallen sind. Zweifellos nimmt die ausgeprägteste Selbstsüchtigkeit oft von einem religösen Typ Besitz, und es

> gibt viele Überlegungen, die jemandem, der im Herzen abgefallen ist, dazu bringen können, die Formen zu wahren, während er die Kraft des Lebens mit Gott in seiner Seele verloren hat.[15]

Abfallen kann leise sein, aber sein Ursprung ist immer der gleiche: Etwas in unserer Beziehung zum Herrn ist kaputt gegangen. Irgendwie ist unsere Liebe erkaltet. Irgendwie ist unsere Hingabe geschwunden.

„Aber“, fragt der besorgte Gläubige, „wenn es den Anschein haben kann, dass ich brennend bin für Gott, für den Herrn arbeite und treu in seinem Wort bleibe, und gleichzeitig abfalle, wie kann ich dann den wirklichen Zustand meines Herzens erkennen?“

Ich will für dich einige Symptome eines abgefallenen Herzens beschreiben, einige handfeste Tests, anhand derer du dich selbst prüfen kannst. Es gibt keinen Grund, im Dunkeln zu tappen, wenn es um dein eigenes geistliches Leben geht. Hier einige Fragen, die du dir selbst stellen kannst:

1. Hat meine *persönliche Hingabe* zu Jesus abgenommen?

Vielleicht hat dein Verlangen nach vertrauter und privater Zeit mit dem Herrn nachgelassen, insbesondere nach Gebet und Anbetung, und dein einstmals gewaltiger Hunger und deine große Leidenschaft nach dem Wort fehlen nun. (Laut John G. Lake fällt jeder, der abfällt, als erstes in seinem nachlassenden Hunger nach dem Wort ab, während Leonhard Ravenhill oft sagte, dass der Abfall durch ein Nachlassen im Gebet beginnt.)

Erinnere dich, als du heiß warst, war Jesus dir alles! Du konntest es nicht erwarten, Zeit mit ihm zu verbringen. Ihn zu loben – sogar mit den einfachsten kleinen Liedchen – war die reine Freude. Wenn ein Gebetstreffen stattfand, warst du dabei. Das Wort hast du *verschlungen.*

Die Worte des Paulus sagten dir etwas: „Ja wirklich, ich halte auch alles für Verlust um der unübertrefflichen Größe der Erkenntnis Christi Jesu, meines Herrn, willen, um dessentwillen ich alles eingebüßt habe und es für Dreck halte, damit ich Christus gewinne“ (Phil. 3,8). Aber irgendetwas ist geschehen. Etwas hat sich verändert.

Du verbringst Zeit mit dem, den du liebst, Du teilst dein Herz mit dem, den du liebst. Du bist eifersüchtig auf den, den du liebst. Du denkst nach über den, den du liebst. Liebst du Jesus heute so, wie du ihn früher geliebt hast?

Vielleicht genießt du die Lobpreis*formen* – gute Musik, Singen, vielleicht Tanzen, an einer aufregenden, gemeinsamen Erfahrung teilzuhaben –, aber was ist mit dem Gegenstand des Lobpreises? Was ist mit dem Herrn? Vielleicht hast du eine Vision. Vielleicht bist du in einer Bewegung engagiert. Vielleicht hast du eine Botschaft oder eine Last. Theologie kann dich faszinieren. Geistliche Themen können dich interessieren. Der Dienst kann die vereinnahmen. Aber alle diese Dinge sind bloße Götzen und Ablenkungen im Vergleich dazu, in das Licht der Gegenwart Gottes zu treten und ihm nachzufolgen. Du kannst nur in dem Maße wachsen und Frucht bringen, wie du am Weinstock bleibst (siehe Joh. 15,1-9).

2. Hat meine *persönliche Erfüllug* in Gott abgenommen?

Hast du das Bedürfnis nach anderen Dingen als Gott, um Erfüllung zu erlangen? Suchst du immer mehr gesellschaftliche Orientierung an Stelle von privater Hingabe? Bemerkst du, dass du mehr und mehr die Anerkennung und Akzeptanz von Personen aus Fleisch und Blut suchst?

Das Wort sagt: „Und die Begierden nach den übrigen Dingen kommen hinein und ersticken das Wort, und es bringt keine Frucht" (Mark. 4,19), und: „Wenn jemand die Welt liebt, ist die Liebe des Vaters nicht in ihm" (1. Joh. 2,15). Was ist dein Verlangen? Was bringt dir Erfüllung? Liebst du Gott oder liebst du die Welt? „Gedenkt aber der früheren Tage ..." (Hebr. 10,32-39).

Früher einmal war das Fortkommen im Beruf nicht die Hauptquelle deiner Erfüllung, noch war es eine große Lohntüte, ein nettes Haus, ein neues Auto, ein spezieller Freund oder eine besondere Freundin, eine aufregende Sportveranstaltung oder sogar eine glückliche Familie. (Ja! Sogar Ehepartner und Kinder können dich davon abbringen, dass deine Freude am Herrn über allem steht.) Dein Leben mit Gott erfüllte dich einmal. Erfüllt es dich immer noch? Voll und ganz? Wenn nicht, dann hast du deine erste Liebe verlassen.

M'Cheyne hat das so ausgedrückt: „Wenn du durch eine Freude auf dieser Welt so gefangen genommen bist, dass sie deine Liebe zum Gebet oder zu deiner Bibel wegnimmt, oder dass sie dir Angst macht vor dem Ruf „Hört, der Bräutigam kommt" – dann ist dein Herz „*beschwert*" (Luk. 21,34). Du missbrauchst diese Welt."[16]

3. Hat meine Leidenschaft für *geistliche Arbeit* abgenommen?

Dies zeigt sich in einer geringeren Last für die Verlorenen (sowohl Heimat- als auch Fremdenmission, sowohl domestizierte als auch undomestizierte Heiden), einer geringeren Last für Erweckung und Offenbarung (oft ersetzt durch gute Werke und noch subtiler durch gute geistliche Programme), und einer Neigung zu *Angesehenheit* an Stelle von *Radikalität*. Das „unkultivierte" Predigen des Evangeliums ist dir jetzt peinlich. Bei heiligem Eifer fühlst du dich unwohl und immer mehr schämst du dich für Jesus und seinen Ruf.

Wie oft gibst du Zeugnis? Einst warst du wie ein brennendes Haus. Früher hast du nach Gelegenheiten gesucht, um über Jesus zu sprechen. Ganz natürlich war es für dich, Zeugnis abzulegen. Aber jetzt vermeidest du das Thema beinahe. Du kümmerst dich einfach nicht um die, für die Jesus gestorben ist. Du glaubst nicht wirklich, dass sie verloren sind. *Unglaube ist immer ein Ergebnis davon, dass man irgendwo, irgendwie abgefallen ist.* Fühlst du dich selbst geistlich gefühllos?

Und was ist mit Erweckung und Offenbarung? Wie würdest du dich fühlen, wenn der Heilige Geist mit Macht käme? (Nicht unbedingt auf „kultivierte" – und „fassbare" – Weise, sondern mit Intensität und Plötzlichkeit und Aufruhr.) Bist du bereit, ihm die Kontrolle zu überlassen – die Kontrolle des Gottesdienstes, der Leiterschaft, die Kontrolle über *dich*? Bist du noch hungrig nach einer echten Bewegung Gottes? Oder bist du zufrieden geworden mit einem bequemen Sitz im Theater, während die Vorstellung selbst nie beginnt?[17]

Nimm dich in Acht vor einer kraftlosen, geistlichen Kultiviertheit. Die Welt bewundert sie, aber sie hat keinen Biss.

4. Sind meine *Maßstäbe für Heiligkeit* gesunken?

Vielleicht hast du Dinge in deinem Leben, deiner Familie oder Gemeinde zugelassen, die undenkbar gewesen wären, als du noch brennend warst. Jetzt findest du, dass du in der Lage bist, an bestimmten Aktivitäten teilzunehmen, gewisse Filme anzuschauen, gewisse Sportarten und Unterhaltungsarten zu genießen und gewisse Funktionen wahrzunehmen, etc., von denen der Herr dich einmal überführt hat – aber jetzt gibt es dieses Bewußtsein für Sünde nicht mehr!

Gib Acht! Diese Art des Abfallens geschieht oft im Namen der geistlichen Reife. Ich warne dich als jemand, dem genau dieser geistliche Irrtum unterlaufen ist: Es ist eine Falle und eine Lüge!

Das Fehlen eines göttlichen Schuldbewusstseins ist nicht mit dem Fehlen eines göttlichen Missfallens gleichzusetzen. Eigentlich kann es darauf hinweisen, dass sich seine Gegenwart zurückzieht. Wenn der Heilige Geist gerade jetzt an dir arbeitet, dann schreie sogar dort, wo du bist, zu ihm und bitte um seine wiederherstellende Gnade. Verhärte dein Herz nicht gegen den Herrn, den König und deinen Freund. Das ist geistlicher Selbstmord. Dass irgendetwas dich „nicht stört", kann sogar die lauteste Warnung sein, die du jemals hören wirst.

Kannst du ungehindert sündigen, ohne dabei Kummer zu fühlen? Dann falle auf dein Angesicht und schreie um Erbarmen, bevor es zu spät ist. Sonst hast du dich vielleicht selbst für den Erhalt des Preises disqualifiziert. Lass dich nicht täuschen: Du erfährst nicht die Freiheit, die das Ergebnis von Vertrauen ist; du erfährst die mangelnde Sensibilität, die aus Härte resultiert.

Hast du dich schon selbst betrogen, indem du dir im Namen der „Freiheit" selbst eine Lizenz zum Sündigen ausgestellt hast? Hast du die wertvolle Nähe verachtet, die du einmal mit Jesus genossen hast, indem du sie als „gesetzlich" bezeichnet hast? Renne zurück in seine Gegenwart –, mit aller Disziplin und Hingabe, die notwendig ist – während seine Arme noch weit offen sind. Wo göttlicher Kummer ist, da ist auch göttliche Gnade.

5. Lasse ich nach in *geistlicher Autorität* und *persönlichem Sieg*?

Vielleicht erlebst du mangelnden Sieg über das Fleisch, fällst zurück in alte Gewohnheiten und Gelüste, fühlst dich selbst nicht in der Lage, zu widerstehen oder den Teufel aus Festungen in deinem Leben oder dem Leben derer, denen du dienst, zu vertreiben.

Denke daran: Du kannst die anderen austricksen, aber du kannst das Fleisch nicht austricksen – und du kannst den Teufel nicht austricksen. Wie Ravenhill oft fragte: „Bist du bekannt in der Hölle?“[18]

Bewegst du dich von Sieg zu Sieg, oder fühlst du dich jeden Tag (oder jeden Monat, oder jedes Jahr) mehr gefangen? Petrus lehrte, dass „von wem jemand überwältigt ist, dem ist er auch als Sklave unterworfen“ (2. Petr. 2,19). Du musst dich selbst fragen, ob Jesus dein Meister ist, oder ob du der Sünde unterworfen bist. Bist du ein Überwinder, oder wirst du überwunden? Ist Jesus der Herr, oder wirst du regiert von deinem Bauch, oder deiner sexuellen Lust oder deinem Temperament, oder deiner Gier, oder deiner Bitterkeit? Wer oder was regiert dich?

Früher hast du den Teufel verjagt; jetzt zitterst du bei seinem Schatten. Früher hast du die Angst vertrieben, wie ein Hund das Wasser abschüttelt, jetzt bist du gelähmt durch Sorge und Furcht. Früher hast du sofort von Herzen vergeben, jetzt erinnerst du dich an alles und bist nachtragend. Mein Freund, du fällst ab!

Früher hast du wirkungsvoll das Königreich des Teufels angegriffen. Jetzt greift er dich an. Was ist aus deinem Sieg geworden? Du fällst ab von dem Ort der geistlichen Autorität! Wie tragisch, dass Satan dich gelähmt hat, sei es durch theologische Fragen oder durch Versagensangst oder durch massive Selbstzweifel. Dränge dich zurück zu Jesus! Er ist heute genauso siegreich, wie er es immer war! Er wird deinen Glauben wieder herstellen.

Ich werde nie die Worte vergessen, die der Pastor der Kirche, in der ich gerettet wurde, eines Abends sprach. Er sagte: „Ein Mensch kann zwanzig Jahre damit zubringen, abzufallen“ (das bezog sich auf einen kompletten Abfall vom Herrn). Das ist ein ernüchternder Gedanke. Langsam wirst du älter. Deine Haare werden nach und nach grau. Genauso kannst du nach und nach abfallen. Bevor du es merkst, hast du dein ganzes Leben vergeudet.

In welche Richtung gehst du? Wo bringt dich der momentane Kurs und das gegenwärtige Muster deines Lebens hin? Wenn du für immer auf demselben Pfad weitergingest, auf dem du warst – sei es ein Pfad des Fortschritts oder des Rückschritts –, würdest du dann im Himmel landen oder in der Hölle? Bewegst du dich auf den Herrn zu oder von ihm weg?

Noch einmal frage ich dich: Lässt du nach in deiner geistlichen Autorität und deinem persönlichen Sieg? Was macht dich glauben, dass die Dinge morgen besser sein werden? Es wird von hier aus nur bergab gehen, wenn du dich nicht demütigst und umkehrst.

Ich will dir noch ein bisschen von meiner eigenen Lebenserfahrung erzählen. An einem Punkt in meinem Wandel mit dem Herrn – in den späten 70ern und frühen 80ern – begann ich nachzulassen, aber die ganze Zeit gab ich vor, zu wachsen und zu reifen. Meine Gebetszeit nahm ab und mein hingebungsvolles Studieren der Schrift nahm ab (obwohl meine Lesen der Schrift in den Ursprachen vielleicht sogar zunahm). Mit dem Fasten hörte ich fast ganz auf; meine Zeugnisse gingen zurück. Ich begann mich mehr für gesellschaftliche als für geistliche Aktivitäten zu interessieren. Ich hatte immer weniger die Kontrolle über das Fleisch. Ich ergriff praktisch nie die Autorität über den Teufel. (Ich hätte sowieso nicht viel tun können!)

Ich fiel auf Gebieten, wo ich vorher nie gefallen war. Versteh' mich nicht falsch. Ich habe nie eine andere Frau angerührt oder die Gemeindegelder veruntreut oder etwas gestohlen oder nur einen flüchtigen Gedanken darauf verwendet, wieder Drogen zu nehmen oder zu trinken, aber dennoch stolperte ich ein paarmal so, wie ich es nie vorher getan hatte, und auch wenn diese Ausrutscher viele Monate oder mehr als ein Jahr auseinander lagen, machten sie mir doch Angst. Ich wurde sogar abhängig von Videospielen!

Ich fühlte die Gegenwart und Freude Gottes weniger häufig und weniger überfließend, und doch war ich die ganze Zeit über ein aktiver Leiter in der Kirche. Ich lehrte das Wort mit Überzeugung, ich predigte mit Leidenschaft (und sogar mit einiger Salbung), ich diente aktiv, ich blieb ein absolut hingegebener Glaubender an Jesus, meinen Messias und Herrn, ich bemühte mich, vor der Welt ein klares Zeugnis zu bewahren. Viele hielten mich für eifrig, und ich engagierte mich in vielen guten Werken und sogar Opferwerken – und doch ließ ich nach!

Ich werde meiner Schwägerin ewig dankbar sein, die ohne mein

Wissen – wenn ich es gewusst hätte, hätte ich es nicht einmal gut geheißen – half, für mich zu beten, dass ich wieder brennend würde. Wie lobe ich Gott für diesen wundervollen Eingriff, als er die erste Saat am Neujahrsmorgen 1982 säte, dann mich im März desselben Jahres in Liebe tadelte, mich mit einer Vision des geistlichen Überströmens im Mai geweckt hat, mir im September gezeigt hat, wie weit ich abtreibe, mir im Oktober sagte, dass ich alles auf den Altar legen sollte, und mir dann am 21. November 1982 eine Offenbarung sandte. Seitdem war ich nie wieder derselbe.

Ich ermutige dich heute mit den Worten der Psalmen und des Hebräerbriefs: Wenn du seine Stimme hörst, verhärte dein Herz nicht (siehe Ps. 95,7.8; Hebr. 4,7).

Antworte heute dem Herrn vollkommen. Schütte ihm dein Herz aus. Bete es durch. Gestatte seinem Geist, sich frei zu bewegen. Schäme dich nicht! Er kann und er wird dich komplett wieder herstellen. Gehorche, was immer er dir auch sagt. Erstelle ein neues Muster für dein Leben, das jetzt beginnt. Und dann gehe jeden Tag, wann immer du kannst, einen weiteren Schritt näher auf den Herrn zu, einen Schritt nach dem anderen. Lass es nicht zu, dass der Teufel dich zu Fall bringt, indem er dich belügt über das, was Gott fordert.

Bete mehr und mit größerer Konzentration und Richtung, lies mehr in seinem Wort, sprich seine Worte mehr aus, und teile deinen Glauben mehr mit. Höre dir Tonbänder an, schau dir Videos an und lies Bücher, die dir helfen, das Feuer am Brennen zu halten. Halte dein Gewissen rein. Wenn du weißt, dass etwas nach Gottes Sicht unschön ist, dann unterlasse es. Sei sensibel. Er versteht deine Schwachheit, und er wird dir ausreichend Gnade geben. Aber er wird sich nicht mit willentlicher und entschlossener Härte abfinden. Beuge deine Knie vor dem Herrn und er wird dich aufrichten. Deine Zukunft kann so herrlich sein wie Gottes Verheißungen.

Es ist an der Zeit, die Flamme wieder anzuzünden!

14. Seid heilig

Als Kinder des Gehorsams passt euch nicht
den Begierden an, die früher in eurer Unwissenheit herrschten,
sondern wie der, welcher euch berufen hat, heilig ist,
seid auch ihr im ganzen Wandel heilig! Denn es steht geschrieben:
„Seid heilig, denn ich bin heilig.“ Und wenn ihr den Vater anruft,
der ohne Ansehen der Person nach eines jeden Werk richtet,
so wandelt die Zeit eurer Fremdlingschaft in Furcht!
Denn ihr wisst, dass ihr nicht mit vergänglichen Dingen,
mit Silber oder Gold, erlöst worden seid von eurem eitlen,
von den Vätern überlieferten Wandel, sondern mit dem kostbaren
Blut Christi als eines Lammes ohne Fehler und Flecken.

1. Petrus 1,14-19

Gott würde nicht so arg reiben,
wenn er nicht den Dreck herausholen müsste, der tief in unserem
Wesen sitzt. Gott liebt Reinheit so sehr,
dass er lieber ein Loch als einen Fleck auf der Kleidung
seiner Kinder sieht.

William Gurnall

Denn sie [unsere Väter] züchtigten uns zwar für wenige
Tage nach ihrem Gutdünken, er aber zum Nutzen, damit wir seiner
Heiligkeit teilhaftig werden.

Hebräer 12,10

Offensichtliche Heiligkeit sollte das Kennzeichen der Kirche Gottes sein. Eine heilige Kirche hat Gott in ihrer Mitte.

Charles H. Spurgeon

Und der einen, die zweifeln, erbarmt euch, rettet sie, indem ihr sie aus dem Feuer reißt, der anderen aber erbarmt euch mit Furcht, indem ihr sogar das vom Fleisch befleckte Kleid hasst.

Judas 22,23

Salomos Tempel in Jerusalem war der heiligste Ort auf der Welt, der einzige Platz auf der Welt, den Gott offiziell zum Hause seiner Anbetung ernannt hatte. Er wurde nach besonderen Anweisungen gebaut, genau wie die Bundeslade von Mose (s. 2. Mose 25,9.40; 1. Chronik 29,11-19). Nur so war er für den Herrn annehmbar. Alle Materialien, alle Handewerker, alle Details mussten dem von Gott vorgegebenen Plan folgen. Dann – und nur dann – würde Gott seinem Volk darin begegnen. Dann – und nur dann – würde er den Gebeten und Opfern, die an diesem Ort vorgebracht wurden, Aufmerksamkeit schenken. So gesehen, ist es keine Überraschung, dass es sieben Jahre dauerte, um den Tempel des Herrn zu bauen (siehe Könige 6,38).

Als es an der Zeit war, dieses göttliche Heiligtum einzuweihen, nahm der Herr selbst Wohnung darin und gab ein übernatürliches Zeichen seiner Zustimmung, indem er sein Feuer sandte, das die Opfer verzehrte, und seine Herrlichkeit das Gebäude erfüllte (siehe 2. Chronik 7,1-3). Das war das Haus des Herrn! Jeder Zentimeter war geweiht, für den Gottesdienst geheiligt. Jeder Zentimeter war heilig. Und zu diesem heiligen Ort kam das Volk Israel und lief von weit her zusammen. Es gab keinen Ort auf der Welt wie den Tempel des Herrn! Welche Majestät, welcher Glanz, welche Größe. Dies war heiliger Boden. Aber bald sollte er beschmutzt werden!

Innerhalb weniger Jahre betete Salomo, der große Erbauer des Tempels, Götzen an. Etwa 400 Jahre später war der Tempel verschmutzt und wurde wieder gereinigt, verschmutzt und wieder gereinigt, und wieder verschmutzt. Zur Zeit des Königs Josiah stand er unmittelbar vor einem göttlichen Urteil. So weit waren die Dinge gekommen:

> Und der König [Josiah] befahl dem Hohenpriester Hiskija und den Priestern zweiten Ranges und den Hütern der Schwelle, aus dem Tempelraum des Herrn alle Geräte hinauszubringen, die für den Baal und die Aschera und das ganze Heer des Himmels gemacht worden waren. Dann verbrannte er sie außerhalb Jerusalems in den Terrassengärten am Kidron und ließ ihren Staub nach Bethel bringen. Und er machte den Götzenpriestern ein Ende, die die Könige von Juda eingesetzt hatten und die auf den Höhen, in den Städten von Juda und in der Umgebung von Jerusalem Rauchopfer darbrachten und die, die dem Baal, der Sonne und dem Mond und dem Tierkreisbild und dem ganzen Heer des Himmels Rauchopfer darbrachten. Und er brachte die Aschera aus dem Haus des Herrn hinaus nach draußen vor Jerusalem in das Bachtal des Kidron; und er verbrannte sie im Bachtal des Kidron und zermalmte sie zu Staub und warf ihren Staub auf die Gräber der Söhne des Volkes. Und er riss die Häuser der Tempelhurer nieder, die sich im Haus des Herrn befanden, in denen die Frauen Gewänder für die Aschera webten (2. Könige 23,4-7).

Wie war der Heilige Tempel entweiht worden! Der abscheuliche Dreck musste gesäubert werden. Alle Götzendinge mussten zerstört werden; jeder unmoralische Tempelbedienstete musste gehen; jedes verschmutzte Gefäß musste entfernt werden.

Und so ging Josiah stark und aggressiv vor und beschädigte und zerstörte alle abscheulichen Dinge, die irgendwie in den Tempel gelangt waren, und führte seine Säuberungsaktion im ganzen Land durch. Er verbrannte die Knochen der verstorbenen Heidenpriester, er machte die unerlaubten Altäre zu Staub. „Und er zertrümmerte die Gedenksteine und hieb die Ascherim um und füllte ihre Stätte mit Menschenknochen“ (2. Könige 23,14).

Es war die Zeit für einen Hausputz, und Josiah reinigte Gottes Haus mit Vergeltung und hasste jedes zerstörerische Überbleibsel, das noch zurückgeblieben war. Jede Spur von Verschmutzung war aus dem Heiligtum des Herrn entfernt worden. Wie hätte es anders sein können?

Männliche Prostituierte im Tempel? Frauen, die für die Aschera im Tempel webten? Waren, die für Baal im Tempel hergestellt wurden? Wie abscheulich! Welch Perversion! Was für eine Tragödie! Ganz ehrlich, wie empfindest du, wenn du Schriftstellen wie diese liest? Geschockt und empört?

Aber es gibt noch etwas Schockierenderes und Empörenderes als die Verschmutzung des Tempels in Jerusalem. Laut dem neuen Testament sind wir alle der Tempel des Herrn, das Haus, in dem der Geist Gottes wohnt, und doch lassen wir es zu, dass wir verschmutzt und dreckig werden. Wir lassen es zu, dass unreine Gedanken unseren Geist beherrschen; wir lassen es zu, dass sündige Taten unseren Körper verunreinigen; wir lassen es zu, dass unreine Worte von unseren Lippen kommen; wir lassen es zu, dass böse Taten durch unsere Hände geschehen. Wie kann das sein? Wir sind nun Gottes heiliger Tempel, die Wohnung seiner Wahl. Du und ich sind nun das Heiligtum auf der Erde, in dem der Geist wohnt!

Als er von der gemeinschaftlichen Kirche sprach, schrieb Paulus:

> Wisst ihr nicht, dass ihr Gottes Tempel seid und der Geist Gottes in euch wohnt? Wenn jemand den Tempel Gottes verdirbt, den wird Gott verderben; denn der Tempel Gottes ist heilig, und der seid ihr (1. Kor. 3,16.17).

Ja, in Jesus „zusammengefügt, wächst der ganze Bau zu einem heiligen Tempel im Herrn, und in ihm werdet auch ihr mitaufgebaut zu einer Behausung Gottes im Geist“ (Eph. 2,21.22).[1] Der Herr nimmt dies sehr ernst!

Aber es wird sogar noch ernster. Jeder von uns *als Einzelner* ist ein heiliger Tempel des Herrn. *Gott wohnt in jedem von uns!*

> Wisst ihr nicht, dass eure Leiber Glieder Christi sind? … Oder wisst ihr nicht, dass euer Leib ein Tempel des Heiligen Geistes in euch ist, den ihr von Gott habt, und dass ihr nicht euch selbst gehört? Denn ihr seid um einen Preis erkauft worden. Verherrlicht nun Gott mit eurem Leib (1. Kor. 6,15.19.20).

Unsere Leiber – das heißt, wir selbst – sind Glieder von Christus selbst, Tempel des Heiligen Geistes, erkauft zu dem hohen Preis des Blutes des Sohnes Gottes.

Trauen wir uns, das leicht zu nehmen? Trauen wir uns, unsere Leiber mit Sünde zu beschmutzen? „Wisst ihr nicht, dass eure Leiber Glieder Christi sind? Soll ich denn die Glieder Christi nehmen und zu Gliedern einer Hure machen? Das sei ferne!" (1. Kor. 6,15). Gottes Tempel darf nicht verunreinigt werden. Die Glieder am Leib des Messiahs dürfen nicht mit der Korruption der Welt vereinigt werden. Weg mit diesem Gedanken!

Denke nur daran, mit welcher Gewalt der Sohn Gottes den Tempel in Jerusalem reinigte, als er auf dieser Erde war:

> Und er fand im Tempel die Ochsen- und Schaf- und Taubenverkäufer und die Wechsler sitzen. Und er machte eine Geißel aus Stricken und trieb sie alle zum Tempel hinaus, auch die Schafe und die Ochsen; und die Münzen der Wechsler schüttete er aus, und die Tische warf er um; und zu den Taubenverkäufern sprach er: Nehmt dies weg von hier, macht nicht das Haus meines Vaters zu einem Kaufhaus! (Joh. 2,14-16).
>
> Und er lehrte und sprach zu ihnen: Steht nicht geschrieben: „Mein Haus wird ein Bethaus genannt werden für alle Nationen?" Ihr aber habt es zu einer „Räuberhöhle" gemacht. (Mark. 11,17).

Und doch war dies ein irdischer, von Händen gemachter Tempel, für den es Gott nichts kostete, darin zu wohnen. In uns zu wohnen, kostete Gott den Tod seines eigenen Sohnes. Das ist ein ziemlich ernster Gedanke! Wie eifersüchtig, glaubst du, ist der Herr heute über seinem Tempel?

Natürlich könntest du auch immer mit den Schultern zucken und sagen: „Also wirklich, wozu soll das gut sein? Schließlich bleibe ich sowieso so weit hinter dem Ziel zurück. In dem Moment, wo ich denke, dass ich wirklich alles gut mache, werde ich sofort meines Stolzes und meiner Selbstgerechtigkeit überführt. In dem Moment, wo ich denke, dass ich alle meine Fehler verdeckt habe – und so frei von den Sünden, die ich begehen kann, bin, wie ich es nach bestem Wissen sein kann –, fällt mir auf, wie viele Unterlassungssünden ich dabei übersehe! Es geht vermutlich kein Tag vorüber, an dem ich es nicht versäume – zumindest für einen Moment –, den Herrn mit all meinem Sein zu lieben und meinen Nächsten wie mich selbst. Und das sind die guten Tage. Also, warum sollte ich mich abmühen, einen hohen Grad der Heiligkeit zu erreichen? Ich schaffe es ja doch nicht."

Danke Gott dafür, dass dies nicht seine Worte sind! Der Herr ist sich allem, was du erlebst, wohl bewusst, und mehr als sonst jemand, weiß er ganz genau, wie oft du und ich es nicht geschafft haben. Für jede Unterlassungssünde, die wir sehen, sieht er Hunderte. Für jede Sünde, die wir begehen könnten und der wir widerstehen, sieht er andere, die wir begehen – manche davon sogar unwissentlich. Und doch ist er derjenige, der uns zur Heiligkeit beruft. Er ist derjenige, der uns befiehlt, heilig zu sein. Sein Augenmerk liegt nicht auf unserer Schwachheit, sondern auf unserer Hingabe, unserer Geweihtheit, auf dem Maß, wie sehr wir jeden uns bewussten Bereich der Sünde und Verschmutzung in unserem Leben offen legen und ausschließen.

Mit dem vollen Wissen darüber, auf wen er sich da einlässt, ruft er uns auf:

- Unsere Leiber als lebende Opfer auf seinem Altar darzustellen, heilig und ihm angenehm (siehe Römer 12,1).
- Uns selbst von allem zu reinigen, das Körper und Geist befleckt, und so die Heiligkeit zu vollenden in der Furcht Gottes (siehe 2. Kor. 7,1).
- geheiligt zu werden, indem wir uns von Unzucht fern halten und jeder von uns sein eigenes Gefäß in Heiligkeit und Ehrbarkeit zu gewinnen weiß, nicht in Leidenschaft der Begierde wie die Nationen, die Gott nicht kennen (siehe 1. Thess. 4,3-5).
- der Sünde abzusterben und der Gerechtigkeit zu leben (siehe 1. Petr. 2,24).
- unseren Geist und Seele und Leib vollständig untadelig zu bewahren bei der Ankunft unseres Herrn Jesus Christus (siehe 1. Thess. 5,23).

Das sind gute Nachrichten! Unser Schöpfer und Erlöser ruft uns zu Heiligkeit auf, und deshalb können wir heilig sein. Das ist sein klar ausgedrückter Wille, und je näher die Rückkehr des Herrn heranrückt, desto stärker wird sein Rufen sein:

> Es wird aber der Tag des Herrn kommen wie ein Dieb; an ihm werden die Himmel mit gewaltigem Geräusch vergehen, die Elemente aber werden im Brand aufgelöst und die Erde und die Werke auf ihr im Gericht erfunden werden. Da dies alles so aufgelöst wird, was für Leute müsst ihr dann sein in heiligem Wandel und Gottseligkeit, indem ihr die Ankunft des Tages Gottes erwartet und beschleunigt (2. Petr. 3,10-12).

Hier haben wir es in deutlichen, endgültigen Worten: *Wir sollten ein heiliges und gottgefälliges Leben führen.*

Wie gehen wir dann mit Sünde in unserem Körper – dem heiligen Tempel des Herrn – um? Jeden Tag unseres Lebens stellen wir uns ihm vollkommen und ohne Vorbehalt dar und bieten unserem Meister und Retter jeden Teil unseres Körpers an, und wir halten nichts vor ihm zurück. Wir empfangen Reinigung von aller Unreinheit und wir nehmen uns in unserem Herzen vor, jede Verunreinigung weit von uns fern zu halten.

Während meiner ersten Jahre im Herrn tat ich dies auf besondere Weise am Ende meines Gebets jeden Abend. Ich sprach ungefähr folgendes:

„Herr, mein Geist gehört dir. Ich will keine Gedanken denken, die in deinen Augen unangenehm sind, sondern nur solche, die dich verherrlichen.

Meine Augen gehören dir. Sie sollen nichts Verbotenes oder Unreines sehen.

Meine Ohren gehören dir. Sie sollen keinen Tratsch oder etwas Ungebührliches hören.

Mein Mund gehört dir. Ich will nichts Schmutziges oder Verletzendes sprechen, sondern nur, was gut ist.

Meine Hände gehören dir. Ich will nur das berühren, was angenehm, richtig und nützlich ist.

Mein Herz gehört dir. Es soll niemals sich in dieser Welt verstricken, sondern stattdessen in dir.

Meine Füße gehören dir. Ich will nur an die Orte gehen, wohin du mich schickst.

Jeder Teil meines Körpers gehört dir, Herr. Ich will ihn nicht für sündige Befriedigung, sondern stattdessen zur Heiligkeit einsetzen."

Oh, wie schön ist es, dem Herrn hingegeben zu sein! Wie

wunderbar und wohl tuend und rein und gesund. Ihm zu gehören – mit Geist, Seele und Leib – heißt wirklich zu leben. Mit der Sünde zu spielen heißt zu sterben.

Ich will dir noch einen Denkanstoß geben. Denke doch über die letztendlichen Konsequenzen nach, entweder Sünde oder Gerechtigkeit zu ihrem logischen Schluss zu führen. Eine schlechte Haltung, zum Beispiel, wird, wenn man zulässt, dass sie sich unkontrolliert entwickelt und wächst, möglicherweise zu Hass, dann Gewalt, dann Mord führen. Sexuelle Sittenlosigkeit wird, wenn sie unkontrolliert bleibt und sich entfalten darf, von normalen sexuellen Handlungen zu unnormalen Handlungen wie Homosexualität, Kindsmissbrauch und sogar Sodomie führen. Was kann die Sünde davon abhalten, weiter zu nagen, wenn sie ohne Einschränkung oder Begrenzung zu ihrem logischen Schluss geführt wird?

Aber Gerechtigkeit bringt, wenn sie zu ihrem letztendlichen Schluss geführt wird, Gerechtigkeit hervor; Liebe produziert Liebe; Wahrheit produziert Wahrheit. Es gibt hier keine Spirale nach unten, nur unendlichen Fortschritt. Wir gehen von Licht zu mehr Licht, während der Gottlose in ständig wachsender Dunkelheit herumstolpert. Und so sollte unser Leben aussehen: „Aber der Pfad der Gerechten ist wie das glänzende Morgenlicht, heller und heller erstrahlt es bis zur Tageshöhe. Der Weg der Gottlosen ist wie das Dunkel; sie erkennen nicht, worüber sie stürzen" (Spr. 4,18.19).

Halte für einen Moment inne und begreife es ganz: Durch Jesus wurdest du zu einem Tempel des Höchsten Gottes gemacht, und er lebt in dir durch seinen Geist. „Sei heilig", sagt er. „Halte den Tempel sauber. Lass die Verschmutzungen draußen." Welch hohe und gesegnete Berufung, welch ein Privileg, welch eine Ehre, welche Freude. Und was für eine Verantwortung! Wir sind dazu berufen, ihn anzubeten „wohlgefällig, mit Scheu und Furcht"! Denn auch unser Gott „ist ein verzehrendes Feuer" (Hebr. 12,28.29). Das ist eine ernste Sache. Hier geht es um heilige Dinge.

Aber denke daran, wir sind nicht allein. Der Geist bevollmächtigt uns, das Blut Jesu wäscht uns, das Wort Gottes führt uns, die Gnade des Herrn befähigt uns, der Vater hilft und erhält uns. Du kannst heilig sein, mein Freund. Du kannst ein gottgefälliges Leben führen. Du kannst leuchten. Nur verliere nicht deine Empfindsamkeit für den Herrn, und verliere nicht deinen Hass gegenüber der Sünde.

Als David von Gott des Ehebruchs und des Mordes überführt wurde, legte er vor seinem verletzten König ein umfassendes Geständnis ab und bat um totale Reinigung. Sieh nur, was er betete:

> Sei mir gnädig … tilge meine Vergehen … Wasche mich völlig von meiner Schuld und reinige mich von meiner Sünde … Entsündige mich … wasche mich … Verbirg dein Angesicht vor meinen Sünden und tilge alle meine Schuld. Erschaffe mir, Gott, ein reines Herz, und erneuere in mir einen festen Geist … Errette mich von Blutschuld, Gott (aus Psalm 51).[2]

David ließ keinen Stein auf dem anderen. Er wollte, dass alles Unreine beseitigt wird.

Bei einer Zeit des persönlichen Gebets im Juli 1998 schüttete ich mit ähnlichen Worten mein Herz vor Gott aus (obwohl ich, dankbarerweise, nicht für Ehebruch oder Mord Buße tat). „Gott", rief ich, „wasche mich, schrubbe mich, beschneide mich, säubere mich, verbessere mich, reinige mich! Mach mich – wörtlich – weiß wie Schnee. Lass sogar die Erinnerung an die Sünde ausgetilgt werden!"

Wir können so wandeln,
dass der Herr selbst uns wert nennt,
und seine Definition zählt – nicht meine oder deine.

Es gibt nichts, was der Reinheit gleichkommt. Wie der Puritaner John Flavel sagte: „Was für das Herz die Gesundheit ist, ist die Heiligkeit für die Seele."[3]

Vielleicht musst du vor dem Herrn ein umfassendes Geständnis ablegen (oder, wenn du ernsthaft gegenüber jemand anders gesündigt hast, musst du auch dieser Person gegenüber gestehen und, falls nötig, Wiedergutmachung leisten). Vielleicht musst du mit ihm alleine sein und die Vergangenheit hinter dir lassen, ein für alle Mal. Charles Finney trat sogar dafür ein, eine Liste aller Sünden anzufertigen, an die du dich erinnern kannst, dass du sie in speziellen Bereichen deines Lebens begangen hast – du wirst dafür eine Menge Papier brauchen! – und jeder dieser Sünden vor dem Herrn abzusagen: „Nie wieder,

Vater! Ich bin dein heiliges Gefäß, nur zu deinem Dienst bereitgestellt. Durch deine Gnade werde ich mich nicht länger beschmutzen oder gegen dich auf diese Weise sündigen."[4]

Aber werden wir nicht dennoch den Rest unseres Lebens nicht genügen, egal, was wir heute zu tun erklären oder beschließen? Also, wenn wir die Sünde so definieren, wie J. C. Ryle es tat – „Die kleinste äußere oder innere Abweichung von der absoluten mathematischen Parallele zu Gottes offenbartem Willen und Charakter stellt eine Sünde dar und macht uns sofort schuldig in Gottes Augen"[5] –, dann ist die Antwort: ja, natürlich werden wir hier immer ein Defizit haben.

Aber Tatsache ist, dass wir einen endgültigen, lebenslangen Bruch mit der Versklavung der Sünde vollziehen können. Wir können in anhaltendem Sieg über fleischliche Lüste und Begierden leben, und wir können so wandeln, dass Gott selbst uns wert nennt. Und seine Definition zählt – nicht deine oder meine.

Erinnerst du dich, was Jesus der Kirche von Sardes sagte? „Aber du hast einige wenige Namen in Sardes, die ihre Kleider nicht besudelt haben; und sie werden mit mir einhergehen in weißen Kleidern, denn sie *sind es wert*" (Offb. 3,4). Das ist auch unsere Berufung, das ist auch unser Potenzial. Paulus schrieb oft darüber an die Gemeinden, für die er Verantwortung trug:

> Ich ermahne euch nun, ich, der Gefangene im Herr: Wandelt würdig der Berufung, mit der ihr berufen worden seid, mit aller Demut und Sanftmut, mit Langmut, einander in Liebe ertragend! (Eph. 4,1.2).
>
> Wandelt nur würdig des Evangeliums des Christus (Phil. 1,27).
>
> Um des Herrn würdig zu wandeln zu allem Wohlgefallen (Kol. 1,10).
>
> Wie ihr ja wisst, dass wir euch, und zwar jeden Einzelnen von euch, wie ein Vater seine Kinder ermahnt und getröstet und beschworen haben, des Gottes würdig zu wandeln, der euch zu seinem Reich und seiner Herrlichkeit beruft (1. Thess. 2,11.12).
>
> Deshalb beten wir auch allezeit für euch, dass unser Gott euch würdig erachte der Berufung und dass er alles Wohlgefallen an der Güte und das Werk des Glaubens in Kraft vollende (2. Thess. 1,11).

Wie Spurgeon es einfach ausdrückte: „Unser Leben muss so sein, dass die Leute durch die Türen schauen können und nichts sehen, wofür sie uns anklagen könnten."[6] So ist es, wenn man dem Herrn würdig lebt!

Wir sind dazu berufen, ihm auf jede Weise zu gefallen, und unsere Liebe zu ihm sollte unsere größte Motivation sein. Erkenne, dass „es nichts gibt, was durch die Heiligung zerstört wird, als das, was uns zerstören würde."[7] Alles, was heilig ist, ist gut; nichts Unheiliges ist gut. Alles Unheilige ist schlecht; nicht Heiliges ist schlecht. Also lasst uns der Heiligkeit mit unserem ganzen Herzen nachjagen!

Wenn Jesus wiederkommt, werden wir wie er sein, denn wir werden ihn sehen, wie er ist (siehe 1. Joh. 3,2). Wie sollten wir also heute leben?

> Und nun, Kinder, bleibt in ihm, damit wir, wenn er geoffenbart werden wird, Freimütigkeit haben und nicht vor ihm beschämt werden bei seiner Ankunft!
>
> Seht, welch eine Liebe uns der Vater gegeben hat, dass wir Kinder Gottes heißen sollen! Und wir sind es. Deswegen erkennt uns die Welt nicht, weil sie ihn nicht erkannt hat. Geliebte, jetzt sind wir Kinder Gottes, und es ist noch nicht offenbar geworden, was wir sein werden; wir wissen, dass wir, wenn es offenbar werden wird, ihm gleich sein werden, denn wir werden ihn sehen, wie er ist. Und jeder, der diese Hoffnung auf ihn hat, reinigt sich selbst, wie er rein ist (1. Joh. 2,28; 3,1-3).

Das ist das Ziel, nach dem wir uns ausstrecken: uns selbst zu reinigen, so wie Jesus rein ist. Das ist der Grund, warum wir unseren Geist mit Gedanken füllen über „alles, was wahr, alles, was ehrbar, alles, was gerecht, alles, was rein, alles, was liebenswert, alles, was wohllautend ist, wenn es irgendeine Tugend und wenn es irgendein Lob gibt" (Phil. 4,8).

Das ist der Grund, warum wir unsere Herzen mit „Psalmen, Lobliedern und geistlichen Liedern" zu Gott füllen (Kol. 3,16). Das ist der Grund, warum wir „den Herrn Jesus Christus anziehen und nicht Vorsorge für das Fleisch treiben, dass Begierden wach werden" (Röm. 13,14). Schließlich sind wir sein heiliger Tempel. Wir sind das irdische Heiligtum, in dem er wohnt, seine Vertreter hier in dieser Welt. Wie könnten wir denn sonst überhaupt leben?

Es ist Gott selbst, der uns zur Heiligkeit aufruft, und er tut es, *weil* er heilig ist. Ohne Heiligkeit ist es uns unmöglich, mit ihm zu existieren. Ohne Heiligkeit können wir den Zweck, zu dem er uns geschaffen hat, nicht erfüllen. Ohne Heiligkeit ist es unmöglich, dass wir Gefäße sind, die in seinem Dienst zum Einsatz kommen. Ohne Heiligkeit können wir kein wirklich gesegnetes Leben führen.

Heilig zu sein heißt, wie der Herr zu sein, in Gedanken, Worten und Werken; in Charakter, Haltung und Tat; in Intellekt, Gefühl und Wille; in allem, was wir sind, und allem, was wir tun. Das ist unsere wunderbare Berufung!

Ja, der Eine, der uns berufen hat, heilig zu sein, der Eine, „der allein Unsterblichkeit hat und ein unzugängliches Licht bewohnt, den kein Mensch gesehen hat, auch nicht sehen kann" (1.Tim. 6,16). Er ist die exakte Definition und Beschreibung von Heiligkeit, der Vollkommene, der Fehlerlose, der Majestätische, der Herrliche, der Leidenschaftliche, der Gnädige, der Gerechte, der Gott und Vater unseres Herrn Jesus, der Geber des Heiligen Geists. Und das ist der Eine, der uns beruft, heilig zu sein – weil er selbst heilig ist und im Lichte seiner eigenen Heiligkeit.

Robert Murray M'Cheyne, der bei seinen Zeitgenossen als „Heiliger" M'Cheyne bekannt war, dachte über diese Themen lange und gründlich nach. Er machte sogar diese nüchterne Aussage:

> Denn wir müssen alle vor dem Richterstuhl Christi offenbar werden, damit jeder empfange, was er durch den Leib vollbracht, dementsprechend, was er getan hat, es sei Gutes oder Böses (2. Kor. 5,10).
>
> Jeder Mensch soll so belohnt werden, wie seine Werke waren. Einige werden über fünf Städte gesetzt werden, andere über zehn. Ich zweifle nicht daran, dass jede Sünde, Inkonsequenz, jedes Abrutschen und Abfallen von Gottes Kindern ihnen etwas ihrer ewigen Herrlichkeit nimmt. Es ist verloren für alle Ewigkeit; und je mehr wir dem Herrn jetzt ganz und vorbehaltlos nachfolgen, desto überfließender wird unser Eingang in sein ewig währendes Königtum sein. Je näher wir jetzt bei Christus wandeln, desto näher werden wir mit ihm in aller Ewigkeit wandeln.[8]

Kann solch eine Lehre durch die Schrift voll gestützt werden? Ist es möglich, dass Sünde in unserem Leben hier auf der Erde etwas von unserer zukünftigen, ewigen Herrlichkeit wegnehmen wird? Vielleicht ja!

So viel geht jedenfalls klar aus dem Wort hervor: Sünde in unserem Leben macht uns weniger wirkungsvoll auf dieser Welt. Sünde in unserem Leben wird dem Herrn missfallen und dem Teufel Freude bereiten. Sünde in unserem Leben wird viele andere verletzen – sowohl in dieser als auch in der kommenden Welt – und Sünde in unserem Leben wird uns selbst auch verletzen, vielleicht für immer.

Aber Heiligkeit wird uns nur Gutes bringen, in dieser Welt und in der kommenden Welt. Also lass uns ernsthaft der Heiligkeit nachjagen, ohne die niemand den Herrn sehen wird (siehe Hebr. 12,14; Matth. 5,8), und lass uns danach ausstrecken, ihm in allem, was wir sagen oder tun, zu gefallen.

Wenn jemand unsere Hingabe, unsere Liebe, unseren Dienst, unser Opfer, unser ganzes Leben verdient hat, dann ist es Jesus, unser Herr und Erretter, ohne den wir für immer verloren und verdammt wären. Und so wollen wir mit seiner Kraft und Hilfe uns vornehmen, für ihn zu leben und ihn zu lieben, an jedem Tag unseres Lebens, mit voller Kraft, ohne etwas zurückzuhalten, bis wir ihn von Angesicht zu Angesicht sehen.

Wir wollen uns weigern, durch unsere Fehler und Schwächen abgelenkt zu werden. Wir wollen uns vornehmen, uns nicht von den listigen Wegen des Satans in die Irre führen zu lassen. Wir wollen beschließen, dass wir uns niemals durch die Angriffe der Welt aufhalten lassen. Gottes Gnade ist mehr als genug, und auf den Flügeln der Gnade – denke daran, er ist in der Lage, uns zu erhalten und zu tragen! – können wir „vor seiner Herrlichkeit tadellos mit Jubel“ hingestellt werden (Jud. 24). Was wird das für ein Tag sein!

Also mache deinen Geist zur Tat bereit, unterwirf deinen Körper dem Meister und gib ihm dein Herz ohne Vorbehalte. „Seid heilig“, sagt unser Gott zu dir und mir. Er wird sich mit nichts weniger zufrieden geben.

Anhang – Was ist mit Römer 7?

Gehörst du zu den Lesern, die ein aufregend klingendes Kapitel sofort aufschlagen – oder in diesem Fall den Anhang sofort aufschlagen –, anstatt ein Buch in der Reihenfolge zu lesen, in der es aufgemacht ist?

Also, wenn das zutrifft, habe ich dich kommen sehen und diese kurze Studie nur für dich geschrieben. Ich wollte nicht, dass du dir über Römer 7 den Kopf zerbrichst – dich fragst, ob du überhaupt ein heiliges Leben führen kannst – während du dich durch das Buch gearbeitet hast, das doch gänzlich darauf vertraut, dass du ein heiliges Leben führen ***kannst*. Also komm schon und lies diesen Anhang jetzt. Auf diese Weise kannst du von vornherein eine Antwort auf deine Fragen finden.**

Was diejenigen angeht, die diesen Anhang erst lesen, nachdem sie das ganze Buch gelesen haben (gut für euch!), so wird es ihnen helfen, ihre Gedanken zu festigen und ihre Überzeugungen noch zu bestärken.

Wir wollen annehmen, dass du weißt, dass das Wort Gottes uns unentwegt zu Heiligkeit aufruft, und wir wollen annehmen, dass du wirklich ein gottgefälliges, reines Leben führen willst, frei von Bindungen der Sünde. Das Problem ist, dass es dir anscheinend sehr schwer fällt, in Reinheit zu wandeln. Du bist in einen andauernden, intensiven Krieg verwickelt und triffst auf große Schwierigkeiten, ein wirklich geweihtes Leben zu führen. Und, du erinnerst dich, es scheint so, als ob Paulus selbst genau dieses Thema anspricht und uns mitteilt, dass er die Dinge, die er tun wollte, nicht tat, während er die Dinge tat, die er nicht tun wollte (s. Römer 7,14-25). Beschreibt das nicht auch unsere Misere?

Sind wir wirklich frei von der Sünde? Sind wir wirklich der

Sünde gestorben? Warum wogt dann die Schlacht so wild in unserer Seele? Was *sagt* das Wort, und was *können* wir erwarten?

Diese Fragen müssen gestellt werden, weil es wenig Sinn macht, ein Buch über Heiligkeit zu lesen, wenn du nicht überzeugt davon bist, dass du auch so leben kannst, wenn biblische Lehre nur eine Sache himmlischer, theologischer Spekulation ist, und nicht eine Sache konkreter, erreichbarer Realität. Natürlich sind wir uns alle einig, dass das Wort uns deutlich zu Heiligkeit aufruft, aber unsere Erfahrung (und vielleicht auch die des Paulus?) scheint unsere Situation hoffnungslos zu machen.

Deshalb ist die eigentliche Frage: Verlangt Gott von uns Heiligkeit – nach innen sowie nach außen – oder hat er sich mit der Tatsache abgefunden, dass wir andauernd Dinge tun, die wir hassen und es nicht schaffen, Dinge zu tun, die wir lieben? Schaffen wir es, die Praxis der Gewohnheitssünde anzuhalten oder nicht?

Bevor wir uns den Römerbrief 7 genauer anschauen, will ich dir ein einfaches und logisches Prinzip der biblischen Auslegung zeigen. Wenn du fünfzig deutliche Abschnitte hast, die in vollkommener Übereinstimmung über ein bestimmtes Thema sprechen und einen irgendwie unklaren Abschnitt, der den anderen Abschnitten offensichtlich widerspricht, dann wirf nie die fünfzig für den einen über Bord oder ignoriere sie. Entweder interpretierst du den einzelnen, ungewissen Abschnitt im Licht der fünfzig sicheren Abschnitte, oder du ersiehst daraus einen unterschiedlichen, ausgleichenden Aspekt, den der eine Abschnitt gegenüber den fünfzig darstellt. In jedem Fall bleibt die Auslegung der fünfzig Abschnitte die gleiche.

Also, was du auch mit Römer 7 machst – der einzige Abschnitt, in dem Paulus darüber zu sprechen scheint, dass er einen verlorenen Kampf gegen Sünde und Fleisch[1] führt –, du kannst nicht die Abschnitte verwerfen, die das Buch hindurch zitiert wurden (siehe insbesondere Kapitel fünf), besonders wenn du siehst, dass Römer 7 zwischen Römer 6 und Römer 8 steht, zwei der deutlichsten Abschnitte über Heiligkeit in der Bibel. Wenn du das Neue Testament durchliest und dir alle Verse vermerkst, die uns dazu aufrufen, mit der Sünde aufzuhören und uns der Reinheit hinzugeben, würdest du sogar feststellen, dass praktisch jedes Buch und jeder Autor dasselbe sagt: „Vertreibe die Sünde aus deinem Leben. Unterwirf dich Gott. Sei heilig. Durch das Blut Jesu kannst du ein neues Leben führen.“[2]

Um dir nur einen kleinen Vorgeschmack auf das zu geben, was du in deinem Studium des Neuen Testaments finden würdest – und denke daran, dies ist nur eine winzige Kostprobe aus jedem Buch –, gibt es im Matthäusevangelium die Bergpredigt, in der wir lernen, dass sogar Gedanken von Ehebruch und Hass in den Augen Gottes Abscheulichkeiten darstellen (siehe Matth. 5,21-30). Im Markusevangelium warnt uns Jesus, uns von unseren Augen und Händen nicht zur Sünde verführen zu lassen, unter der Strafe des Höllenfeuers für die, die die Warnung ignorieren (siehe Mark. 9,43-49). Im Evangelium des Lukas lesen wir, dass wir vergehen werden, wenn wir nicht Buße tun (siehe Lukas 13,1-5), während wir im Johannesevangelium dazu aufgerufen werden, unsere bösen Taten aufzugeben und im Licht zu wandeln (siehe Joh. 3,16-21; 8,23;24).

In der Apostelgeschichte werden Sünder auf der Stelle getadelt – oder sogar gerichtet – (zum Beispiel Hananias und Saphira in Kapitel 5, Simon der Zauberer in Kapitel 8, Herodes in Kapitel 12, und Elymas der Zauberer in Kapitel 13), während im Römerbrief Paulus den Gläubigen sagt, dass die Zeit der Sünde vorbei ist (siehe Römer 13,11-14). Und so geht es weiter durch den Rest des Neuen Testaments – Evangelium für Evangelium, Brief für Brief, bis hin zur Offenbarung.

Also lies das Neue Testament noch einmal, ein Kapitel nach dem anderen, und halte nach Versen Ausschau, die dir sagen, dass wir als Gläubige dazu bestimmt sind, ein kraftloses, besiegtes Leben voller Kompromisse zu führen, dass niemals die Norm erfüllt. Wo sind diese Verse?

Du sagst: „Aber wurden nicht die Korinther und Galater von Paulus getadelt, weil in ihrer Mitte Sünde und ernsthafter Irrtum war? Und war das nicht auch so, bei fünf von sieben Gemeinden, die der Herr in Offenbarung 2 und 3 anspricht?" Genau richtig! Aber Paulus und Jesus sagten nicht: „Ich verstehe euere Sünde. Kein Problem! Mach' es einfach ein bisschen besser, wenn es geht, OK?" Keineswegs. Es gab strengen Tadel und scharfe Zeitlimits für diese verirrten Heiligen. Solch ein Verhalten ist unter dem Volk Gottes verboten.

Ein heiliges Leben war sogar so ein dauerhaftes, grundlegendes Thema in der frühen Kirche, dass Paulus die Korinther anwies, „keinen Umgang zu haben, wenn jemand, der Bruder genannt wird, ein Unzüchtiger ist oder ein Habsüchtiger oder ein Götzendiener oder ein

Lästerer oder ein Trunkenbold oder ein Räuber, mit einem solchen nicht einmal zu essen“ (1. Kor. 5,11), schrieb er. Solche Personen, sagte Paulus, sind „böse“ (1. Kor. 5,13) – und unbußfertige, böse Menschen haben keinen Platz in der Gemeinde. Hier gibt es keinen Kompromiss.

Deshalb stellte Paulus dogmatisch fest:

> Oder wisst ihr nicht, dass Ungerechte das Reich Gottes nicht erben werden? Irrt euch nicht! Weder Unzüchtige noch Götzendiener, noch Ehebrecher, noch Lustknaben, noch Knabenschänder, noch Diebe, noch Habsüchtige, noch Trunkenbolde, noch Lästerer, noch Räuber werden das Reich Gottes erben (1. Kor. 6,9.10).

Zu diesen Versen gab A. T. Robertson, der frühe griechische Gelehrte, mit schockierender Einsicht folgenden Kommentar ab:

> Alle diese erreichen nicht das Königreich Gottes. Es war deutlich, dies zu einer Stadt wie Korinth zu sagen. Heute ist es auch notwendig. Es ist ein heiliger Appell an die Verdammten, auch wenn einige von ihnen auf der Liste der Kirche in Korinth stehen, egal ob Beamte oder nomale Mitglieder.[3]

„Aber Halt“, sagst du. „Was ist mit den ganzen *anderen* Versen, die den Ausgleich bringen zu dem extremen Standpunkt, den du vertrittst? Was ist mit denen?“

Setz' dich lieber hin, mein Freund, auf dich kommt eine Überraschung zu. Nicht nur, dass der Standpunkt, den du extrem nennst, die biblische Norm ist, sondern auch die „anderen“ Verse, von denen du sprichst, existieren gar nicht! Abgesehen von den Versen 1. Joh. 1,8 - 2,2, die mit den Worten beginnen: „Wenn wir sagen, dass wir keine Sünde haben, betrügen wir uns selbst, und die Wahrheit ist nicht in uns“, die am Anfang eines radikalen Buches über Heiligkeit stehen und die uns keinen Freibrief für die Sünde geben,[4] und abgesehen von Kapitel 7 des Römerbriefs, das zwischen den Kapiteln über Heiligkeit liegt und auf das wir in Kürze kommen werden, gibt es diese Verse einfach nicht. Gehe die Schrift durch und suche selbst danach!

Natürlich kannst du die vorpfingstliche Verleugnung Jesu durch Petrus als ein Beispiel der menschlichen Schwäche aufführen, aber du kannst ganz bestimmt nicht Petrus – für seinen Herrn mit dem Kopf nach unten gekreuzigt, nach der Überlieferung der Kirche – als ein ständiges Beispiel für menschliches Versagen hinstellen.

Oder du kannst auf den Apostel Thomas verweisen, als ein Beispiel für einen Jünger, der zweifelte, aber du kannst ihn ganz bestimmt nicht als Beispiel für andauernden Zweifel oder Unglauben hinstellen. Die Überlieferung sagt uns, dass er in Indien tödlich durchbohrt wurde wegen seines Zeugnisses für Jesus!

Und du kannst auf David verweisen, als ein Mann nach Gottes eigenem Herzen, der königlich versagt hat, aber möchtest sicher seinem Beispiel nicht nacheifern: Sein Ehebruch und Mord kostete ihm (gemeinsam mit den künftigen Generationen Israels) unbeschreiblichen Schmerz und Kummer. Folge David nicht in seiner Sünde!

Gewiss leugnet niemand, dass wir in uns selbst hoffnungslos schwach sind, dass wir oft über unsere Worte und Taten entsetzt sind, dass wir niemals vollkommen und ganz „ohne Sünde“ sein werden. (Wenn du denkst, dass du ganz sündlos bist, machst du dich wahrscheinlich des Stolzes, der Selbstgerechtigkeit, der Selbsttäuschung oder aller drei Punkte schuldig!) Aber das Wort lehrt uns klar, dass wir uns nicht durch *unsere* Schwachheit kennzeichnen lassen sollen, sondern durch *seine* Stärke, dass das Muster unseres Lebens Gehorsam und nicht Ungehorsam sein sollte, dass wir niemals mehr als die Gefangenen der Sünde, sondern als die Befreiten des Herrn leben sollten. Einfach gesagt, anstatt uns eine *Ausrede* für unser sündiges Wesen zu geben, hat Jesus uns einen *Ausweg* angeboten.

Du sagst vielleicht: „Du hast gerade das gesagt, was offensichtlich ist. Gott hat uns zu einem Leben in Heiligkeit aufgerufen, aber wir kämpfen oft mit dem Fleisch und schaffen es nicht. Wer kennt das nicht?“

Ja, aber auf die Einstellung kommt es an. Nimmst du Zuflucht bei Römer 7 und findest eine einfache Ausrede für deine all zu hartnäckigen Schwächen und gestattest dir selbst, deinen von Kompromissen geprägten Zustand als den erwarteten Status Quo zu akzeptieren? Oder hältst du im Gegenteil diesen unterdurchschnittlichen Zustand für vollkommen inakzeptabel, bist entschlossen, durch die Gnade Gottes höheres zu erreichen, und hältst dich selbst für der Sünde abgestorben und lebst nur für den Herrn? Welche Einstellung hast du dabei?

Es hängt auch viel davon ab, was du meinst, wenn du sagst: „Wir kämpfen oft mit dem Fleisch und schaffen es nicht." Wie oft und wie wenig schaffen wir es? Meinst du damit, dass du deine Augen „einfach nicht" von Pornografie im Internet lassen kannst, oder dass es wirklich verständlich ist, sich das „nur" einmal die Woche anzusehen? Meinst du damit, dass Gott deine Affäre, die du hattest, verstehen wird, auch wenn du ein Pastor bist? (Oder könnte es sein, dass er weiß, weil du ein Pastor bist, wie schwer dich der Satan versucht und wie hart dein Los ist, wodurch deine Sünde noch verständlicher wird?) Meinst du, er übersieht deine täglichen Temperamentsausbrüche gegenüber deinen Kindern, wie du sie schlägst und anschreist und ihnen versicherst, dass aus ihnen nie etwas werden wird?

Oder meinst du, dass jeder seine „kleinen" Laster hat - wie die christlichen Damen, die weltliche Liebesromane lesen (und ihren eigenen Namen in eine ehebrecheriche Fantasiegeschichte einsetzen), oder wie die christlichen Männer, die Wäschekataloge durchblättern, oder wie die christlichen Kaufleute, die in ihrem Beruf „weiße Lügen" erzählen, oder wie christiche Teenager, die sich außerhalb der Ehe sexuell austoben? Oder sprichst du von den weniger „grauen" Zonen wie Zigaretten rauchen oder Videos sehen mit greifbarer und überflüssiger Gewalt (aber ohne Nacktheit und Freizügigkeit, natürlich, wodurch es für Gläubige „akzeptabel" wird). Wenn das so ist, dann liegst du leider falsch. Das Wort befiehlt uns, all das aufzugeben. Das Nichteinhalten der „Hausordnung" bringt ernsthafte Probleme mit sich.

Hör' noch einmal auf die Schrift. Wir wollen nur auf einen biblischen Autor aus einem kurzen Buch hören:

> Als Kinder des Gehorsams passt euch nicht den Begierden an, die früher in eurer Unwissenheit herrschten, sondern wie der, welcher euch berufen hat, heilig ist, seid auch ihr im ganzen Wandel heilig! Denn es steht geschrieben: „Seid heilig, denn ich bin heilig."
>
> Geliebte, ich ermahne euch als Beisassen und Fremdlinge, dass ihr euch der fleischlichen Begierden, die gegen die Seele streiten, enthaltet, ... der unsere Sünden an seinem Leib selbst an das Holz hinaufgetragen hat, damit wir, den Sünden abgestorben, der Gerechtigkeit leben; durch dessen Striemen ihr geheilt worden seid.

> Da nun Christus im Fleisch gelitten hat, so wappnet auch ihr euch mit derselben Gesinnung – denn wer im Fleisch gelitten hat, hat mit der Sünde abgeschlossen –, um die im Fleisch noch übrige Zeit nicht mehr den Begierden der Menschen, sondern dem Willen Gottes zu leben. Denn die vergangene Zeit ist uns genug, den Willen der Nationen vollbracht zu haben, als ihr wandeltet in Ausschweifungen, Begierden, Trunkenheit, Festgelagen, Trinkgelagen und frevelhaften Götzendiensten. (1. Petr. 1,14-16; 2,11.24; 4,1-3).

Ja, Gläubige sollten mit der Einstellung gerüstet sein, die sagt: „Ich bin mit der Sünde fertig! Die war Teil meines früheren Lebensstils. Jetzt lebe ich nur, um den Willen Gottes zu tun." Die Lehre des Petrus fasst dies einfach alles zusammen.[5]

Petrus wirft auch einige Fragen hinsichtlich Römer 7 auf, denn der Aufruf zur Heiligkeit im 1. Petrusbrief – der im Einklang mit dem Rest des Wortes steht – ist absolut klar und setzt unsere Fähigkeit voraus, im Herrn „uns der fleischlichen Begierden zu enthalten". Wie interpretieren wir dann Römer 7, wo uns doch anscheinend gesagt wird, dass wir auch in diesem Leben Sklaven der Sünde sein werden? Wir wollen diesen viel diskutierten Abschnitt einmal genauer betrachten.[6]

Um den genauen Zusammenhang zu erfassen, wollen wir noch einmal Römer 6 betrachten. Dort erklärt Paulus den römischen Gläubigen, dass sie durch die Taufe sich mit Jesus in seinem Tod zur Sünde und in seiner Auferstehung zu einem wunderbaren Leben identifiziert haben. Hier einige der Ausdrücke, die er verwendet:

> Wir, die wir der Sünde abgestorben sind … So sind wir nun mit ihm begraben worden durch die Taufe in den Tod, damit, wie Christus aus den Toten auferweckt worden ist durch die Herrlichkeit des Vaters, so auch wir in Neuheit des Lebens wandeln …
>
> Da wir dies erkennen, dass unser alter Mensch mitgekreuzigt worden ist, damit der Leib der Sünde abgetan sei, dass wir der Sünde nicht mehr dienen. Denn wer gestorben ist, ist freigesprochen von der Sünde …
>
> Da wir wissen, dass Christus, aus den Toten auferweckt,

> nicht mehr stirbt; der Tod herrscht nicht mehr über ihn. Denn was er gestorben ist, ist er ein für alle Mal der Sünde gestorben; was er aber lebt, lebt er Gott (aus Röm. 6,2-10).

Basierend auf diesen herrlichen Wahrheiten erteilt Paulus einige praktische Ermahnungen:

> So auch ihr: Haltet euch der Sünde für tot, Gott aber lebend in Christus Jesus! So herrsche nun nicht die Sünde in eurem sterblichen Leib, dass er seinen Begierden gehorche; stellt auch nicht eure Glieder der Sünde zur Verfügung als Werkzeuge der Ungerechtigkeit, sondern stellt euch selbst Gott zur Verfügung als Lebende aus den Toten und eure Glieder Gott zu Werkzeugen der Gerechtigkeit! Denn die Sünde wird nicht über euch herrschen, denn ihr seid nicht unter Gesetz, sondern unter Gnade (Röm. 6,11-14).

Hier geht es, natürlich, um ein Problem der „Knechtschaft", denn „wisst ihr nicht, dass, wem ihr euch zur Verfügung stellt als Sklaven zum Gehorsam, ihr dessen Sklaven seid, dem ihr gehorcht? Entweder Sklaven der Sünde zum Tod oder Sklaven des Gehorsams zur Gerechtigkeit?" (Römer 6,16).

Petrus nahm ebenfalls Bezug darauf, indem er ein damals übliches Sprichwort zitierte: „Denn von wem jemand überwältigt ist, dem ist er auch als Sklave unterworfen" (2. Petr. 2,19). Zum Glück hatten die Römer ihre Wahl getroffen und sie wurden von der Tyrannei der Sünde befreit. Beachte die kursiv gedruckten Sätze:

> Gott aber sei Dank, dass *ihr Sklaven der Sünde wart*, aber von Herzen gehorsam geworden seid dem Bild der Lehre, dem ihr übergeben worden seid! *Frei gemacht aber von der Sünde, seid ihr Sklaven der Gerechtigkeit geworden.* Ich rede menschlich wegen der Schwachheit eures Fleisches.
>
> *Denn wie ihr eure Glieder als Sklaven der Unreinheit und der Gesetzlosigkeit zur Gesetzlosigkeit zur Verfügung gestellt habt, so stellt jetzt eure Glieder zur Verfügung als Sklaven der Gerechtigkeit zur Heiligkeit! Denn als ihr Sklaven der Sünde wart, da wart ihr frei gegenüber der Gerechtigkeit.* Welche

> Frucht hattet ihr denn damals? Dinge, deren ihr euch jetzt schämt, denn das Ende davon ist der Tod.
>
> *Jetzt aber, von der Sünde frei gemacht und Gottes Sklaven geworden*, habt ihr eure Frucht zur Heiligkeit, als das Ende aber ewiges Leben. Denn der Lohn der Sünde ist der Tod, die Gnadengabe Gottes aber ewiges Leben in Christus Jesus, unserem Herrn (Röm. 6,17-23).

Jede Interpretation, die den Gläubigen unter der Sklaverei der Sünde lässt, ist unakzeptabel. Einverstanden?

Jetzt kommen wir auf Römer 7 zurück. In den ersten sechs Versen verwendet Paulus eine Analogie, die die bindende Kraft des Gesetzes beschreibt. Eine Frau, so erklärt er, ist durch das Gesetz an ihren Ehemann gebunden, so lange er lebt, aber wenn er stirbt, ist sie „losgemacht von dem Gesetz des Mannes" und ist frei, einen anderen zu heiraten. Aber wenn sie einen anderen Mann heiratet, während ihr ursprünglicher Ehemann noch am Leben ist, wird sie eine Ehebrecherin genannt. Paulus wendet dies dann auf die Kirche an: „So seid auch ihr, meine Brüder, dem Gesetz getötet worden durch den Leib des Christus, um eines anderen zu werden, des aus den Toten Auferweckten, damit wir Gott Frucht bringen" (Röm. 7,4). Was heißt das für die Gläubigen? Auch hier ist ihre Anwendbarkeit deutlich:

> Denn als wir im Fleisch waren, wirkten die Leidenschaften der Sünden, die durch das Gesetz erregt wurden, in unseren Gliedern, um dem Tod Frucht zu bringen. Jetzt aber sind wir von dem Gesetz losgemacht, da wir dem gestorben sind, worin wir festgehalten wurden, sodass wir in dem Neuen des Geistes dienen und nicht in dem Alten des Buchstabens (Röm. 7,5;6).

Achte hier auch auf die Zeit des Verbs: Wir *waren* im Fleisch, aber jetzt *sind wir von dem Gesetz losgemacht*, sodass wir in dem Neuen des Geistes *dienen*.[7] Alles hat sich geändert!

Aber da taucht eine logische Frage auf, die Paulus stellt, und sie hat mit dem Wesen des Gesetzes zu tun:

> Was sollen wir nun sagen? Ist das Gesetz Sünde? Das sei ferne! Aber die Sünde hätte ich nicht erkannt als nur durch Gesetz.

> Denn auch von der Begierde hätte ich nichts gewusst, wenn nicht das Gesetz gesagt hätte: „Du sollst nicht begehren!" Die Sünde aber ergriff durch das Gebot die Gelegenheit und bewirkte jede Begierde in mir; denn ohne Gesetz ist die Sünde tot (Röm. 7,7.8).

Und jetzt sind wir an der Stelle des größten Interpretationsdilemmas von Römer 7 angelangt: Welchen Zeitraum seines Lebens beschreibt Paulus, seine Erfahrungen vor seiner Bekehrung oder seine weiteren Erfahrungen als Gläubiger? Und spricht er von sich selbst, oder spricht er von jemandem als ein Bild für „jedermann"? Er schreibt:

> Ich aber lebte einst ohne Gesetz; als aber das Gebot kam, lebte die Sünde auf; ich aber starb. Und das Gebot, das zum Leben gegeben, gerade das erwies sich mir zum Tod. Denn die Sünde ergriff durch das Gebot die Gelegenheit, täuschte mich und tötete mich durch dasselbe (Röm. 7,9-11).

Was meint er, wenn er sagt: „Ich aber lebte einst"? Wenn er von seinen Erfahrungen vor seiner herrlichen Bekehrung spricht, gibt es kein wirkliches Problem, dass der Rest des Kapitels, in dem er die tiefe Frustration über seine Unfähigkeit, die Sünde zu besiegen, beschreibt, nicht für seine Erfahrungen als neue Kreatur in Jesus, dem Erlöser, gilt. Deshalb gilt es auch nicht für uns als neue Kreaturen in dem Erlöser (siehe 2. Kor. 5,17).

Aber wenn er in der Gegenwart spricht und sich auf sein ständig besiegtes Leben als geisterfülltes Kind Gottes bezieht, dann haben *wir alle* ein Problem. Wir müssen mit dem Gleichen rechnen!

Wie verstehen wir dann diese Verse, und gibt es andere legitime Auslegungen, die „einen Mittelweg" einschlagen?[8] Wir wollen erst den Text weiterlesen, bevor wir Schlussfolgerungen ziehen:

> So ist also das Gesetz heilig und das Gebot heilig und gerecht und gut. Ist nun das Gute mir zum Tod geworden? Das sei ferne! Sondern die Sünde, damit sie als Sünde erschiene, indem sie durch das Gute mir den Tod bewirkte, damit die Sünde überaus sündig würde durch das Gebot.
>
> Denn wir wissen, dass das Gesetz geistlich ist, ich aber

> bin fleischlich unter die Sünde verkauft; denn was ich vollbringe, erkenne ich nicht; denn nicht was ich will, das tue ich; sondern was ich hasse, das übe ich aus. Wenn ich aber das, was ich nicht will, ausübe, so stimme ich dem Gesetz bei, dass es gut ist. Nun aber vollbringe nicht mehr ich es, sondern die in mir wohnende Sünde. Denn ich weiß, dass in mir, das ist in meinem Fleisch, nichts Gutes wohnt; denn das Wollen ist bei mir vorhanden, aber das Vollbringen des Guten nicht. Denn das Gute, das ich will, übe ich nicht aus, sondern das Böse, das ich nicht will, das tue ich.
>
> Wenn ich aber das, was ich nicht will, ausübe, so vollbringe nicht mehr ich es, sondern die in mir wohnende Sünde (Röm. 7,12-20).

Wir sehen, dass Paulus hier in der Gegenwart mit uns spricht, und alle von uns, egal auf welcher Stufe, finden Bezug zu seiner Frustration. („Denn nicht was ich will, das tue ich; sondern was ich hasse, das übe ich aus. Wenn ich aber das, was ich nicht will, ausübe, so stimme ich dem Gesetz bei, dass es gut ist.“) Jeder ehrliche Gläubige wird zugeben, dass er, zumindest ab und zu, Dinge denkt, Dinge sagt oder Dinge tut, die seinen eigenen Überzeugungen entgegenstehen, während er die Dinge, an die er wirklich glaubt, nicht tut. Aber wie weit geht das, und wie durchgängig ist dieses besiegte Verhaltensmuster?

Ist es die Regel, oder ist es die Ausnahme der Regel? Ist es das Leitprinzip des Lebens oder ein leidenschaftlicher Ausdruck momentaner Enttäuschung?[9] Ist es ein Bild, wer wir wirklich sind – ständig versagend, ständig frustriert, ständig am Boden, ständig vom Weg abweichend –, oder ist es eher ein Bild von einem Menschen, der auf der Straße läuft und kleine Hunde schnappen nach seinen Fersen? Er geht irgendwo hin, er bewegt sich vorwärts, aber irgendetwas zerrt ständig an ihm und versucht, ihn abzulenken. Welches Bild beschreibt die biblische Norm?

Um diese schwierigen Fragen zu beantworten, wollen wir das bedenken, was wir mit Sicherheit wissen: Erstens, würde Paulus dem nicht so offensichtlich widersprechen, was er gerade in Römer 6 und 7,1-6 geschrieben hat (insbesondere wenn man bedenkt, dass es im Originaltext keine Kapitelunterteilungen gab), oder dem, was er noch in Römer 8 schreiben würde (darauf kommen wir gleich noch), oder dem, was er an anderer Stelle in seinen Briefen geschrieben hat; deshalb ist es unmöglich, dass Paulus sich selbst in seinem gegenwärtigen Stand im Herrn als „fleischlich, unter die Sünde verkauft" (V. 14) bezeichnen würde. Das kann nicht sein![10]

In der Mitte des 18. Jahrhunderts bemerkte John Wesley dazu Folgendes:

> Die hier angenommene Figur ist die eines Mannes, der das Gesetz zuerst nicht kannte, dann unter ihm war und treu, aber uneffektiv versuchte, Gott zu dienen. Dass er [also Paulus] dabei von sich selbst oder einem echten Gläubigen gesprochen hat, würde nicht in das Gesamtbild seiner Ausführungen passen; nein, es stände dazu im Gegensatz sowie auch im Gegensatz zu dem, was ausdrücklich in Römer 8,21 gesagt wird.[11]

Im späten 20. Jahrhundert schrieb Prof. Douglas Moo, nachdem er sorgfältig alle wichtigen Interpretationsmöglichkeiten studiert hatte, Folgendes und konstatierte dabei sogar noch vollständiger:

> In Kapitel 6 beziehungsweise 8 [des Römerbriefs] macht Paulus deutlich, dass „von der Sünde frei sein" und „frei sein vom Gesetz der Sünde und des Todes" ein Zustand ist, der für jeden Christen gilt. Wenn man ein Christ ist, dann gelten diese Dinge; wenn man keiner ist, dann gelten sie nicht. Das heißt, dass die in den Versen 14-25 [Römer 7] beschriebene Situation nicht die eines „normalen" Christen sein kann, und auch nicht die eines unreifen Christen. Auch kann sie nicht den Zustand einer Person, die nach dem Gesetz lebt, beschreiben, weil ein Christ, der irrtümlich nach dem Gesetz lebt, dennoch ein Christ ist und deshalb nicht „unter der Sünde" oder „ein Gefangener des Gesetzes der Sünde" ist.[12]

Paulus hatte gerade lang und breit die Römer daran erinnert, dass sie *der Sünde gestorben* waren, dass sie *nicht länger Sklaven der Sünde* waren, und dass sie jetzt ein *neues Leben* in Jesus führten. Wie konnte er dann von sich selbst sagen, er sei „unter die Sünde verkauft"? War Paulus *wirklich* ein Sklave der Sünde?

Was den Begriff „fleischlich“ (griechisch *sarkinos*) betrifft, so benutzt Paulus dieses Wort zwei weitere Male in seinen Briefen: im 1. Korinther 3,1, wo er die Korinther für diese unakzeptable Verhaltensweise tadelt („Und ich, Brüder, konnte nicht zu euch reden als zu Geistlichen, sondern als zu Fleischlichen [*sarkinos*], als zu Unmündigen in Christus.“), und noch einmal in 2. Korinther 3,3, wo es einfach „fleischlich“ bedeutet, als Gegensatz zu „steinern“ (vergl. auch Hebr. 7,16, wo es „menschlich, körperlich“ bedeutet). Würde Paulus, der Apostel der Korinther, sie dafür tadeln, dass sie sich wie Unmündige benehmen, sie fleischlich [sarkinos] nennen, und dann sich selbst mit diesem Wort bezeichnen? Wohl kaum![13]

Auch die Schlussfolgerungen für seine Erörterungen in Römer 7 werfen einige ernsthafte Fragen auf, wenn Paulus von unserer normalen, andauernden Erfahrung im Herrn berichtet:

> Ich finde also das Gesetz, dass bei mir, der ich das Gute tun will, nur das Böse vorhanden ist. Denn ich habe nach dem inneren Menschen Wohlgefallen am Gesetz Gottes. Aber ich sehe ein anderes Gesetz in meinen Gliedern, das dem Gesetz meines Sinnes widerstreitet und mich in Gefangenschaft bringt unter das Gesetz der Sünde, das in meinen Gliedern ist. Ich elender Mensch! Wer wird mich retten von diesem Leibe des Todes? Ich danke Gott durch Jesus Christus, unseren Herrn! Also diene ich nun selbst mit dem Sinn dem Gesetz Gottes, mit dem Fleisch aber dem Gesetz der Sünde (Röm. 7,21-25).

Jetzt nimm deine Bibel in die Hand und lies weiter, lies Römer 8 durch bis zu seinem herrlichen Ende, und dann noch Römer 12, wo Paulus einen wunderbar hohen Maßstab für unser Leben in Christus setzt. Dann lies Abschnitte wie Epheser 1 und 2, die die unsagbaren Reichtümer unseres Retters erheben, mit dem wir – die Auserkorenen und Auserwählten, die Trophäen der Gnade Gottes – in himmlischen Regionen sitzen. Dann lies 2. Korinther 3, wo Paulus schreibt:

> Wir alle aber schauen mit aufgedecktem Angesicht die Herrlichkeit des Herrn an und werden so verwandelt in dasselbe Bild von Herrlichkeit zu Herrlichkeit, wie es vom Herrn, dem Geist geschieht (3,18).

Und dann beantworte dir selbst diese Frage: Könnte der gleiche Paulus, der Autor von genau diesem Abschnitt, von sich selbst sagen – und damit auch uns meinen: „Ich elender Mensch!“ Wie passt das zusammen? Und wie könnte er seine Ausführungen beenden, indem er einfach beschließt, mit seinem Sinn dem Gesetz Gottes zu dienen, aber mit seinem Fleisch dem Gesetz der Sünde? Wie der einflussreiche neutestamentliche Gelehrte C. H. Dodd dazu bemerkte: „Es würde die gesamte Argumentation [des Paulus] lähmen, wenn er nun bekennen würde, dass er, im Augenblick, als er dies schrieb, ein elender Mensch, ein Gefangener des Gesetzes der Sünde war.“[14]

Mit Begründungen wie dieser interpretierten die frühen griechischen Kirchenväter, ebenso wie angesehene Leiter durch die Jahrhunderte hindurch, den gesamten Abschnitt im Hinblick auf das Leben des Paulus, bevor er den Messiah traf.[15] Aber löst das wirklich alle Probleme im Text? Wenn Paulus nur von seinem Leben vor seiner Bekehrung sprach, warum geht er dann zu der Gegenwartsform des Verbs über, bleibt in der Gegenwart und endet in der Gegenwart und spricht mit solch leidenschaftlichen, persönlichen Worten?[16] Mit Begründungen wie dieser interpretierten die Reformer sowie viele moderne Kommentatoren den Abschnitt im Allgemeinen im Hinblick auf Paulus Erfahrungen nach seiner Bekehrung.

So oder so sind Probleme vorhanden, aber, wenn wir uns auf die Schrift stützen wollen, müssen wir zugeben, dass die Probleme, die uns begegnen, wenn wir Römer 7 im Hinblick auf Paulus weitere Erfahrungen als ein Gläubiger interpretieren, unüberwindlich sind. Es ist ganz einfach unmöglich, sich vorzustellen, dass Paulus all seinen anderen Aussagen – insbesondere denen, die unmittelbar im zusammenhängenden Text stehen – total widerspricht, und das gesamte, durchgehende, klare Zeugnis des Wortes leugnet. Gott bewahre!

Auf der einen Seite scheint es unrichtig, zu behaupten, dass Paulus nur von seinem vergangenem Leben gesprochen hat, obwohl einige Verse sich gut darauf beziehen könnten. Auf der anderen Seite ist es unmöglich, zu glauben, dass Paulus als der ständig unterlegene (und das bedeutet ungehorsame) Gläubige sprach, der sich damit abgefunden hat, in diesem Leben ein Sklave der Sünde zu sein.[17]

Wenn du also glaubst, dass wir nie wieder einen Kampf mit der Sünde führen müssen, weil du dich auf die „Vorbekehrungs“-Interpretation von Römer 7 stützt, dann wirst du ein Problem haben, sowohl mit dem biblischen Text als auch mit deinem eigenen Leben. Aber wenn du die „Nachbekehrungs"-Interpretation von Römer 7 anwendest, als Ausrede für dauerhafte Sünde in deinem Leben, wirst du dich Gottes Tadel gegenüber sehen. Das Wort spricht gegen dich!

„Und", fragst du, „gibt es noch andere mögliche Interpretationen für dieses Kapitel?" Natürlich! Es gibt sogar viele.[18] Aber hier nur zwei Deutungen des Kapitels, die vielleicht dazu beitragen, die Dinge zu klären:

1. *Paulus schreibt als siegreicher Gläubiger, der sich immer noch unseres Kampfes bewusst ist, der niemals enden wird, solange wir in dieser Welt leben, und er drückt sich aus wie jemand, der die Hitze der Schlacht kennt.* Ein ähnliches Gefühl wird in Versen wie Galater 5,17 wiedergegeben: „Denn das Fleisch begehrt gegen den Geist auf, der Geist aber gegen das Fleisch; denn diese sind einander entgegengesetzt, damit ihr nicht das tut, was ihr wollt."

   Ja, es gibt einen andauernden Kampf, aber, wie Paulus den Galatern im Kapitel 5 weiter erklärt, haben die Gläubigen jetzt ihre sündigen Neigungen durch das Kreuz gekreuzigt. So kannst du vielleicht den Nicht-Gläubigen mit einem Düsenflugzeug vergleichen, das auf der Startbahn stecken geblieben ist und nicht fliegen kann, während der Gläubige ein Düsenflugzeug im Flug ist, das aber mit Turbulenzen zu kämpfen hat und einen guten Piloten braucht, um ans Ziel zu kommen. Manchmal wird es mächtig hin und her gerüttelt, aber das Flugzeug fällt nicht herunter!
2. *Paulus spricht von einer Schlacht mit der fleischlichen sündigen Natur, die nicht gewonnen werden kann, einer Natur, die sich in diesem Leben niemals ändern wird (siehe Römer 7,25).*[19] In dem Maße, wie wir es selbst weiterhin zulassen, dass wir unter dem Einfluss dieser Natur leben, und in dem Maße, wie wir danach streben, das Fleisch durch das Gesetz und nicht durch den Geist zu besiegen, werden wir in einen Krieg verwickelt, den wir nicht gewinnen können – und es wird ein höllischer Krieg sein.

   Die wunderbare Erkenntnis ist, dass wir durch Jesus von der Macht dieser Natur erlöst sind! Das ist das große

Thema von Römer 8, wo das Gesetz des Geistes des Lebens in Jesus, unserem Messiahs, uns frei macht von dem Gesetz der Sünde und des Todes:[20]

> Also gibt es jetzt keine Verdammnis für die, die in Christus Jesus sind. Denn das Gesetz des Geistes des Lebens in Christus Jesus hat dich frei gemacht von dem Gesetz der Sünde und des Todes. Denn das dem Gesetz Unmögliche, weil es durch das Fleisch kraftlos war, tat Gott, indem er seinen eigenen Sohn in Gleichgestalt des Fleisches der Sünde und für die Sünde sandte und die Sünde im Fleisch verurteilte, damit die Rechtsforderung des Gesetzes erfüllt wird in uns, die wir nicht nach dem Fleisch, sondern nach dem Geist wandeln (Röm. 8,1-4).

Paulus führt das in den folgenden Versen noch weiter aus und ruft die Gläubigen dazu auf, ihren Sinn darauf zu richten, was der Heilige Geist möchte, was zu Leben und Frieden führt, im Gegensatz zu den fleischlichen Menschen, die ihren Sinn auf das richten, was die sündige Natur möchte, was zum Tode führt (Verse 5,6). Ja, „die Gesinnung des Fleisches ist Feindschaft gegen Gott, denn sie ist dem Gesetz Gottes nicht untertan, denn sie kann das auch nicht. Die aber, die im Fleisch sind, können Gott nicht gefallen“ (Verse 7,8).

Noch einmal sehen wir, wie gänzlich unmöglich es ist, zu denken, dass Paulus sich einfach *selbst* beschrieben haben könnte als jemand, der von der sündigen Natur kontrolliert wird – und folglich in „Feindschaft gegen Gott“ lebt. Niemals! Stattdessen bekräftigt er den Römern: „Ihr aber seid nicht im Fleisch, sondern im Geist, wenn wirklich Gottes Geist in euch wohnt“ (Vers 9). Herrlich!

Ja –

> Ist aber Christus in euch, so ist der Leib zwar tot der Sünde wegen, der Geist aber Leben der Gerechtigkeit wegen.
>
> So sind wir nun, Brüder, nicht dem Fleisch Schuldner, um nach dem Fleisch zu leben; denn wenn ihr nach dem Fleisch lebt, so werdet ihr sterben, wenn ihr aber durch den Geist die Handlungen des Leibes tötet, so werdet ihr leben. Denn so viele durch den Geist Gottes geleitet werden, die sind Söhne Gottes (Röm. 8,10.12-14).

Gelobt sei Gott, wir sind durch den Geist geleitet – geleitet, um die Handlungen des Leibes zu töten, geleitet, um in heiligem Gehorsam gegenüber dem Meister zu leben, geleitet, um den Willen Gottes zu tun.

Gibt es einen Kampf im Fleisch? Worauf du dich verlassen kannst! Aber uns ist der Sieg Jesu über das Fleisch gegeben worden! Werden wir Konflikte und Schwierigkeiten in dieser Welt erleben? Aber sicher (siehe Joh. 16,33; Apg. 14,22; 2. Kor. 6,6-10). Aber wir sind Überwinder, im Leben oder Tod (siehe Röm. 8,35-39; 2. Kor. 2,14; 1. Joh. 2,13.14; 4,4; 5,4). Vom Teufel besiegt zu werden und durch das Fleisch gebunden zu sein, ist *nicht* die erwartete Norm. Wir sind keine Sklaven, wir sind frei (siehe 1. Petr. 2,16)!

Also stehe fest in deiner Freiheit, und an Stelle Römer 7 als Ausrede für sündiges Leben anzuführen, lies alles, was Paulus in Römer 6 - 8 geschrieben hat, und erkenne, dass während die Schlacht im Fleisch toben kann, wir dennoch nicht mehr unter der Kontrolle des Fleisches sind, sondern des Geistes. Und das Geist-erfüllte, Geist-geführte, Geist-bevollmächtigte Leben ist herrlich. Lass es nicht zu, dass es dir jemand ausredet!

FUSSNOTEN

KAPITEL EINS

1. Evangeline Booth hat dies leidenschaftlich formuliert: „Alkohol hat mehr Blut vergossen, zu mehr Trauer geführt, mehr Häuser verkauft, mehr Leute in den Bankrott geführt, mehr Ganoven ausgerüstet, mehr Kinder umgebracht, mehr Eheringe geklaut, mehr Unschuld beschmutzt, mehr Augen geblendet, mehr Glieder verdreht, mehr Verstand ausgeschaltet, mehr Männer ruiniert, mehr Frauen entehrt, mehr Herzen gebrochen, mehr Selbstmörder hervorgebracht und mehr Gräber geschaufelt, als jede andere giftige Geisel, die jemals mit ihren todbringenden Wellen die Welt überrollt hat." Zitat aus Albert M. Wells, Jr., *Inspiring Quotations: Contemporary and Classical [Anregende Zitate: Modern und Klassisch]* (Nashville: Thomas Nelson, 1988), S. 6, # 14.
2. Laut einer schönen, aber durchaus predigtähnlichen Interpretation der alten Rabbies (siehe Genesis Rabba 35/3, Ende), wurden diese Verse mit der folgenden Bedeutung interpretiert: „Bei deinem Gehen leite sie dich" – das heißt, in dieser Welt; „bei deinem Liegen behüte sie dich" – das heißt, in der Stunde des Todes; „und wachst du auf, so rede sie dich an" – das heißt, die kommende Auferstehung.
3. Vergleiche *Oswald Chambers: The Best from His Books [Oswald Chambers: Das Beste aus allen seinen Büchern]*, Band I, verfasst von Harry Verploegh (Nashville: Oliver Nelson, 1987), S. 197.

KAPITEL ZWEI

1. Für ein kurzes Studium der Schrift über die Freude des Herrn und sein Verhältnis zu Heiligkeit und Erweckung, vergleiche Michael L. Brown, *From Holy Laughter to Holy Fire: America on the Edge of Revival [Vom Heiligen Lachen zum Heiligen Feuer: Amerika am Rande einer Erweckung]* (Shippensburg, PA: Destiny Image, 1996), S. 104–118 („Freude unaussprechlich und voller Herrlichkeit").
2. Gott verspricht seinem Volk „wahres Glück", und die korrekteste Übersetzung des hebräischen Wortes *'a√rey*, das man zum Beispiel am Anfang von Psalm 1 findet, ist „wirklich glücklich". Vergleiche auch meinen Artikel über *'a√rey* im *The New International Dictionary of Old Testament Theology and Exegesis [Das Neue Internationale Lexikon der Alttestamentlichen Theologie und Exegese]* herausgegeben von Willem VanGemeren (Grand Rapids: Zondervan, 1997), Seiten 1:570–572. (Dieses Lexikon wird im weiteren als *NIDOTTE* bezeichnet.) Dasselbe gilt wahrscheinlich auch für das griechische Wort *makarios*, das man zum Beispiel in den Seligpreisungen findet (d. h. „Wirklich glücklich sind die geistig Armen" etc.).
3. D. Martyn Lloyd-Jones war es, der auf die Tatsache hinwies, dass es kein liebenswürdigeres und freundlicheres Bild von Jesus gibt als das des „Lammes", und doch bitten die Menschen in Offenbarung 6,12-17 die Berge und Felsen, über sie zu fallen und sie vor dem Angesicht dessen zu verbergen, der auf dem Thron sitzt, und vor dem Zorn des Lammes.
4. Mein Kollege Steve Hill, der Evangelist der Brownsville Revival, hat eine mächtige Predigt mit dem Titel „Wenn der Hammer fällt" gehalten. Sie ist als Video bei Destiny Image Publishers zu erhalten.Vergleiche auch Michael L. Brown, *It's Time to Rock the Boat: A Call to God's People to Rise Up and Preach a Confrontational Gospel [Es ist an der Zeit, das Schiff ins Schaukeln zu bringen: Ein Aufruf an Gottes Volk, aufzustehen und ein herausforderndes Evangelium zu predigen]* (Shippensburg, PA: Destiny Image, 1993), S. 98–108 („The Wratz of God" [„Der Zorn Gottes"]); idem, *How Saved Are We?" [Wie gerettet sind wir?]* (Shippensburg, PA: Destiny Image, 1990), Seiten 51–57

(„Whatever Happened to the Fear of God?“ [Was ist mit der Furcht Gottes passiert?]). Eine Videopredigt mit dem Titel „Was ist mit dem Zorn Gottes passiert?“, die auf einer Leiterschaftkonferenz bei der Brownsville Revival im November 1996 gehalten wurde, kann bei ICN Ministries bezogen werden.

5. Thomas Brooks, *Precious Remedies Against Satan's Devices [Wertvolle Heilmittel gegen die Tricks des Satans]* (Carlisle, PA: Banner of Truth, 1987) S. 31.
6. Natürlich werden einige sagen, dass der Islam in seinem wahren Kern etwas Monströses an sich hat! Hier etwas furchterregende Literatur, vgl. Amir Taheri, *Holy Terror: Inside the World of Islamic Terrorism [Heiliger Terror: In der Welt des Islamischen Terrorismus])* (Bethesda, MD: Adler & Adler, 1987); Victor Mordecai, *Is Fanatic Islam a Global Threat? [Ist der fanatische Islam eine Bedrohung für die Welt?]* (Springfield, MO: keine Seite, 1996); siehe auch Emanuel Sivan, *Radical Islam: Medieval Theology and Modern Politics [Radikaler Islam: Mittelalterliche Theologie und Moderne Politik]* (New Haven: Yale University Press, 1985).

KAPITEL DREI

1. *Wertvolle Heilmittel gegen die Tricks des Satans,* S. 39.
2. Dieses Zitat stammt von Carey Robertson, Pastorkollege der Brownsville Assembly of God, der es mir gegenüber aussprach.
3. *Wertvolle Heilmittel gegen die Tricks des Satans,* S. 36.
4. Laut Franz Delitzsch, *Kommentar zum Hebräerbrief,* Englische Übersetzung (Minneapolis: Klock & Klock, 1978), Band 2, S. 188, hat das griechische Wort *katapato*, das hier mit „treten“ übersetzt wird, „nicht nur die Bedeutung, etwas zurückzuweisen oder wegzuwerfen, als etwas, das für den Gebrauch nicht geeignet ist und auf das die Menschen achtlos herumtreten (Matth. 5,13; Lukas 8,5), sondern etwas mit rücksichtsloser Verachtung als ein Objekt des Zorns oder des Hasses niederzutreten (Matth. 7,6).“ Aus dieser Sicht ruft Delitzsch aus: „Ihn mit Füßen zu treten – den gnädigen und allmächtigen Erben aller Dinge, der nun zur rechten Hand Gottes sitzt –, welch eine Provokation gegenüber dem Höchs-

ten, die schwerste und zerschmetterndste Strafe zu verhängen!" Ähnlich stellt William Lane, *Hebrews 9-13 [Hebräer 9-13]*, Biblischer Wortkommentar (Dallas: Word, 1991), S. 294 fest: „Die paradoxe Vorstellung, jemanden mit Abscheu zu behandeln, der umfassende Würde besitzt, fordert Aufmerksamkeit."

5. Für die Erörterung des griechischen Wortes *enubrizo*, hier übersetzt mit „schmähen", vgl. Harold. W. Attridge, *Epistle to the Hebrews [Der Hebräerbrief]*, Hermenia (Philadelphia: Fortress, 1989), S. 294, 295; vgl. auch Lane, ibid., S. 295, der feststellt, dass das Griechische übersetzt werden kann mit „geschmäht hat", „beleidigt hat", „verletzend Verachtung gezeigt hat". Delitzsch, ibid., S. 190 beobachtet: „Diesen Heiligen Geist zu verachten oder etwas ihm zum Trotz zu tun, heißt, das gesamte Werk der Gnade zu lästern, dessen Gegenstand man einst war, und es als eine Täuschung und Lüge darzustellen. Es heißt profan, der ganzen Wahrheit Gottes zu widersprechen und auf sich eine Vergeltung zu ziehen, die ihr Ziel nicht verfehlen kann."
6. Für einen aufschlussreichen, ja verständnisvollen Blick auf den Aufstieg und Fall der Leiter der so genannten „Heilungs-Erweckung" (1947–58), siehe D. E. Harrell, Jr., *All Things Are Possible: The Healing and Charismatic Revivals in Modern America [Alle Dinge sind möglich: Die Heilungs- und charismatischen Erweckungen im modernen Amerika]* (Bloomingdale Indiana University Press, 1975).
7. Ich möchte die von euch, die überzeugt sind, dass der wahre Gläubige seine Errettung nicht verlieren kann, dazu ermutigen, David Pawson, *Once Saved, Always Saved? [Einmal gerettet, Immer gerettet?]* (London: Hodder & Stoughton, 1996) zu lesen, sowie, noch umfassender, Robert Shank, *Life in the Son [Leben im Sohn]* (Minneapolis: Bethany, 1961). Es gibt auch in meinem Buch *„It's Time to Rock the Boat" [Es ist Zeit, das Schiff zum Schaukeln zu bringen]* (siehe insbesondere S. 24–38, 84–96) einige Kapitel, die dieses Thema betreffen. Siehe auch unten Kapitel 7, Fußnote 8. Für die neuesten Thesen zur Verteidigung des Standpunkts „einmal gerettet, immer gerettet", siehe R.T. Kendall, *Once Saved, Always Saved [Einmal Gerettet, Immer Gerettet]* (Chicago, Moody Press, 1983); Charles Stanley, *Eternal Security [Ewige Sicherheit]* (Nashville: Thomas Nelson, 1990).

KAPITEL VIER

1. Die Buchstaben „kh“ entsprechen den Buchstaben „ch“ im deutschen Wort „Loch“.
2. Bezüglich der verschiedenen Verwendungen im Alten Testament siehe Andrew Hill, *'apharît* in *NIDOTTE*, Band 1, S. 361, 362, mit Hinweis auf andere, umfassendere Behandlungen des Wortes auf S. 362. In 2. Mose 33,23 taucht das verwandte Wort *'ahôr* in einer Pluralform auf mit Bezug zu Gottes „Rücken“; in Hesekiel 8,16 bezieht es sich auf den Rücken von Menschen.
3. Beachte Jesaja 46,10: „Der ich von Anfang an den Ausgang verkündige“, wo das Wort für Ende *'apharît* ist, abgeleitet von dem Wort für „das, was danach kommt; Rücken“. Das Wort für Anfang ist *re√ît*, abgeleitet von dem Wort für „Kopf“.
4. Ich habe dies wörtlich übersetzt, um die Kraft des Originals herauszustellen; für das hebräische Wort *mûsar*, was „Disziplin, Anweisung“ bedeutet, vgl. Eugene H. Merrill, „*ysr*“ in NIDOTTE, Band 2, S. 479–482, insbes. 480, 481.
5. Kommentatoren aus allen Jahrhunderten haben bemerkt, dass die etwas abrupten, abgehackten hebräischen Verben, die hier verwendet werden, Esau's Charakter wiedergeben sollen. Siehe Nahum M. Sarna, 182, *Genesis*, The JPS Torah Commentary [Der JPS Torah-Kommentar] (Philadelphia Jewish Publication Society, 1989), der schreibt: „Die abrupte Folge von fünf kurzen hebräischen Verben gibt wirkungsvoll die kalte, düstere Atmosphäre wieder, in der Esau schweigend sein Mahl verschlingt.“
6. Zitat aus I. D. E. Thomas, Herausgeber, *The Golden Treasury of Puritan Quotations [Der Goldene Schatz der puritanischen Zitate]* (Carlisle, PA: Banner of Truth, 1989), S. 267.
7. William C. McKane, *Proverbs: A New Approach [Sprüche: Eine neue Annäherung]*, Old Testament Library (Philadelphia: Westminster, 1970), S. 248, übersetzt diesen Vers mit: „Seine Folge ist wie ein Schlangenbiss oder der Stich einer Viper.“ Bezüglich seines Kommentars zu 23,29-35 siehe Seiten 393–396, wo er das *'apharît* mit einem Kater gleichsetzt (S. 394, 395).
8. Diese bekannte Tatsache wurde mir auch unabhängig von zwei seiner Familienmitglieder bestätigt, einem seiner Söhne und einem angeheirateten Verwandten.

9. Wir sollten an das *'apharît* von Hiob denken: „Und der Herr segnete das Ende (*'apharît*) Hiobs mehr als seinen Anfang" (Hiob 42,12). Siehe auch Jak. 5,11: „Siehe, wir preisen die glückselig, die ausgeharrt haben. Vom Ausharren Hiobs habt ihr gehört, und das Ende des Herrn habt ihr gesehen [wörtlich, ihr habt das Ende – griechisch *telos* – des Herrn gesehen], dass der Herr voll innigen Mitgefühls und barmherzig ist."

KAPITEL FÜNF

1. Barnabas Lindars, *The Gospel of John [Das Evangelium des Johannes]*, New Century Bible (Grand Rapids: Eerdmans, 1995), S. 305, Anmerkungen „Die Geschichte selbst erzählt, wie Jesus voller Mitgefühl mit einer Frau umgehen konnte, die durch ihre Schuld die Todesstrafe verdient hatte. Er sieht weder über ihre Sünde hinweg, noch leugnet er die Gültigkeit des Gesetzes; dennoch spornt er sie an, ein neues Leben anzufangen."
2. Für eine Erörterung der textlichen Integrität von Joh. 8,1-11 siehe Bruce M. Metzger, *A Textual Commentary on the Greek New Testament [Ein Textkommentar über das griechische Neue Testament]* (London/New York: United Bible Societies, 1975), Seiten 219–223; für umfangreichere Interpretationsfragen siehe George R. Beasley-Murray, *John [Johannes]*, Word Biblical Commentary (Waco, TX: Word, 1987), Seiten 144–147.
3. Siehe *John Wesley's Notes on the Whole Bible: The New Testament [John Wesley's Anmerkungen zur gesamten Bibel: Das Neue Testament]* von der Sage Digital Library CD-ROM (Albany, OR: Sage Software), S. 281.
4. Siehe die Kommentare von Adam Clarke: „Unser Herr, der beabsichtigte, diesem Mann vor Augen zu führen, wer er war, gab ihm zwei Beweise für sein vollkommenes Wissen. 1. Er zeigte ihm, dass er das Geheimnis der Vergangenheit wusste – sündige nicht mehr: dadurch deutete er an, dass seine früheren Sünden der Grund für seine lange Not waren. 2. Er zeigte ihm, dass er seine Zukunft kannte – damit dir nichts Ärgeres widerfahre; wenn deine Missetat sich wiederholt, wird deine Strafe schlimmer werden." Siehe *Adam Clarke's Commentary on the Bible (Adam Clarke's*

Bibelkommentar) aus der Sage Digital Library CD-ROM (Albany, OR: Sage Software), Band 5, S. 103.

5. Matthew Henry bemerkte hier: „Hätte man sie nicht dabei erwischt, hätte sie vielleicht so weiter gemacht, bis ihr Herz vollkommen verhärtet gewesen wäre; aber manchmal erweist es sich für Sünder als Gnade, wenn ihre Sünde ans Licht kommt, damit sie nicht *noch unverschämter werden können.* Besser unsere Sünde *beschämt* uns, als dass sie uns *verdammt*, und soll uns lieber zu unserer Überführung vor Augen gestellt werden als zu unserer Verdammnis." Siehe *Matthew Henry's Commentary on the Bible [Matthew Henry's Bibelkommentar]* (Peabody, MA: Hendrickson, 1991), auf den Logos CD-ROM, ad loc.
6. Charles Spurgeon, *Morning and Evening [Morgen und Abend]* von der Sage Digital Library CD-ROM (Albany, OR: Sage Software), 30. Mai, A. M., zu Hohe Lied Salomon 2,15.
7. Es ist interessant, zu wissen, dass im ursprünglichen korrekten Wortlaut von Charles Wesley's klassischem Lied „Oh for a Thousand Tongues" eine der Strophen lautete: „Er bricht die Macht fallen gelassener Sünde. Er macht den Gefangenen frei; Sein Blut kann den Schmutzigsten sauber machen; sein Blut half mir", während einige spätere Gesangbücher sie folgendermaßen änderten: „Er bricht die Macht der herrschenden Sünde", und damit die Kraft des Originalwortlauts von Wesley verwässerten. Als diese Veränderung zum ersten Mal durchgeführt wurde, geschah dies natürlich mit Absicht, auf Grund theologischer Unterschiede. Über den Hintergrund des Liedes wie auch über seine 18 (!) Strophen siehe John R. Tyson, Herausgeber, *Charles Wesley: A Reader [Charles Wesley: Ein Leser]* (New York: Oxford 1989), Seiten 107–109. Über eine auferbauende Studie von Charles Wesley siehe Arnold A. Dallimore, *A Heart Set Free: The Life of Charles Wesley [Ein freigesetztes Herz: Das Leben des Charles Wesley]* (Westchester, IL: Crossway, 1988).
8. John Owen, *Temptation and Sin [Versuchung und Sünde]* (Grand Rapids: Sovereign Grace, 1971), S. 8.
9. Die meisten Übersetzungen sind sogar noch provokativer, siehe z. B. *KVJ, NKJV, NASB.*
10. Zu einem komplett anderen Verständnis dieser Verse siehe Charles G. Finney, *Principles of Sanctification [Prinzipien der*

Heiligung], gesammelt und herausgegeben von Louis Gifford Parkhurst, Jr. (Minneapolis: Bethany, 1986), Seiten 104–106, der Johannes folgendermaßen verstanden hat: „Wenn wir sagen, dass wir keine Sünder sind, das heißt, sagen, dass wir keine Sünde haben und das Blut Christi nicht brauchen, und dass wir niemals gesündigt haben und folglich keinen Erlöser brauchen, betrügen wir uns selbst. Denn wir haben gesündigt, und nichts als das Blut Christ reinigt uns von der Sünde oder bringt unsere Vergebung und Rechtfertigung. Wenn wir nicht leugnen, sondern bekennen, dass wir gesündigt haben, ‚Ist er treu und gerecht, dass er uns die Sünde vergibt und uns von aller Ungerechtigkeit reinigt.'" So „versteht Finney den Apostel nicht so, als ob er irgendetwas im Hinblick auf den momentanen moralischen Charakter eines Menschen bestätigen wollte, sondern als ob er von der Doktrin der Rechtfertigung spricht."

11. In den Worten eines anderen Puritaners, Joseph Caryl, „Perfekte Heiligkeit ist das Ziel der Heiligen auf der Erde, und auch die Belohnung der Heiligen im Himmel." Zitat in Thomas, *The Golden Treasury of Puritan Quotations [Der Goldene Schatz der Puritanischen Zitate]*, S. 142.
12. Leser aus einem reformierten Hintergrund (d. h., calvinistisch) könnten Anthony A. Hoekema's Zusammenfassung der reformierten Ansicht von Heiligung irgendwie überraschend finden (auch wenn sie zweifellos ganz richtig ist). Nachdem er bestätigt hat, dass sich die Gläubigen in einem ständigen Kampf gegen die Sünde befinden, bemerkt er: „Und doch, obwohl der Kampf gegen die Sünde sehr real ist, sind die Gläubigen nicht länger unter die Sünde versklavt. Die Kreuzigung unseres alten Ichs mit Christus, bringt, wie Paulus lehrt, mit sich, dass wir von der Sklaverei der Sünde befreit sind (siehe Römer 6,6); weil wir nicht unter dem Gesetz sind, sondern unter der Gnade, soll die Sünde nicht mehr unser Meister sein (siehe V. 14). „Die Sünde, die dem Gläubigen noch immer anhaftet, und die Sünde, die er begeht, haben keine Herrschaft mehr über ihn." [Dieses Zitat wurde aus John Murray, *Principles of Conduct [Verhaltensprinzipien]* entnommen.] Zusammenfassend können wir sagen, dass Gläubige nicht mehr alte Menschen sind, sondern neue Menschen, die ständig erneuert werden. Sie müssen immer noch gegen die Sünde kämpfen und

werden noch manchmal in Sünde fallen, aber sie sind nicht mehr ihre Sklaven. In der Kraft des Geistes sind sie nun in der Lage, der Sünde zu widerstehen, denn für jede Versuchung wird Gott einen Ausweg vorsehen.“ Hoekema’s Aufsatz findet sich in Melvin Dieter, idem, et al., *Five Views of Sanctification [Fünf Sichtweisen der Heiligung]* (Grand Rapids: Zondervan, 1987), Seiten 61–90, das oben angegebene Zitat befindet sich auf Seite 82.

13. John Wesley, *A Plain Account of Christian Perfection, as believed and taught by the Reverend Mr. John Wesley, from the year 1725, to the year 1777 [Ein einfacher Bericht über Christliche Vollkommenheit, wie sie von Pfarrer John Wesley vom Jahr 1725 bis zum Jahr 1777 gelehrt wurde]* aus *The Works of John Wesley [Die Werke des John Wesley]* (Grand Rapids: Baker, 1986), Band 11, S. 366. Der ganze Bericht siehe Band 11, Seiten 366–446.
14. Über diese Verse gab B. B. Warfield, ein strikter Gegner der „Vollkommenheitslehre“, dennoch folgenden Kommentar ab: „Es gibt kein Merkmal des Christentums, das von denen, die für seine Verbreitung in der Welt verantwortlich waren, mehr betont wurde, als die Breite und Tiefe seiner ethischen Forderungen. Die „Rettung“, die im „Evangelium“ versprochen wurde, oder die „Frohe Botschaft“, die das zentrale Element seiner Verkündigung war, war lediglich die Rettung aus Sünde hin zur Heiligkeit. In anderen Worten, es war eine Revolution der Moral, und in der „Heiligung“ liegt genau der Kernpunkt unserer Rettung. „Das ist der Wille Gottes für euch“, sagt der Apostel seinen Lesern in genau diesem Brief, „eure Heiligung.“ Ein großer Teil dieses Briefes dreht sich darum, die Neu-Bekehrten für ihre Fortschritte zu loben, die sie schon bei ihrer Heiligung gemacht hatten, und sie auf dem gleichen Weg voranzutreiben. Keine moralische Errungenschaft ist zu groß, als dass sie ihnen nicht als ihre Pflicht auferlegt würde, keine moralische Pflicht ist zu gering, als dass sie nicht von ihnen als ein wichtiger Punkt ihres christlichen Wandels verlangt würde.“ Siehe Benjamin Breckenridge Warfield, *Perfectionism [Perfektionismus])* Herausgeber, Samuel G. Craig (Nutley, NJ: Presbyterian and Reformed, 1974), S. 457. Angesichts der Tatsache, dass es oft zu Missverständnissen darüber kommt, was Befürworter und Gegner von Vollkommenheit eigentlich glauben, profitiert der interessierte Leser von einer Studie des Materials,

das in *Five Views of Sanctification [Fünf Sichtweisen der Heiligung]* präsentiert wird, auf das bereits in Fußnote 12 oben Bezug genommen wurde. Zu detaillierteren Erörterungen der entgegengesetzten Seiten des Spektrums sollte Warfield's *Perfectionism [Perfektionismus]* und Finney's *Principles of Sanctification [Prinzipien der Heiligkeit]* konsultiert werden. (Beachte, dass der aktuelle Untertitel für Finney's Ausgabe – die eine Ansammlung einiger seiner Predigten über dieses Thema ist – folgendermaßen lautet: „Studies on Biblical Sanctification and its distinction from ‚perfectionism'" [Studien über die biblische Heiligung und ihr Unterschied zum „Perfektionismus"]. Siehe weiterhin den einleitenden Kommentar von Parkhurst, ibid., Seiten 9–14, mit Hinweis auf andere Schriften von Finney, die seine tatsächliche Position weiter klären, die oft irgendwie karikiert und falsch dargestellt wurde.) Beachte auch John Wesley's *A Plain Account of Christian Perfection [Ein einfacher Bericht christlicher Vollkommenheit]* (oben in Fußnote 13 zitiert, mit einem ausführlichem Frage-und-Antwort-Teil, in dem er den größten Teil der hauptsächlichen Quellen der Verwechslungen und Missverständnisse anspricht). In einer kürzeren Botschaft über Vollkommenheit bemerkt Wesley: „Wer auch immer Vollkommenheit predigt (wie man so sagt), das heißt, wer versichert, dass man sie in seinem Leben erreichen kann, läuft große Gefahr, von ihnen schlimmer als ein Heide oder ein Wirt dargestellt zu werden." Siehe *The Works of John Wesley [Die Werke des John Wesley]*, S. 6/1. Natürlich ist das Kernthema die Bedeutung des Ausrufs des Herrn in Matthäus 5,48: „Ihr nun sollt vollkommen sein, wie euer himmlischer Vater vollkommen ist." Zu einer religiösen Studie, die auf diesem Text basiert, siehe Andrew Murray, *Be Perfect [Seid vollkommen]* (Springdale, PA: Whitaker).

15. Siehe *The Works of John Owen [Die Werke des John Owen]* (Carlisle, PA: Banner of Truth, 1977), Band 3, Seiten 574, 575.

KAPITEL SECHS

1. Als Kommentar zu diesem Vers schreibt Douglas J. Moo, *The Epistle to the Romans [Der Brief an die Römer]* New Internatio-

nal Commentary on the New Testament [Neuer Internationaler Kommmentar zum Neuen Testament], S. 778 folgendes: „Paulus drängt hier vielleicht die Christen, eine starke und emotionale Hingabe an den Herrn in ihrem eigenen Geist beizubehalten.“ Moo jedoch glaubt: „Paulus ermahnt uns, dem Heiligen Geist zu erlauben, dass er „uns anzündet“: uns dem Geist zu öffnen, wenn er uns zum „vernünftigen Gottesdienst“ (Röm. 12,1) anregen möchte, zu dem der Herr uns berufen hat.“ In jedem Fall ist die Bedeutung praktisch die gleiche: Wir sind herausgefordert, *in* unserem Geist *vom* Geist in Brand gesetzt zu werden.

2. Charles H. Spurgeon, *Morning and Evening [Morgen und Abend]*, 11. März, A. M., zu Römer 7,13 („Sin … exceeding sinful“).
3. Das griechische Wort *argos*, übersetzt „unnütz“ (siehe „idle“ in King James Bibel), schließt die Bedeutungen von „nutzlos, unproduktiv“ mit ein. Siehe die griechischen Standardlexika als Referenz.
4. Zu der Bedeutung des hebräischen Wortes *bote'*, das in der NIV als „mit eines Schwätzers“ Worte [im Deutschen Elberfelder] übersetzt wird, sowie für die Diskussion von Sprüche 12,18 und damit zusammenhängende Verse in den Sprüchen, siehe Michael L. Brown *Israel's Divine Healer (Israel's Göttlicher Heiler),* Studien in alttestamentlicher biblischer Theologie (Grand Rapids: Zondervan, 1995), Seiten 157–164 (insbesondere 163, 164).
5. Über ein bemerkenswertes Zeugnis über die Bekehrung eines einflussreichen, liberalen deutschen Gelehrten des Neuen Testaments siehe Eta Linnemann, *Historical Criticism of the Bible: Methodology or Ideology [Historische Kritik der Bibel: Methodologie oder Ideologie],* Englische Übersetzung (Grand Rapids: Baker, 1990).
6. *Morning and Evening [Morgen und Abend],* 30. Mai, A. M:, über das Hohe Lied Salomos 2,15.
7. Die NIV arbeitet die Stärke des Griechischen heraus, das einfach sagt „Wir aber“– im Gegensatz zu „jene“ –, die Worte „ich laufe … ich kämpfe“ bilden den logischen Schluss des Gedanken.
8. Charles Bridges, *Proverbs [Sprüche]* (Carlisle, PA: Banner of Truth, 1987), S. 483, zu Sprüche 25,28: „Eine aufgebrochene Stadt ohne Mauer, so ist ein Mann ohne Selbstbeherrschung.“
9. Ibid.

KAPITEL SIEBEN

1. Vielen Lesern wird der Unterschied in den griechischen Manuskripten von Römer 8,1 bekannt sein, von denen einige so lauten: „Also gibt es jetzt keine Verdammnis für die, die in Christus Jesus sind“ (so in der NIV), und andere schreiben: „Es gibt deshalb jetzt keine Verdammnis für die, die in Christus Jesus sind, die nicht nach dem Fleisch, sondern nach dem Geist wandeln“ (so die KJV). In Wirklichkeit macht es jedoch der gesamte Kontext von Römer 8,1 klar, dass, selbst wenn die kürzere Version von Römer 8,1 angenommen wird, die Gläubigen als Menschen angesprochen werden, die im Geist und nicht im Fleisch wandeln. Zur Erörterung der Textfragen siehe Metzger, *Textual Commentary [Textkommentar]*, S. 515, und siehe auch die Kommentare.
2. Zu Erörterungen dieser Verse siehe Brown *Israel's Divine Healer [Israels Göttlicher Heiler]*, Seiten 193, 194.
3. Beachte die interessante Beobachtung von Thomas Brooks, *Precious Remedies Against Satan's Devices [Wertvolle Heilmittel gegen die Tricks des Satans]*, S. 67: „Es ist unmöglich für einen Mann, die Sünde zu besiegen, der mit der Gelegenheit der Sünde herumspielt und herumtollt. Es ist bei Gott eine gerechte und richtige Sache, dass der, der sich daraus ein Abenteuer macht, am Rande der Grube herumzutanzen, auch hineinfallen wird, und dass der, der vor der Gelegenheit der Sünde nicht Reißaus nimmt, ein Sklave der Sünde wird.
4. Ich kann mir vorstellen, dass sowohl die Christen, die glauben, „einmal gerettet, immer gerettet“, als auch die Christen, die die Meinung „einmal gerettet, immer gerettet“ ablehnen, manchmal mit negativen Gedanken und mit „dem Gefühl, verdammt zu sein“ kämpfen.
5. Zu einer Studie von *katakrima* und seinen verwandten Substantiv- und Verbformen siehe Walter Schneider „*krima*“, im Colin Brown, Herausgeber, *The New International Dictionary of New Testament Theology [Das Neue Internationale Lexikon der Theologie des Neuen Testaments]* (Grand Rapids: Zondervan, 986), Band 2, Seiten 362–367 (im weiteren als NIDNTT bezeichnet). Laut James D. G. Dunn, *Romans 1-8 [Römer 1-8],* Word Biblical Commentary (Dallas: Word, 1988), S. 280, „kann *krima* „Urteil“

bedeuten im Sinne von „Verdammnis" (siehe Römer 2,2 und 3,8), aber hier (nämlich Römer 5,16) wird es durch das stärkere Wort *katakrima* vervollständigt, bei dem der Gedanke der „Verdammnis" auch die Ausführung des Urteils beinhaltet."

6. Laut einiger Lehrer gibt uns Römer 8,1 theoretisch die Genehmigung, ohne Grenzen zu sündigen, da gemäß dieser Theologie unsere Sünde keine Auswirkung auf unseren Stand vor dem Herrn in der Ewigkeit haben kann. Vielmehr kann sie nur unsere gegenwärtige Beziehung zu ihm verletzen oder möglicherweise dafür verantwortlich sein, dass wir einen Teil unserer himmlischen Belohnung verlieren. Eine typische Aussage dafür, mit spezieller Referenz zu Römer 8,1 in Robert P. Lightner, Th. D., *Sin, the Savior, and Salvation [Sünde, der Erlöser und die Errettung]* (Nashville, Thomas Nelson, 1991), Seiten 222–224: „Der Herr Jesus Christus trug die Verdammnis der Sünde der Menschen. Deshalb verdammen diese Sünden den Sünder nicht mehr, der auf den, der die Sünde trägt, vertraut. Es gibt keine Verdammnis mehr für die, die „in Christus Jesus" sind (Römer 8,1). Sünde stört die Freundschaft des Gläubigen mit Gott, aber nicht sein familiäres Verhältnis als Kind Gottes." Siehe auch oben, Kapitel 3, Fußnote 7. Während ich sicher bin, dass Dr. Lightner jede Lehre von sich weisen würde, die dem Gläubigen offen die Genehmigung zur Sünde erteilt, steht außer Frage, dass die aktuelle Doktrin von „einmal gerettet, immer gerettet" tatsächlich die Tür für die Genehmigung der Sünde aufstößt.
7. Siehe oben, Kapitel 5, und beachte auch die Diskussion im Anhang.
8. Einer meiner Fakultätsmitglieder, Steve Alt, gab mir die folgenden Zitate von zwei führenden calvinistischen Lehrern, John Owen aus dem siebzehnten Jahrhundert und Arthur Pink aus dem zwanzigsten Jahrhundert, die beide die Meinung vertreten, dass, wenn eine Person wirklich gerettet ist, sie ungehemmt sündigen kann und dennoch in den Himmel kommt. Zuerst das Zitat von Pink: „Es gibt eine tötliche und verdammungswürdige Ketzerei, die heute weit verbreitet ist, nämlich dass, wenn ein Sünder wirklich Christus als persönlichen Erretter annimmt, er nicht umkommen kann, egal, wie er danach lebt. Das ist eine satanische Lüge, denn es ist eine direkte Abweichung von der Lehre des Wortes der

Wahrheit. Es ist schon etwas mehr nötig, um sicherzustellen, dass die Seele in den Himmel kommt, als nur an Christus zu glauben." Er zitiert Joh. 10,27.28 und sagt dazu: „Es ist nicht aufrichtig, das Prinzip von Vers 28 zu verallgemeinern: Er muss auf die begrenzt bleiben, die in Vers 27 genannt werden!" Das heißt, nicht alle Schafe, sondern nur die, „die sich offensichtlich als seine Schafe ausweisen, indem sie sich seiner Autorität unterstellen und dem Beispiel, das er ihnen gegeben hat, folgen – und keine anderen". Siehe Iain H. Murray, *The Life of Arthur W. Pink: His Life and Thought [Das Leben des Arthur W. Pink: Sein Leben und Denken]* (Edinburgh: Banner of Truth, 1981), Seiten 248, 249. Pink zitiert dann Owen (ibid, S. 249), hinsichtlich der Missbräuche in der Beharrlichkeitsdoktrin (häufig zu finden unter denen, die auf dem Standpunkt „einmal gerettet, immer gerettet" stehen): „Verspricht uns diese Doktrin mit höchster Sicherheit, dass Menschen, unter welch schlimmen Taten sie auch leben, von der ewigen Strafe ausgenommen sein sollen? Lehrt sie den Menschen, dass es vergeblich ist, enthaltsam zu leben, weil sie ja doch an ihr Ende kommen werden, ob sie nun so leben oder nicht? Spricht sie dem Fleisch Frieden zu, versichert ihm gesegnete Unsterblichkeit, obwohl es sich in der Zwischenzeit mit allen möglichen Dummheiten vergnügt? … Die Beharrlichkeit der Heiligen basiert in der Schrift nicht auf solch lächerlichen Dingen: gut zu leben oder auf böse Weise fehlzugehen; sondern stützt sich auf die Lehre von Gottes wirksamer Gnade, die sie in einem enthaltsamen Leben erhält und vor solchen Fehlleitungen bewahrt."

9. Siehe auch Pawson, *Once Saved, Always Saved? [Einmal gerettet, Immer gerettet?]*, S. 103, der eine ähnliche Feststellung macht.
10. *Precious Remedies Against Satan's Devices [Wertvolle Heilmittel gegen die Tricks des Satans]* S. 32.
11. Zum Hintergrund dieses Liedes s. die oben in Fußnote 7, Kapitel 6, angegebenen Werke.
12. Die Botschaft der Propheten Israels wird in 2. Könige 17,3; Sacharia 1,2-4 zusammengefasst, vgl. auch Jeremia 25,1-6.
13. Für eine systematisch theologische Erläuterung vgl. die Predigt von Jonathan Edwards: „Vergebung für die Größten Sünder", abgedruckt in *Jonathan Edwards on Knowing Christ [Jonathan Edwards darüber Christus zu Kennen]* (Carlisle, PA: Banner of

Truth, 1990), Seiten 266–276. Dort sagt er (S. 267): „Wenn wir wirklich Gott um Erbarmen bitten, wird die Größe unserer Sünde kein Hindernis für die Vergebung sein."

14. Zitat in Jack Hywel-Davies, *The Life of Smith Wigglesworth [Das Leben des Smith Wigglesworth]* (Ann Arbor: Vine Publications, 1988), S. 83.
15. Ich hörte eine amüsante Geschichte über einen Pfarrer, der eine furchtbar schwierige Zeit durchmachte und ständig damit beschäftigt war, Satan für all seine Schwierigkeiten zurechtzuweisen. Nachdem es einige Wochen so gegangen war, sprach der Herr zu ihm und sagte: „Mein Sohn, du und ich würden viel besser miteinander zurecht kommen, wenn du mich nicht immer Satan nennen würdest!"
16. Zur Erörterung des griechischen Wortes *elencho*, „überführen", siehe Hans-Georg Link, *„elencho*", NIDNTT, Seiten 2/140–142; für Joh. 16,8-11, eine Schlüsselstelle über das Wirken des Heiligen Geistes bei der Überführung, siehe Brooke Foss Westcott, *The Gospel According to St. John [Das Evangelium nach dem Heiligen Johannes]* (Grand Rapids: Baker, 1980) Seiten 219–223. Er bemerkt, dass „der, der einen anderen ‚überführt', die Wahrheit des strittigen Falles vor ihm in einem klaren Licht darstellt, sodass sie als Wahrheit gesehen und anerkannt werden muss. Derjenige, der dann die Schlussfolgerung, die diese Darlegung nach sich zieht, ablehnt, lehnt sie mit offenen Augen und auf eigene Gefahr ab. Wahrheit, die als Wahrheit gesehen wird, bringt mit sich die Verdammnis für alle, die sich weigern, sie anzunehmen" (S. 219).
17. Siehe Fußnote 5 oben.
18. Matthew Henry schreibt in seinem Kommentar zu Römer 8,1: „Es ist das unsagbare Privileg und ein großer Trost für alle, die in Christus Jesus sind, dass es deshalb für sie keine Verdammnis gibt. Er sagt nicht: „Es gibt keine Anklage gegen sie," denn es gibt eine; aber die Anklage wird hinausgeworfen, und die Anschuldigung wird niedergeschmettert." Siehe *Matthew Henry's Commentary on the Bible [Matthew Henrys Bibelkommentar],* ad loc.
19. Das griechische Wort für „Heiliger" ist *hagios* (siehe Colin Brown und Hans Seebass in NIDNTT, Band 2, Seiten 224–232). Es wird im Neuen Testament in Bezug auf Gläubige verwendet,

z. B. in Röm. 1,7; 1. Kor. 1,2; 2. Kor. 1,1. In vielen englischen Übersetzungen der Bibel wird das verwandte Verb *hagiazo* mit „sanctified" [geheiligt] (d.h. heilig gemacht) übersetzt; siehe 1. Kor. 6,11. Laut Seebass, ibid., Band 2, S. 230, „ist Heiligkeit ein Zustand der Annahme bei der *parousia* [d. h. Wiederkunft Jesu] und des Zugangs zum Erbe des Volkes Gottes (siehe Kol. 1,12; Apg. 20,32; 26,18).

20. In seinem Buch *Putting Amazing Back Into Grace [Erstaunlich zurück zur Gnade gebracht]* (Grand Rapids: Baker Books, 1991) überschreibt Michael Horton ein Kapitel mit „Gerechte Sünder" (Seiten 165–204) und schreibt folgendes: „Sogar an einem guten Tag ist der Durchschnittschrist böse" (Seite 166, 167). Sein Standpunkt wird in der Reformation unterstützt, die lehrt, dass Gläubige bestenfalls *simul iustus et peccator* sind (lateinisch für „gleichzeitig gerecht und sündig"). Während Horton darauf achtet, diese Doktrin nicht in eine Ausrede für sündiges Verhalten zu verwandeln, und während er sicherlich die Heiligkeit von Herz und Taten befürwortet, steht außer Frage, dass diese spezielle Reformationslehre nicht in vollkommener Übereinstimmung mit dem Gesamtzeugnis des Wortes steht. Deshalb kann sie möglicherweise mehr zerstören als aufbauen. Schließlich bietet der Glaube, dass wir „gerechte Sünder" und bestenfalls „böse" (!) sind, eine Ausflucht für Gläubige, die ihrer Heiligung nachjagen. Siehe auch meine abschließenden Gedanken in Kapitel 14: „Seid Heilig".
21. Die NIV sollte „Sünder" hier nicht in Anführungszeichen setzen (wie sie es, vielleicht begründeter, in den Evangelien tut).
22. Zur Erörterung von Galater 2,17 vgl. Ronald Y. K. Fung, *The Epistle to the Galatians [Der Brief an die Galater]*, New International Commentary on the New Testament (Grand Rapids: Eerdmans, 1988), Seiten 119, 120.
23. Zu 1. Timotheus 1,15 vgl. unten Fußnote 1 zum Anhang.
24. Natürlich ist es in Zeiten der Erweckung für Gläubige ziemlich normal, dass sie unter ihrer dramatischen Begegnung mit einem heiligen Gott komplett aufgewühlt werden und sie schreien oft um Gnade *als Sünder*. Siehe Brown *From Holy Laughter to Holy Fire [Vom heiligen Lachen zum heiligen Feuer]*, Seiten 90–103; idem *It's Time to Rock the Boat [Es ist Zeit, das Boot zum Schaukeln zu bringen]*, Seiten 62–82. Charles G. Finney, *Revivals of Religion*

[Erweckungen der Religion] (Grand Rapids: Baker Books 1993), S. 7: „Eine Erweckung schließt immer die Überführung von Sünde seitens der Gemeinde ein. Abgefallene Professoren können nicht aufwachen und sofort mit dem Dienst an Gott beginnen, ohne ihr Herz tief zu durchforschen. Die Quellen der Sünde müssen aufgebrochen werden. In einer wirklichen Erweckung werden Christen immer unter eine solche Überführung gebracht; sie sehen ihre Sünden in solch einem Licht, dass es ihnen oft unmöglich erscheint, noch Hoffnung auf ihre Annahme bei Gott zu behalten. Es geht nicht immer so weit, aber in einer echten Erweckung gibt es immer tiefe Überführung von Sünde und oft Fälle, die alle Hoffnung aufgeben." Eine inoffizielle Umfrage, die ich im September 1998 unter ca. 650 unserer Studenten in der Brownsville Revival School of Ministry (in einem Kurs über die Geschichte und Merkmale von Erweckung) durchführte, brachte folgendes Ergebnis: Unter diesen Studenten, die die Erweckung zum ersten Mal als Gläubige erlebten, erfuhr die große Mehrheit von ihnen eine tiefe Überführung von ihren Sünden, die Hälfte von ihnen stellte sogar für kurze Zeit ihre Errettung in Frage, oder fürchtete sogar, ob Gott ihnen jemals würde vergeben können. Dankbar taten sie echte Buße über ihre Sünden und erlebten ein tiefes Gefühl der Vergebung, Ermutigung und Liebe von Gott.

KAPITEL ACHT

1. Zitat aus Thomas, *The Golden Treasury of Puritan Quotations [Der Goldene Schatz der Puritanischen Zitate]*, S. 140.
2. Ibid. S. 142.
3. Ibid. S. 140.
4. Siehe *Oswald Chambers: The Best from All his Books [Oswald Chambers: Das Beste aus seinen Büchern]*; siehe auch William Barclay, zitiert in Wells, *Inspiring Quotations: Contemporary and Classical [Inspirierende Zitate: Modern und Klassisch]*, S. 87, # 1116, „Das Ziel der Versöhnung ist Heiligkeit. Christus hat sein Opferwerk der Versöhnung ausgeführt, um uns vor Gott geheiligt darzustellen, makellos und tadellos."

5. In den Worten von Ralph Finlayson: „Die Summe aller Attribute Gottes, das, was über allem steht, was Gott ist, ist die Heiligkeit." Ich habe für dieses Zitat keine Quelle, außer dem Heiligkeitskalender im Zimmer unseres früheren Gemeindeverwalters!
6. Zitat aus *12,000 Religious Quotations [12.000 Religiöse Zitate],* zusammengestellt und herausgegeben von Frank S. Mead (Grand Rapids: Baker, 1989), S. 227. Jerry Bridges sagt: „Heiligkeit ist nichts weniger als die Übereinstimmung mit dem Charakter Gottes." Siehe seine wichtige Studie *The Pursuit of Holiness [Der Heiligkeit Nachjagen]* (Colorado Springs, CO: NavPress, 1978) S. 26. Zu weiteren Gedanken über Heiligkeit von Bridges vgl. idem, *Transforming Grace [Verwandelnde Gnade]* (Colorado Springs, CO: NavPress, 1991); *The Discipline of Grace: God's Role and Our Role in the Pursuit of Holiness [Die Disziplin der Gnade: Gottes Rolle und unsere Rolle bei der Jagd nach der Heiligkeit]* (Colorado Springs, CO: NavPress, 1994).
7. Charles R. Swindoll, *The Grace Awakening [Das Erwachen der Gnade]* (New York: Walker und Co., 1990), Seiten xv-xvi.
8. Ibid., Seiten 89-123 („Kampf gegen die Gesetzlichkeit"). Zur weiteren Erörterung der Gefahren der Gesetzlichkeit, siehe H. Foster, „The Perils of Legality" [Die Gefahren der Gesetzlichkeit], abgedruckt in David Wilkerson und Leonard Ravenhill, Herausgeber, *The Refiner's Fire [Läuterndes Feuer]*, Band II, Seiten 25–27. Siehe weiter J. B. Stoney, in ibid., Seiten 34–36, zu Gegensätzen zwischen Gesetzlichkeit und Gesetzlosigkeit.
9. Ein hervorragendes, liebevoll geschriebenes Exposé ist von James R. White, *The King James Only Controversy: Can You Trust the Modern Translations [Der Streit um die King-James-Übersetzung: Kann man den modernen Übersetzungen trauen]* (Minneapolis: Bethany 1995). Es ist wichtig, zu unterscheiden zwischen denen, die die Meinung vertreten, dass nur die King-James-Übersetzung gilt, und den Gläubigen und Lehrern, die der Ansicht sind, dass die King-James-Übersetzung die beste Übersetzung ist oder eben die Übersetzung, die sie am liebsten benutzen.
10. Max Lucado, *In the Grip of Grace [Im Griff der Gnade]* (Dallas: Word 1996), S. 12.
11. Siehe Kapitel 13, „Hast du deine erste Liebe verlassen?" zu mehr

Informationen über das Abfallen der Christen von ihrer Vertrautheit und Hingabe zum Herrn.

12. In den berühmten Worten der Mischna, zusammengestellt um 200 v. Chr., „Zieh eine Hecke um die Torah" (Pirkei Avot, 1/1). Zu einem Beispiel dieser Praxis siehe die Mischna, Berakhot 1/1.
13. R. Kent Hughes, *Disciplines of a Godly Man [Disziplin eines Frommen Mannes]* (Wheaton: Crossway, 1991), S. 206, zitiert in J. I. Packer, *Rediscovering Holiness [Heiligkeit neu entdecken]* (Ann Arbor: Servant, 1992), Seiten 114, 115.
14. Harry Verploegh, Herausgeber, *Oswald Chambers: The Best from All His Books [Oswald Chambers: Das Beste aus allen seinen Büchern]* Band II, (Nashville: Oliver Nelson, 1989), S. 175.
15. Der Leser muss beurteilen, ob eines der später in Kapitel 12, Fußnote 1, aufgeführten Bücher in irgendeiner Weise Schuld an dieser Gefahr ist, oder ob sie sicher um dieses andere entgegengesetzte Extrem herumsteuern.
16. Als Kent Hughes in seinem Zitat, das von Packer zitiert wird, ein ähnliches Gefühl ausdrückt (siehe oben, Fußnote 13; sein spezieller Kommentar war, dass Gesetzlichkeit für den typischen männlichen Amerikaner eine „geringere statistische Gefahr darstellt als die Passivität"), konnte Packer nicht anders, als diesem Kommentar seine eigene Anmerkung in Klammern hinzuzufügen, nämlich: „Das können Sie laut sagen, Dr. Hughes!" (ibid, S. 114). Amen ihnen beiden!
17. Siehe Kapitel „Eine Warnung und ein Versprechen", in Brown, *From Holy Laughter to Holy Fire [Vom Heiligen Lachen zum Heiligen Feuer]*, Seiten 250–266.
18. *Oswald Chambers: The Best from All His Books [Oswald Chambers: Das Beste aus allen seinen Büchern]* Band I, Seiten 196, 197.
19. Eine hilfreiche Aufstellung von Versen – sowohl des Alten als auch des Neuen Testaments –, die von Wert und Autorität des Gesetzes sprechen, ist zu finden bei Bruce R. Booker, *A Call to Holiness [Ein Aufruf zur Heiligkeit]* (1994), Seiten 69–84. Der Autor ist ein messianischer Jude mit einer friedfertigen Annäherung an die Frage des Verhältnisses der Gläubigen zum Gesetz.
20. Man könnte sagen, dass für Paulus sich durch den Neuen Bund das endgültige Ziel von Mose und den Propheten in einer umwan-

delnden Wirkung eröffnet hat und das Gesetz nun in unser Herz geschrieben ist.

21. Beachte den Kommentar von A. T. Robertson zu diesen Versen, wie unten im Anhang zitiert.
22. Zitat in Albert Wells, *Inspiring Quotations: Contemporary and Classical [Inspirierende Zitate: Modern und Klassisch]*, S. 107, # 1399.

KAPITEL NEUN

1. Siehe Richard E. Averbeck, *„thr“* in NIDOTTE, Band 2, Seiten 338–353, mit Bezug auf andere, in Zusammenhang stehende Artikel aus NIDOTTE auf S. 352; siehe auch David P. Wright, „Tag der Buße“, in David Noel Freedman, Herausgeber, *The Anchor Bible Dictionary [Das Anker Bibel Lexikon]* (New York: Doubleday, 1992), Band 2, Seiten 72–76.
2. Wenn ich übrigens von einem momentanen Makel oder einem zeitweiligen Flecken spreche, dann meine ich *nicht*, jemanden kaltblütig zu ermorden, oder plötzlich eine Vergewaltigung zu begehen oder plötzlich eine Bank zu überfallen. Nein, diese Art Dinge passieren nur, nachdem das Herz einen längeren Prozess der Verhärtung durchlaufen hat, denn es müssten zahlreiche Grenzen und Hemmnisse über den Haufen geworfen werden, bevor ein Kind Gottes dazu in der Lage wäre, solche Taten zu begehen.
3. Die folgenden Verse aus Psalm 26 treffen hier zu (wenn auch das Lesen des gesamten Psalms noch eindrucksvoller ist): „Hilf mir zum Recht, Herr! Denn in meiner Lauterkeit bin ich gewandelt; und auf den Herrn habe ich vertraut, ich werde nicht wanken. Erprobe mich, Herr, und prüfe mich; läutere meine Nieren und mein Herz! Denn deine Gnade war mir vor Augen, und in deiner Wahrheit wandelte ich. Ich habe nicht bei trügerischen Leuten gesessen, und mit Hinterlistigen ging ich nicht um. Ich habe die Versammlungen der Übeltäter gehasst, und bei Gottlosen saß ich nicht. Ich wasche meine Hände in Unschuld, und umschreite deinen Altar, Herr … Ich aber wandle in meiner Lauterkeit. Erlöse mich und sei mir gnädig! (Ps. 26,1-6; 11).
4. Die hauptsächliche Wurzel im Hebräischen für „tadellos“

(*tamam)* hat die grundlegende Bedeutung „komplett, ganz, gründlich"; das griechische Wort für tadellos bedeutet in erster Linie „ohne Flecken" und „ohne Makel" (*aspilos* und *amomos*; beachte, dass die griechische Vorsilbe a hier im Sinne von „ohne, nicht" verwendet wird, wie im Deutschen „apathisch", d. h. ohne Pathos oder Gefühl).

5. Referenzstellen: 1. Mose 3,8 (der Herr im Garten); 1. Mose 13,17 (das Land der Länge und Breite nach durchwandern; vgl. Jos. 18,4.8!); 1. Mose 24,40 (Abraham schaut auf sein Leben zurück); 1. Mose 48,15 (Jakob nimmt Bezug auf seine Vorväter); 2. Mose 21,19 (ein verletzter Mann kommt auf die Füße und läuft herum); 3. Mose 26,12; 5. Mose 23,14 (Gott wandelt im Lager); Jesaja 38,14 (Hiskias Bitte).
6. M. Basilea Schlink hat ein Buch mit dem Titel *Repentance: The Joy Filled Life [Buße: Ein Leben voller Gnade]* geschrieben (Engl. Übersetzung – Minneapolis: Bethany, 1984). So viel zu dem Standpunkt, dass wirkliche Reue unnatürlich ist! Siehe auch das Kapitel „Repentance: The Missing Jewel" [Buße: Das Vermisste Juwel] in Michael L. Brown, *Whatever Happened to the Power of God: Is the Charismatic Church Slain in the Spirit or Down for the Count? [Was ist nur mit der Kraft Gottes passiert: Ist die Charismatische Kirche im Geist ermordet oder steht sie vor dem K.O.?]* (Shippensburg, PA: Destiny Image, 1991), Seiten 101–108; siehe auch idem, *The End of the American Gospel Enterprise [Das Ende des Amerikanischen Unternehmens des Evangeliums]* (Shippensburg, PA: Destiny Image, 1989), Seiten 23–33 („Die verlorene Kunst der Buße" und „Buße bereitet den Weg"); idem, *How Saved Are We? [Wie gerettet sind wir?]* Seiten 21–27 („Warst du jemals verloren?").
7. Wie exakt in Sprüche 28,13 ausgedrückt (im Hebräischen nur sieben Worte!): „Wer seine Verbrechen zudeckt, wird keinen Erfolg haben; wer sie aber bekennt und lässt, wird Erbarmen finden."
8. Siehe *Matthew Henry's Commentary on the Bible [Matthew Henry's Bibelkommentar]*, ad loc.
9. Ibid.
10. In Offenbarung 3,5 stellt Jesus fest: „Wer überwindet, der wird so mit weißen Kleidern bekleidet werden, und ich werde seinen

Namen aus dem Buch des Lebens nicht auslöschen und seinen Namen bekennen vor meinem Vater und vor seinen Engeln." Das macht zwei Dinge deutlich: (1) Unsere Namen können aus dem Buch des Lebens ausgelöscht werden, wenn sie einmal hineingeschrieben wurden; (2) Es ist ein bedeutendes, momentanes Ereignis, wenn jemands Name ausgelöscht wird, im Gegensatz zu einem alltäglichen (oder allmonatlichen) Vorkommnis. Zur Erörterung dieses Verses siehe David E. Aune, *Revelation 1-5 [Offenbarung 1-5]*, Word Biblical Commentary (Dallas: Word, 1997), Seiten 223–225, wo Folgendes korrekt beobachtet wird (S. 223): „Die Möglichkeit, dass jemands Name aus dem Buch des Lebens gelöscht wird, zeigt, dass Treue zu Gott und nicht ein System der Vorsehung der Grund dafür ist, dass jemands Name zuerst im Buch des Lebens geschrieben steht (siehe Offb. 17,8)."

KAPITEL ZEHN

1. Ich glaube, dass genau das in Sprüche 24,16 gemeint ist: „Denn sieben Mal fällt der Gerechte und steht doch wieder auf, aber die Gottlosen stürzen nieder im Unglück." Der Zusammenhang (Spr. 24,15-18) spricht von zeitweiligen Vorteilen, die der Gottlose gegenüber dem Gerechten haben kann, was dadurch dargestellt wird, dass der Gerechte sieben Mal fällt, aber wieder aufsteht. Im Gegensatz dazu fällt der Gottlose, aber steht nicht mehr auf. In jedem Fall spricht der Kontext nicht darüber, dass Gerechte ernstlich moralisch fallen – und das sieben Mal! –, sondern davon, dass der Gerechte „zeitweilig" vor dem Gottlosen fällt.
2. Laut Johannes P. Louw und Eugene A. Nida, Herausgeber, *Greek-English Lexicon of the New Testament Based on Semantic Domains [Griechisch-Englisch Lexikon des Neuen Testaments Basierend auf den Bereichen der Semantik]* (New York: United Bible Societies, 1988), Band 1, S. 240, #21.16, ist das griechische Wort *ekbasis* „ein Mittel, durch das man aus Gefahr oder Schwierigkeit entkommen kann – ‚ein Fluchtmittel, ein Fluchtweg.'"
3. Die NIV geht an der vollen Kraft von 2. Mose 14,16 vorbei, wenn sie übersetzt: „Erhebe deinen Stab und strecke deine Hand über das Meer aus, um das Wasser zu *teilen*, damit die Israeliten auf

trockenem Land durch das Meer gehen können" (meine Betonung), während das Hebräische übersetzt werden sollte, „du aber erhebe deinen Stab und strecke deine Hand aus und teile das Wasser ..." Siehe Brown *It's Time to Rock the Boat [Es ist Zeit, das Boot zum Schaukeln zu bringen]*, S. 181.

4. Zur Erörterung von Luk. 10,19 im Originalkontext, siehe John Nolland, *Luke 9,21-18,34 [Lukas 9,21-18,34]*, Word Biblical Commentary (Dallas: Word, 1993), Seiten 564–565.
5. Es ist interessant, festzustellen, dass sich die hebräischen und griechischen Wörter für „verleiten" und „versuchen" wesentlich überschneiden, sodass eine genaue Übersetzung nur durch den Kontext bestimmt werden kann. Zum Beispiel sagt die KJV im 1. Mose 22,1 „Gott versuchte Abraham", während die NIV (korrekt) übersetzt „Gott prüfte Abraham". Ein anderes gutes Beispiel findet man in Jak. 1,12-15, wo dieselben griechischen Wörter in den meisten englischen Übersetzungen unterschiedlich (und richtig) mit „try" [versuchen] und „tempt" [verlocken] übersetzt werden. Natürlich gibt es im Hebräischen und Griechischen Wörter, die speziell „prüfen" bedeuten und sich nicht mit dem Konzept von „versuchen" überschneiden, während es auch Wörter für „verlocken" gibt, die sich nicht mit „versuchen" überschneiden.
6. Ihre historische Erfolgsquote liegt über 80 Prozent (das heißt, dass über 80 Prozent derer, die das Teen Challenge Programm abschließen, nicht drogenrückfällig werden). Zur ursprünglichen klassischen Geschichte, siehe David Wilkerson mit John Sherrill, *The Cross and the Switchblade [Das Kreuz und die Messerhelden]* (Grand Rapids: Baker Books, 1981). Neueste Fortsetzung, siehe Don Wilkerson, *The Cross is still mightier than the Switchblade [Das Kreuz ist immer noch stärker als das Messer]* (Shippensburg, PA, Destiny Image, 1996).
7. Dieser spezielle historische Gesichtspunkt der Brownsville Revival wurde mir von Prof. Vinson Synan, Dekan der Regent University School of Divinity, gezeigt, und von Hr. Richard Ostling, Religionsherausgeber für das TIME-Magazine. Ein lebhafter und informativer Bericht über die Erweckung siehe Steve Rabey, *Revival at Brownsville [Erweckung in Brownsville]* (Nashville: Thomas Nelson, 1999).
8. Es ist ein Diktum des rabbinischen Judaismus, dass „man sich

nicht auf ein Wunder verläßt“ (siehe Babylonischer Talmud, Pesachim 64b), in anderen Worten: „Stehe nicht an einem Ort der Gefahr und sage ‚Ein Wunder wird mir geschehen!‘“ (Babylonischer Talmud, Shabbat 32a). Zu weiteren, damit verbundenen Sprüchen im Hebräischen oder Aramäischen mit englischer Übersetzung, siehe Reuven Alclay, Editor, und Übers. mit Mordekhai Nurock, *Words of the Wise [Worte der Weisen]* (Israel: Massada, 1970), Seiten 322, 323.

KAPITEL ELF

1. „The American Heritage® Concise Dictionary“, *Microsoft® Encarta® 97 Encyclopedia. The American Heritage® Concise Dictionary, Dritte Ausgabe*, Copyright© Concise Dicitonary, Third Edition, Copyright © 1994 durch die Houghton Mifflin Company. Elektronische Version lizensiert und teilweise Copyright © 1994 durch INSO Corporation. Alle Rechte vorbehalten.
2. Setze dagegen den *Gewinn*, Jesus zu kennen, auch wenn man den Verlust aller Dinge hinnehmen muss, siehe Philliper 3,7-12.
3. Auch wenn Gelehrte die genaue Lage von Tarsis diskutiert haben, ist Leslie Allens Kommentar zu Jonas Ungehorsam – er hatte den Auftrag, nach Ninive zu gehen, aber segelte Richtung Tarsis – hervorragend. Als Erstes übersetzt Allen den Auftrag des Herrn in Jona 1,2 mit „Mache dich auf und gehe in die große Stadt Ninive und verkündige gegen sie“, und 1,3 mit „Jona machte sich auf – in Richtung Tarsis und floh vor dem Herrn.“ Er stellte dann fest, dass „Jona das genaue Gegenteil von dem tat, was ihm befohlen war. Der Erzähler lässt ihm ein rebellisches „nein“ zur Berufung des Herrn nach Ninive durchspielen. Von Ninive aus lag Tarsis am anderen Ende der Welt.“ Siehe Leslie C. Allen, *The Books of Joel, Obadiah, Jonah and Micah [Die Bücher Joel, Obadja, Jona und Micha]*, New International Commentary on the Old Testament (Grand Rapids: Eerdmans, 1976), Seiten 202, 204. (Siehe Seiten 204–205, Fußnote 10, zur ausgedehnten Erörterung der genauen Lage von Tarsis.)
4. Aus anderen Teilen der Schrift (insbesondere 4. Mose 31,8.16; 5. Mose 23,4.5; Josua 13,22; Offenbarung 2,14) lernen wir, dass

Bileam, dem es selbst nicht gelungen war, die Israeliten zu verfluchen, Balak den Rat gab, moabitische Frauen einzusetzen, die die Israeliten zu Sittenlosigkeit und Götzendienst verführen sollten, wodurch sie direkt unter Gottes Fluch gebracht würden. Wichtige Hinweise auf Bileam fanden sich auch in alten, außerbiblischen Schriften. Als neueste Zusammenfassung siehe Jo Ann Hackett, „Balaam" [Bileam] *(Anchor Bible Dictionary [Anker Bibellexikon]*, Band 1, Seiten 569–572).

KAPITEL 12

1. In den letzten Jahren wurde eine Reihe tief gehender Bücher von christlichen Bestseller-Autoren über das Thema Gnade verfasst, auch wenn die Berufung zur Heiligkeit darin keine zentrale Rolle spielte. Zu diesen Büchern gehört Philip Yancey, *What's So Amazing About Grace? [Was ist an der Gnade so erstaunlich?]* (Grand Rapids: Zondervan, 1997); Max Lucado, *In the Grip of Grace [Im Griff der Gnade]* (Dallas: Word, 1996); Charles R. Swindoll, *The Grace Awakening [Erwachen der Gnade]* (New York: Walker and Co., 1990). Auf theologischerem Niveau (insbesondere reformiert) gibt es Michael Horton, *Putting Amazing Back into Grace [Erstaunlich zur Gnade zurückgebracht]* (Grand Rapids: Baker Books, 1991). Siehe auch Warren Wiersbe, Herausgeber, *Classic Sermons on the Grace of God [Klassische Predigten über die Gnade Gottes]* (Grand Rapids: Kregel, 1997).
2. Siehe Kapitel 8, „The Letter Kills: The Peril of Legalistic Religion" [Der Buchstabe tötet: Die Gefahr einer Gesetzlichen Religion].
3. Leser, die praktisch kein Hintergrundwissen in Hebräisch oder Griechisch besitzen, können dennoch aus Hilfsmitteln *wie The Englishman's Hebrew Concordance [Die Hebräische Konkordanz für den Engländer]* und *Greek Concordance [Griechische Konkordanz*] einen Nutzen ziehen, da für jedes hebräische oder griechische Wort, das in der Bibel verwendet wird, eine Liste aller Stellen in der KJV (in Englisch) folgt. Das heißt, dass der Leser sehen kann, wie ein spezielles Wort übersetzt und in verschiedenen Zusammenhängen verwendet wurde. Interessierte Studenten

der Schrift können auch das Nummerierungssystem in Konkordanzen wie *Strong's* and *Young's* verwenden, obwohl das Lexikon hinten in Strong's (insbesondere für Hebräisch und Aramäisch) mit Vorsicht verwendet werden muss.

4. Zur Erörterung des Verhältnisses zwischen Semantik, Etymologie und biblische Übersetzung, siehe die einführenden Artikel in NIDOTTE, Band 1; und siehe die Referenzen in Michael Brown's „*Kipper* and Atonement in the Book of Isaiah" [*Kipper* und Buße im Buch von Jesaja] in *Ki Barukh Hu: Ancient Near Eastern, Biblical, and Judaic Studies for Baruch A. Levine, [Ki Barukh Hu: Alte nahöstliche, biblische und judaische Studien für Baruch A. Levine],* R. Chazan, W. W. Hallo, und L. H. Schiffman, Herausgeber (Winona Lake, IN: Eisenbrauns, 1998).
5. Die meisten wichtigen hebräischen Wörter sind *hen* und *hesed* (beachte, dass *hesed* Thema ausgedehnter Gelehrtendiskussionen war; siehe die Literatur, die in NIDOTTE, Band 2, S. 218 angegeben ist, insbes. N. Glueck, K.D. Sakenfeld, und G.R. Clark. Das griechische Schlüsselwort ist *charis*, von dem die Worte „Charisma" und „charismatisch" kommen, d. h. Gnadengeschenke (von Gott).
6. Diese verschiedenen Kategorien werden semantische Bereiche genannt, siehe oben, Fußnote 4, und siehe Louw-Nida, *Greek English Lexicon [Griechisch-Englisch Lexikon]*, Band 1, Seiten vi-xxiii. Das wichtige Nachschlagewerk NIDOTTE, das aus fünf Bänden besteht, schließt eine Aufschlüsselung aller Wörter in semantische Bereiche ein, die im Lexikon behandelt werden, und kommt so einer alttestamentlichen Entsprechung zu dem neutestamentlichen Werk von Louw-Nida nahe.
7. Zitat aus Wells, *Inspiring Quotations: Contemporary and Classical [Inspirierende Zitate: Modern und Klassisch]*, S. 83, #1044.
8. Laut Louw-Nida, *Greek-English Lexicon [Griechisch-Englisch Lexikon]*, Band 2, S. 262, kann man die Verwendung von *charis* im Neuen Testament wie folgt zusammenfassen: Güte; Geschenk; Dank; guter Wille.
9. Eine interessante Lexikondefinition für *charis* im Neuen Testament ist: „eine besondere Manifestation der göttlichen Gegenwart, Aktivität, Kraft oder Herrlichkeit." Horton sagt, *Putting*

Amazing Back into Grace [Erstaunlich zur Gnade zurückgebracht], S. 168, „Wie in der mittelalterlichen Kirche wird von Gnade wieder im Sinne von der Hilfe durch den Heiligen Geist gesprochen, indem er uns hilft, ein „siegreiches Christenleben" zu führen. Wenn wir fallen, stellt er uns wieder auf und gibt uns die Kraft, weiterzumachen."

10. Siehe Kapitel 5 „Gehe hin und sündige nicht mehr: Was sagt die Bibel dazu?" sowie den Anhang, wo die Verse aus Römer 6 besprochen werden.
11. Das Alte Testament verwendet das Wort „Gnade" häufig in diesem Sinne (siehe z. B. Spr. 3,3.4); vgl. oben Fußnote 5.
12. Zu den Grüßen in den Briefen siehe Römer 1,7; 1. Korinther 1,3; 2. Korinther 1,2; Galater 1,3; Epheser 1,2; Philipper 1,2; Kolosser 1,2; 1. Thessalonicher 1,1; 2. Thessalonicher 1,2; Titus 1,4; 1. Petrus 1,2; 2. Petrus 1,2; Offenbarung 1,4; zu den Schlussformeln der Briefe siehe 1. Korinther 16,23; 2. Korinther 13,14; Galater 6,18; Epheser 6,24; Philipper 4,23; Kolosser 4,18; 1. Thessalonicher 5,28; 2. Thessalonicher 3,18; 1. Tim. 6,21; 2. Timotheus 4,22; Titus 3,15; Philemon 25; Hebräer 13,25; 2. Petrus 3,18; Offenbarung 22,21. Zur Diskussion des Verses „Durch Silvanus, den treuen Bruder, wie ich denke, habe ich euch mit wenigen Zeilen geschrieben und euch ermahnt und bezeugt, dass dies die wahre Gnade Gottes ist, in der ihr steht" (1. Petr. 5,12), interpretiert im Hinblick darauf, dass wir das Leiden Christi mittragen, siehe Joseph Ton, *Suffering, Martyrdom and Rewards in Heaven [Leid, Märtyrertum und Belohnung im Himmel]* (Lanham, MD: University Press of America, 1997), Seiten 257–268.
13. Nach H.H. Esser, „Grace" [Gnade] in NIDNTT, Band 2. S. 119, „In der Apostelgeschichte ist Gnade die Kraft, die von Gott oder von dem erhöhten Christus fließt und die Taten der Apostel begleitet und so ihrer Mission Erfolg verleiht (siehe Apg. 6,8; 11,23; 14,26; 15,40; 18,27).
14. Ich glaube, es war John Wimber, der den Begriff „gracelets" [etwa: Begnadete] prägte.
15. Beachte die folgenden Übersetzungen für *charis* in diesen Abschnitten in der *New Living Translation*: Güte (2. Kor. 8,1); Werk (V. 6); Gnadenwerk (V. 7); voller Liebe und Güte (V. 9); großzügig (2. Kor. 9,8); Gnade (9,14).

16. Nach dem Puritaner George Swinnock, zitiert in Thomas *The Golden Treasury of Puritan Quotations [Der goldene Schatz der puritanischen Zitate]*, S. 167: „Das Gesetz ist ein Gerichtshof, aber das Evangelium ein Gnadenthron."
17. Zu religiösen Gedanken über Hebräer 4,14-16, siehe Andrew Murray, *The Holiest of All [Der Heiligste von allen]* (Springdale, PA: Whitaker, 1996), Seiten 163–174.
18. Beachte auch Römer 6,15: „Was nun, sollen wir sündigen, weil wir nicht unter Gesetz, sondern unter der Gnade sind? Das sei ferne!"
19. Chuck Swindoll folgte dem bekannten Argument von D. Martyn Lloyd-Jones und stellte heraus, dass, wenn uns die Leute nicht (zu Unrecht) beschuldigen, wir durch unsere Predigt der Gnade eine Lizenz zur Sünde ausstellen, wahrscheinlich nicht wirklich die Gnade predigen (siehe *The Grace Awakening [Erwachen der Gnade]*, Seiten 41-46). Dies basiert auf der Tatsache, dass Paulus genau diese Reaktion vorweg genommen hat, als er an die Römer schrieb (siehe Römer 6,1: „Sollten wir in der Sünde verharren, damit die Gnade zunehme?" und 6,15: „Sollen wir sündigen, weil wir nicht unter Gesetz, sondern unter Gnade sind?"). Dies ist natürlich ein wichtiger Punkt, da niemand einen „begnadeten" Gesetzlichen anklagen würde, dass er den Menschen eine Lizenz für die Sünde ausstellt. Dennoch sollten wir darauf achten, dies nicht zu weit zu treiben, denn: (1) In Römer 6,1 stellt Paulus der Tatsache, dass wo in der Vergangenheit die Sünde zugenommen hat, die Gnade umso überreicher geworden ist (siehe Röm. 5,20), eine falsche Antwort entgegen – als ob wir umso mehr sündigen sollten, damit wir mehr Gnade erhalten, ganz klar eine groteske Bemerkung, die Paulus total ablehnt –, während er in Römer 6,15 die falsche Antwort der Tatsache entgegenstellt, dass wir nicht länger unter dem Gesetz sind, sondern unter der Gnade (siehe Röm. 6,14) – als ob uns das die Freiheit zur Sünde gäbe, während seine ganze Aussage in 6,14 lautet, dass, weil wir unter der Gnade sind, die Sünde nicht länger unser Meister sein soll! Wenn wir also die ganze Botschaft des Paulus lehren, können wir verhindern, dass die Menschen die Gnade falsch verstehen. (2) An anderer Stelle bringt das Neue Testament Gnade mit heiligem Leben in Verbindung (siehe unten zu Titus 2,11 und Hebr. 12,18)

und wir sollten auch dies in unsere Botschaft aufnehmen. Es gibt hier keinen Grund zur Unausgewogenheit! Wir können Gottes erstaunliche Gnade erklären und gleichzeitig die Menschen vor der Gefahr warnen, diese Gnade zu verachten.

20. Das griechische Wort für „Mangel leiden" in Hebräer 12,15 kann auch übersetzt werden mit „verwirken, nicht erreichen, nicht erlangen". Beachte auch 2. Petr. 3,17.18, wo, nachdem uns der Apostel ermahnt hat, nicht aus unserer „eigenen Festigkeit" zu fallen, er uns ermuntert, stattdessen „in Gnade zu wachsen". K. Berger *„charis"*, in Horst Balz und Gerhard Schneider, Verl., *Exegetical Dictionary of the New Testament [Exegetisches Lexikon des Neuen Testaments]* (Grand Rapids: Eerdmans, 1993), Band 3, S. 458, stellt heraus, dass das Wort *charis* im Neuen Testament mit verschiedenen Verben verwendet wird: in Gnade stehen (s. Röm. 5,2; 1. Petr. 5,12), in Gnade wachsen (s. 2. Petr. 3,18), in der Gnade stark werden (s. 2. Tim. 2,1), in der Gnade bleiben (Apg. 13,43), aus der Gnade fallen (s. Gal. 5,4), an der Gnade Mangel leiden (s. Hebr. 12,15), und den Geist der Gnade schmähen (s. Hebr. 10,29); vgl. auch Gal. 2,21 mit „die Gnade Gottes ungültig machen", nicht von Berger aufgeführt. Er macht die wichtige Beobachtung, dass die Verwendung dieser Verben darauf hinweist, dass „Gnade für das Leben eines Christen von besonderer Bedeutung ist, und nicht nur für den Beginn dieses Lebens".
21. William Barclay, Zitat aus Wells, *Inspiring Quotations: Contemporary and Classical [Inspirierende Zitate: Modern und Klassisch]*, #1117, S. 87.
22. Beachte, dass diese Verse auch beweisen, dass Glaube kein Werk ist; siehe auch Röm. 4,1-5, und siehe Robert Shank, *Elect in the Son [Erwählt im Sohn]* (Minneapolis: Bethany, 1989), S. 125, zu einigen tief gehenden Beobachtungen bezüglich des Verhältnisses zwischen Glaube, Gnade und Erwählung.
23. Im August 1997, während einer Diskussion mit einem jungen Theologen, der gerade in der Gegend von Pensacola war, zitierte ich die Worte des verstorbenen Erweckungshistorikers James Edwin Orr, nämlich: „Buße ist das erste Wort des Evangeliums." Zu meiner Überraschung und trotz aller biblischen Belege, die ich ihm vorlegte, antwortete dieser Bruder in Christus: „Nein, ‚Buße'

ist Gesetz. ‚Glaube' ist Evangelium" – und damit machte er einen Unterschied, der – da bin ich mir ganz sicher – den Autoren des Neuen Testaments fremd gewesen wäre. Für diese Männer gingen Buße und Glaube Hand in Hand einher. (Ich möchte diejenigen, die diese Aussage in Frage stellen, ermutigen, einfach die im Text oben genannten Verse zu studieren und sich dabei zu erinnern, dass das grundlegende Konzept von Buße ist, „eine 180°-Wende zu machen", und nicht nur „seinen Sinn zu ändern.") Jedenfalls bemerkte genau dieser Theologe tatsächlich, als er zu Gast in einer christlichen Radiosendung war, dass die Leiter der Brownsville Revival nicht verständen, was das Evanglium ist! David Pawson, *Once Saved Always Saved [Einmal gerettet, immer gerettet]* weist auch darauf hin, dass, biblisch gesprochen, Buße kein „Werk" ist.

KAPITEL DREIZEHN

1. Das ist ein zentrales Thema von Mike Bickle's *Passion for Jesus [Leidenschaft für Jesus]* (Orlando: Creation House, 1993). Sammy Tippit, *Fire in Your Heart [Feuer in deinem Herzen]* (Chicago: Moody Press, 1987) verbindet diese Themen der persönlichen Erweckung, der Hingabe zum Herrn und der Heiligkeit.
2. Zitat in Leonard Ravenhill, *Why Revival Tarries [Warum Erweckung ausbleibt]* (Minneapolis: Bethany, 1959), S. 114.
3. Robert H. Mounce definiert, wie auch viele andere Kommentatoren, die „erste Liebe" der Epheser hauptsächlich im Hinblick auf die gegenseitige Liebe, in anderen Worten, die brüderliche Liebe; siehe idem *The Book of Revelation [Das Buch der Offenbarung]* New International Commentary on the New Testament (Grand Rapids: Eerdmans, 1977), S. 88. Jedoch bemerkt er: „Der Ausdruck schließt sowohl die Liebe zu Gott als auch die Liebe zur Menschheit im Allgemeinen ein", und beobachtet dabei korrekt: „Ein Abkühlen der persönlichen Liebe zu Gott resultiert unweigerlich in dem Verlust der harmonischen Beziehung innerhalb des Körpers der Gläubigen" (ibid.).
4. Alan Johnson „Revelation," im *Expositor's Bible Commentary [Erklärender Bibelkommentar]* (Grand Rapids: Zondervan,

1981), Band 12, S. 435, zitiert John R. W. Stott (*What Christ Thinks of the Church [Was Christus über die Kirche denkt]* S. 27), um die Ansicht zu untermauern, dass der Herr, wenn er in Offenbarung 2,4 von der „ersten Liebe" spricht, die „innere Hingabe der Gläubigen an Christus meint, die ihr früheres Engagement kennzeichnete, wie die Liebe einer frisch verheirateten Braut zu ihrem Ehemann." Johnson bemerkt jedoch auch: „Liebende Hingabe an Christus kann inmitten des aktiven Dienstes verloren gehen, und ganz sicher kann kein Grad an Orthodoxie das Fehlen der gegenseitigen Liebe wettmachen" (ibid). Adam Clarke stellt einfach fest: „Sie haben nicht das starke und brennende Gefühl für Gott und heilige Dinge bewahrt, das sie hatten, als sie zum ersten Mal die Wahrheit kennen gelernt haben und durch den Glauben an Christus gerechtfertigt wurden." Siehe *Adam Clarke's Commentary on the Bible [Adam Clarkes Bibelkommentar]*, Band 6, S. 1025, zu Offenbarung 2/4.

5. Die Verwendung des Wortes „Höhe" in der NIV ist ein Versuch, die Bedeutung des Griechischen herauszuarbeiten, das ganz einfach sagt: „Denke daran, wovon du gefallen bist."
6. Obwohl die King James Version das griechische Verb *aphiemi* korrekt mit „verlassen" übersetzt, ist es unter Christen üblich, den Vers falsch zu zitieren, als ob Jesus gesagt hätte, dass die Epheser ihre erste Liebe *verloren* hätten. Alan Johnson, „Revelation" [Offenbarung], Band 12, S. 435, bemerkt, dass das griechische Verb die Bedeutung von verwirken oder vernachlässigen hat. Kürzlich übersetzte jedoch David Aune mit „verloren" ohne Erklärung oder Kommentar. Siehe sein *Revelation 1-5 [Offenbarung 1-5]*, Seiten 133, 146. Obwohl Aune ein Spitzengelehrter des Neuen Testaments ist, gibt es absolut keine lexikalische Begründung für diese Übersetzung.
7. *Matthew Henry's Commentary on the Bible [Matthew Henrys Bibelkommentar]*, zu Offb. 2/5, ad loc.
8. Siehe Brown, „Jesus, the Pearl of Great Price, the Center of Revival", [Jesus, die kostbare Perle, das Zentrum der Erweckung] in *From Holy Laughter to Holy Fire [Vom Heiligem Lachen zum Heiligen Feuer]*, Seiten 186–195; vgl. auch idem, *Whatever Happened to the Power of God? [Was ist mit der Kraft Gottes passiert?]*, Seiten 117–124 („Jesus the King: The Center of the

Kingdom of God" [Jesus der König: Das Zentrum des Königreich Gottes].
9. *The Works of John Wesley [Das Werk des John Wesley]*, Band 2, S. 170.
10. *Oswald Chambers: The Best from All His Books [Oswald Chambers: Das Beste aus allen seinen Büchern].*
11. Zitiert in Wells, *Inspiring Quotations: Contemporary and Classical [Inspirierende Zitate: Modern und Klassisch]*, S. 88, #1121.
12. *Watching Unto Prayer [Achten auf Gebet]* (Glasgow: Free Presbyterian Publications, 1988), S. 7.
13. Mounce *Revelation [Offenbarung]*, S. 88.
14. Ibid.
15. Charles G. Finney, *Revivals of Religion [Religiöse Erweckungen]*, S. 467.
16. *Watching Unto Prayer [Achten auf Gebet]*, S. 4.
17. Siehe das Kapitel mit dem Titel „The Disruptive Messiah" [Der Störende Messias] in Brown, *From Holy Laughter to Holy Fire [Vom Heiligen Lachen zum Heiligen Feuer]*, Seiten 68-79; siehe auch mein (nicht ganz ernst gemeintes) „Prayer for a Nice Revival" [Gebet für eine nette Erweckung], gemeinsam mit Spurgeon's Gebet für eine „Zeit der herrlichen Unordnung" in Michael L. Brown *Let No One Deceive You: Confronting the Critics of Revival [Lass dich nicht betrügen: Stellungnahme zu den Kritikern der Erweckung]* (Shippensburg, PA: Destiny Image, 1997), S. 180 bzw. 156.
18. Dies war die abschließende Herausforderung von Leonard Ravenhill, *Why Revival Tarries (Warum Erweckung ausbleibt]*, S. 162–168.

KAPITEL VIERZEHN

1. Siehe auch 1. Petrus 2,1-5, wo wir sowohl als ein geistliches Haus, als auch als eine heilige Priesterschaft beschrieben werden.
2. Vgl. Brown, *Whatever Happened to the Power of God? [Was ist nur mit der Kraft Gottes passiert?]*, Seiten 106, 107, in Bezug auf Psalm 51. Hebräischlehrer haben mitunter darauf hingewiesen,

dass eine schöpferische, allzu wörtliche Übersetzung des hebräischen Verbs *hitte'* in Psalm 51,7 „Unsündige mich!" lauten würde. Vgl. z. B. David Baron, *The Visions and Prophecies of Zechariah [Die Visionen und Prophetien des Sacharia]* (Grand Rapids: Kregel, 1972), S. 461. Siehe auch Mitchell Dahood, *Psalms 51–100 [Psalmen 51–100]*, Anchor Bible Commentary (Garden City, NY: Doubleday, 1968), S. 5.
3. John Flavel, zitiert in Thomas, *The Golden Treasury of Puritan Quotations [Der Goldene Schatz der puritanischen Zitate]*, S. 138.
4. Siehe Finney, *Revivals of Religion [Relgiöse Erweckungen]*, S. 45–47.
5. J. C. Ryle, *Holiness [Heiligkeit]* (Durham, England, Evangelical Press, 1979), S. 2.
6. Charles H. Spurgeon, Kalender.
7. William Jenkyn, zitiert in Thomas, *The Golden Treasury of Puritan Quotations [Der Goldene Schatz der puritanischen Zitate]*, S. 139.
8. Dieses Zitat erhielt ich durch meinen lieben Freund und Mitarbeiter Chuck Cohen.

ANHANG

1. Einige würden auch 1. Timotheus 1,15 zitieren, wo Paulus schreibt: „Das Wort ist gewiss und aller Annahme wert, dass Christus Jesus in die Welt gekomment ist, Sünder zu erretten, von welchen ich der erste bin." Natürlich geht es im Zusammenhang um seine vergangenen Sünden, vor seiner Bekehrung (lies nur die Verse 1. Timotheus 1,12-14.16, die absolut deutlich sind), wo die Beschreibung seiner eigenen Person als schlimmster Sünder sich einfach auf seine Vergangenheit mit Mord und Verfolgung beziehen würde. Aber, falls Paulus sich auf sein gegenwärtiges Leben bezieht, hat er eine große Hyperbel verwendet, die ihn selbst im Lichte der majestätischen Heiligkeit Gottes darstellt, einer Heiligkeit, die das heiligste menschliche Wesen bösartig erscheinen lässt. In anderen Worten, wenn du so nahe bei Gott bist, wie es Paulus war, kannst du dich leicht für den „ersten Sünder" halten!

Aber würde jemand, der den Vers als eine Entschuldigung für andauernde persönliche Sünde anführt, nur einen Augenblick glauben, dass Paulus, verglichen mit anderen Sündern, der schlimmste war – schlimmer als ein Pädophiler, schlimmer als ein Vergewaltiger, schlimmer als ein Muttermörder, schlimmer als ein Götzenanbeter? Das sei ferne. Er diente dem Herrn mit all seinem Herzen und all seiner Seele (vgl. 2. Tim. 4,6-8, Phil. 3,7-14) und erwartete von uns, das Gleiche zu tun. Beachte auch, dass Paulus Timotheus hohe Maßstäbe persönlicher Reinheit setzte (siehe 1. Tim. 4,12; 5,1), dass er darauf bestand, dass Aufseher und Diakone gottgefällig und ohne Tadel sein sollen (siehe 1. Tim. 3,1-13; Titus 1,5-9), und dass er immer sein eigenes Leben als ein Beispiel für die Nachfolge verwendete (siehe z.B. Phil. 4,9; 1. Kor. 11,1; 2. Tim. 3,11). Der Mann, der an die Thessalonicher ohne Übertreibung schreiben konnte: „Ihr seid Zeugen und Gott, wie heilig und gerecht und untadelig wir gegen euch, die Glaubenden, waren" (1. Thess. 2,10), war wohl kaum der schlimmste aller Sünder!

2. Ich könnte genauso das gleiche Argument für das Alte Testament aufmachen, aber ich gründe meine Argumente auf das Neue Testament, damit nicht jemand die erfundene Behauptung aufstellt: „Das gilt nur für Israel im Alten Testament!"
3. Archibald Thomas Robertson, *Word Pictures in the New Testament [Wortbilder im Neuen Testament]* (Grand Rapids: Baker Books, 1981), Band IV, Die Briefe des Paulus, S. 119.
4. Siehe Kapitel 5 zur Diskussion dieser Verse.
5. Paulus bietet auch ein „zusammenfassendes" Gebet im 2. Korinther 13,7: „Wir beten aber zu Gott, dass ihr nichts Böses tun möget."
6. Zur Diskussion über einige der Übersetzungsschwierigkeiten des Textes, siehe die Hinweise auf Schlüsselkommentare in Fußnoten 8, 10, 13 und 18 unten.
7. J. Sidlow Baxter weist auch besonders auf den vollständigen Aspekt der Verbzeiten hin, die hier verwendet werden, aber er zieht daraus den falschen Schluss, nämlich, dass die Taten, von denen gesprochen wird, nur auf dem Gericht, aber nicht auf der Erfahrung beruhen: „In Römer 6 diskutiert Paulus nicht, wie Gott dich und mich im Inneren oder erfahrbar heiligt, sondern wie Gott

ein für alle Mal gerichtlich mit der Sünde als dem ererbten Bösen im Menschen umgeht, indem er die gesamte Menschlichkeit des Adams repräsentativ ans Kreuz nagelt" (*A New Call to Holiness [Ein neuer Ruf zur Heiligkeit]* [Grand Rapids: Kregel, 1993], S. 77, seine Betonung). Baxter findet seine Position auch gestützt durch die gesamte Platzierung von Paulus' Argumenten im Kontext in Römer 6. Seine übertriebene Position hier zwingt ihn jedoch dazu, zu behaupten, dass in Römer 6,6, wo Paulus schreibt, dass der „alte Mensch" mit Jesus gekreuzigt wurde, er eigentlich *die gesamte menschliche Rasse* in Adam meinte (ibid., S. 91, seine Betonung). Zu seiner vollständigen Diskussion siehe ibid., Seiten 72–104. Natürlich ruft Baxter die Gläubigen zu Heiligkeit auf und nicht zur Zügellosigkeit, aber sein falsches Verständnis von Römer 6 beschneidet die Kraft einiger seiner Argumente.

8. Für eine typische gemäßigte Annäherung, vgl. E. F. Harrison, „Romans" [Römer], in *The Expository Bible Commentary [Der Erklärende Bibelkommentar]* (Grand Rapids: Zondervan, 1976), Seiten 84, 85. Vgl. auch A. M. Hunter, zitiert in Matthew Black, *Romans [Römer]*, The New Century Bible Commentary [Kommentar der New Century Bible], 2. Ausgabe (Grand Rapids: Eerdmans, 1989), S. 95, der hier einen Kompromissstandpunkt vertritt, wenn er behauptet, dass die Verse 14-25 aus Römer 7 „deshalb nicht nur den Mann unter dem Gesetz beschreiben, sondern den Christen, der in eine gesetzliche Haltung gegenüber Gott zurückfällt. Die Gegenwartszeitformen geben nicht nur eine Erfahrung in der Vergangenheit wieder, sondern eine Erfahrung, die potenziell immer vorhanden ist." Diese Interpretation hat sicherlich ihre Vorzüge.
9. Man könnte sagen, dass die Niederlage oder der mangelnde Wunsch, das Böse zu besiegen, der normale Zustand der Ungeretteten ist, aber der anomale Zustand für den Gläubigen, der nicht länger von der Sünde gebunden ist, sondern nach der Vollkommenheit strebt. Vgl. die Überlegungen von John Wesley, kurz nach seiner Wiedergeburt: „Hierin lag für mich der Hauptunterschied zwischen dem jetzigen und meinem früheren Zustand. Ich strebte, ja, kämpfte mit aller Macht unter dem Gesetz, wie auch unter der Gnade. Aber früher wurde ich manchmal, wenn auch

nicht oft, besiegt; jetzt war immer ich der Sieger" (*The Works of John Wesley [Die Werke des John Wesley]*, Seiten 1:103, 104); siehe auch unten, Fußnote 15.

10. Vgl. die klare und umfassende Diskussion in Moo, *Romans [Römer]*, Seiten 442–451.
11. John Wesleys *Notes on the Whole Bible: The New Testament [Anmerkungen zur gesamten Bibel: Das Neue Testament]*, Seiten 465, 466. Beachte, dass Wesley ein Arminianer war.
12. *Romans [Römer]*, S. 448. Beachte, dass Moo ein reformierter (d. h. calvinistischer) Gelehrter ist.
13. Um die Ansicht zu verteidigen, dass Paulus von seiner anhaltenden Erfahrung im Herrn sprach – und so von der andauernden Erfahrung aller Gläubigen, musste C. E. B. Cranfield, *The Epistle of The Romans, Volume 1 [Der Römerbrief, Band 1]*, International Critical Commentary (Edinburgh: T & T Clark, 1974), S. 357, so argumentieren, dass Paulus „die Christen nicht auf dieselbe unqualifizierte Art als fleischlich betrachtet, wie der natürliche Mensch fleischlich ist." Der Grund dafür ist, dass Paulus' Sprache in Römer 8 einfach zu klar und stark ist.
14. Zitiert in Black, *Romans [Römer]*, S. 95. Black hält dies zu Recht für einen „überzeugenden Punkt". Zu einer entgegengesetzten Meinung vgl. Cranfield, *Romans [Römer]*, Seiten 346, 347.
15. Harrison, „Romans" [Römer], Seiten 83, 84, führt zweckmäßig die Hauptargumente für die Vorbekehrungs-Deutung auf. Wesleys Beschreibung seiner eigenen Erfahrung vor seiner Bekehrung wird aus der Metaphorik von Römer 7 genommen: „In diesem üblen, elenden Zustand der Gebundenheit an die Sünde kämpfte ich tatsächlich ununterbrochen, aber ich obsiegte nicht. Zuvor hatte ich willentlich der Sünde gedient; jetzt war es unwillentlich; aber dennoch diente ich ihr noch. Ich fiel und stand wieder auf, und fiel erneut. Manchmal wurde ich besiegt und war niedergeschlagen, manchmal besiegte ich sie und freute mich. Denn im früheren Zustand hatte ich einen Vorgeschmack des Schreckens des Gesetzes, und so habe ich im jetzigen Zustand einen Vorgeschmack auf den Trost des Evangeliums. Während dieses gesamten Kampfes zwischen der Natur und der Gnade, der nun schon über zehn Jahre andauerte, griff ich einige bemerkenswerte Male auf das Gebet zurück, besonders wenn ich in Nöten war: Ich

erfuhr viele sensible Tröstungen, die eigentlich nichts anderes sind als kurze Vorgriffe auf das Leben des Glaubens. Aber ich war immer noch „unter dem Gesetz", nicht „unter der Gnade": (Der Zustand, in dem die meisten, derer die als Christen bezeichnet werden, zufrieden sind und darin sterben.) Denn ich kämpfte nur mit der Sünde, war aber nicht von ihr befreit. Auch gab der Geist nicht Zeugnis gegenüber meinem Geist, und das konnte er auch nicht; denn ich strebte nicht danach durch den Glauben, sondern nur durch die Werke des Gesetzes" (*The Works of John Wesley [Die Werke des John Wesley]*, Band 1, S. 101).

16. Für eine Zusammenfassung der Hauptdeutung der These „aktuelle Erfahrung" von Römer 7, vgl. erneut Harrison „Romans" [Römer], Seite 85.
17. Laut Jerry Bridges, „möchte Gott, dass wir in *Gehorsam* wandeln – nicht im Sieg. Gehorsam ist auf Gott ausgerichtet; Sieg ist auf uns selbst ausgerichtet ... Das soll nicht heißen, dass Gott nicht möchte, dass wir einen Sieg erringen, aber es soll betont werden, dass Sieg nur ein Nebenprodukt des Gehorsams ist." (*The Pursuit of Holiness [Der Heiligkeit nachjagen],* S. 21, seine Betonung.) So könnte man, wenn man diese Definitionen anwendet, „Niederlage" besser als „Ungehorsam" bezeichnen!
18. Ähnlich der oben aufgeführten Interpretation, Fußnote 8, ist die ziemlich verbreitete Ansicht, dass Paulus in der ersten Person von der typischen Erfahrung eines „ungeretteten Menschen unter dem Gesetz" spricht. Der Kampf ist ernst und der Sieg niemals endgültig, aber das ist *nicht* die typische Erfahrung eines Gläubigen. Sollte der Gläubige sehen, dass er in dieser verlorenen Schlacht gefangen ist, muss er weiter in Römer 8 lesen. Hier die Ansicht von David H. Stern, dem Übersetzer des *Jewish New Testament [Jüdisches Neues Testament]*: „Wenn ein Mensch sein Vertrauen in Jeshua setzt, übergibt er ihm alles von sich, was er kann. Aber er wächst im Glauben und findet noch Teile von sich, die vorher versteckt waren, Bereiche von Sünde, derer er sich zuvor nicht bewusst war, und die er dann genauso abgeben muss. Jeder solcher Übergabe geht eine „Erfahrung nach Römer 7" voraus und die Übergabe findet nur statt, wenn er bereit ist, zu Römer 8 weiterzugehen, was diesen Teil seines Lebens betrifft." Siehe seinen *Jewish New Testament Commentary [Jüdischer Kommen-*

tar zum Neuen Testament] (Clarksville, MD: Jewish New Testament Publications, 1992), S. 377. Die wichtigsten neuen Kommentare zum Römerbrief, die in den Fußnoten zitiert werden (einschließlich Dunn, Moo, Cranfield, Black und auch Harrison) geben andere mögliche Interpretationen an.

19. Es gibt den Spruch, dass man nicht einen Dämon kreuzigen und das Fleisch nicht austreiben kann. Dämonen müssen ausgetrieben und das Fleisch muss gekreuzigt werden. Die einen müssen gehen, das andere muss getötet werden.
20. Carroll Thomson, der viele Jahre Professor am Institut Christ For The Nations in Dallas, Texas, war, gebrauchte den Vergleich mit einem Flugzeug, das vom Boden abhebt. Das Gesetz des Abhebens ist stärker als das Gesetz der Schwerkraft. Ähnlich ist in Jesus der Geist des Lebens stärker als das Gesetz der Sünde und des Todes. (Dies wurde mir von einem früheren Studenten von Herrn Thomson weitergegeben.)